História das
RELAÇÕES DE GÊNERO

Peter N. Stearns

História das
RELAÇÕES DE GÊNERO

Copyright© 2007 Gender in World History
Authorised translation from the English language edition (2006)
by Routlegdge, a member of the Taylor & Francis Group.

Todos os direitos desta edição reservados à
Editora Contexto (Editora Pinsky Ltda.)

Ilustração da capa
"Candaule", Jean-Léon Gérome, século XIX

Montagem de capa e diagramação
Gustavo S. Vilas Boas

Tradução
Mirna Pinsky

Revisão técnica
Carla Bassanezi Pinsky

Revisão
Lilian Aquino
Ruth Kluska

Dados Internacionais de Catalogação na Publicação (CIP)
(Câmara Brasileira do Livro, SP, Brasil)

Stearns, Peter N.
História das relações de gênero / Peter N. Stearns ; [tradução Mirna Pinsky]. – 2. ed., 5ª reimpressão. – São Paulo : Contexto, 2018.

Título original : Gender in world history
Bibliografia
ISBN 978-85-7244-355-5

1. História universal 2. Identidade de gênero 3. Papel sexual
4. Relacionamento homem-mulher – História 5. Sexo –
Diferenças – História I. Título

07-0490   CDD-305.309

Índice para catálogo sistemático:
1. Relações de gênero : Sociologia : História 305.309

2018

EDITORA CONTEXTO
Diretor editorial: *Jaime Pinsky*

Rua Dr. José Elias, 520 – Alto da Lapa
05083-030 – São Paulo – SP
PABX: (11) 3832 5838
contexto@editoracontexto.com.br
www.editoracontexto.com.br

Proibida a reprodução total ou parcial.
Os infratores serão processados na forma da lei.

*Para Meg, Deborah, Clio e Cordelia,
com amor e gratidão*

Sumário

APRESENTAÇÃO 11
Carla Bassanezi Pinsky

INTRODUÇÃO 15

A BASE TRADICIONAL: CIVILIZAÇÕES E PATRIARCADO 27

DAS CIVILIZAÇÕES CLÁSSICAS AO PERÍODO PÓS-CLÁSSICO 41

PRIMEIROS CONTATOS: INFLUÊNCIAS DA DIVERSIDADE CULTURAL 47
    GRÉCIA E HELENISMO 48
    VIAJANTES GREGOS: HERÓDOTO 50
    A SOCIEDADE HELENÍSTICA 54

O BUDISMO E AS MULHERES CHINESAS 61

PADRÕES ISLÂMICOS EXTERNOS À REGIÃO CENTRAL:
MUDANÇAS E CONTINUIDADES NA ÍNDIA E NA ÁFRICA SUBSAARIANA 73
    ISLAMISMO, HOMENS E MULHERES 74
    A EXPANSÃO DO ISLAMISMO 76
    O CASO DA ÍNDIA 79
    ÁFRICA SUBSAARIANA 83
    CONCLUSÃO 86

A INFLUÊNCIA CHINESA 89
    JAPÃO 90
    O INTERLÚDIO MONGOL 96
    CONCLUSÃO 98

RESULTADOS DA EXPANSÃO EUROPEIA, 1500-1900 101
OS EUROPEUS E OS POVOS NATIVOS DAS AMÉRICAS 109
    PADRÕES BÁSICOS 110
    AMÉRICA LATINA 112
    UM CASO CANADENSE 115
    DOIS CASOS NOS ESTADOS UNIDOS 118
    CONCLUSÃO 123
HOMENS E MULHERES NO IMPERIALISMO BRITÂNICO NA ÍNDIA 127
    O CONTEXTO 128
    O CENÁRIO ECONÔMICO 131
    O IMPULSO REFORMISTA: DA INGLATERRA E DA ÍNDIA 133
    MEMSAHIBS E OUTRAS VOZES FEMININAS 138
    NACIONALISMO E REFORMA 141
    CONCLUSÃO 143
INFLUÊNCIAS OCIDENTAIS E REAÇÕES REGIONAIS: A POLINÉSIA E A ÁFRICA 147
    A POLINÉSIA 149
    ÁFRICA SUBSAARIANA 154
    CONCLUSÃO 158
OCIDENTALIZAÇÃO E GÊNERO: ALÉM DOS MODELOS COLONIAIS 161
    O CASO RUSSO 165
    O CASO DO JAPÃO 171
    CONCLUSÃO 179

O SÉCULO XX 183
IMIGRAÇÃO COMO CONTATO CULTURAL 189
    POSTURAS E INTERVENÇÕES AMERICANAS 191
    IMIGRANTES CHINESES 195
    CONCLUSÃO 197
CONTATO E RETRAIMENTO:
O ORIENTE MÉDIO NO SÉCULO XX 199
    TURQUIA 201
    IRÃ 206
    CONCLUSÃO 209

Novas influências internacionais 213
    O caso da China: missionários, feministas e marxistas 217
    A África e o papel das organizações internacionais
    e da legislação internacional 224
    Conclusão 232

Cultura de consumo internacional: a questão do impacto 235
    Turismo 237
    Cinema e espetáculos 239
    Conclusão 242

Conclusão 245
    Padrões e tendências 245
    Tipologias 245
    Impactos 246
    Mudanças ao longo do tempo 249

O autor 251

Agradecimentos 253

Apresentação

Carla Bassanezi Pinsky

Existe algo mais particular, íntimo e pessoal que o relacionamento entre homem e mulher? Entretanto, isso é também social e histórico. Quando examinadas pelos historiadores, as relações entre homens e mulheres socialmente determinados, assim como as definições de masculino e feminino e as atribuições de papéis sexuais – enfim, tudo o que envolve a questão de gênero –, ganham uma nova dimensão. É como passar do microscópio ao telescópio. Telescópio esse cujo alcance fica ainda maior com o casamento das pesquisas históricas sobre gênero com o campo de estudos chamado história mundial.

Falar em *gênero* é uma forma de enfatizar o caráter social e, portanto, histórico, das concepções baseadas nas percepções das diferenças sexuais. Os inúmeros trabalhos dedicados a investigar gênero contribuem enormemente para o entendimento de uma dimensão importante das relações sociais e suas variações ao longo da história.

Os historiadores que pensam grande elegem o mundo como objeto de pesquisa. Comparam sociedades e civilizações e observam as mudanças mais significativas e gerais nos processos de longa duração. Nessa visão macroscópica, os contatos entre sociedades distintas são uma oportunidade ímpar para se compreender a cultura, as práticas e o desenvolvimento de cada uma delas, além dos resultados decorrentes dos intercâmbios, que podem produzir mudanças em muitas direções.

Peter N. Stearns pensa em gênero e pensa grande. Esse historiador, autor de outro livro excelente traduzido e publicado no Brasil (*A infância*, Editora Contexto), une com maestria esses dois focos e nos brinda com um livro único cujo conteúdo ultrapassa fronteiras geográficas e temporais. Da China às Américas, Oriente Médio, Rússia, Japão e Austrália, da África ao norte da Europa, da pré-história ao século XXI, o quadro dos encontros culturais internacionais mais significativos e seus efeitos sobre as relações de gênero. E, nesse quadro, depois de identificar tendências e padrões, uma análise acurada do que afinal é capaz de mover a história geral e em que sentidos.

Quais as crenças a respeito de feminilidade e masculinidade desenvolvidas nas civilizações agrícolas? China, Índia e países mediterrâneos clássicos tratavam seus homens e suas mulheres da mesma forma? O que ocorreu quando de sua interação com sociedades nômades? E quando nações comerciais ou até industrializadas depararam-se com sociedades agrícolas ou menos "desenvolvidas" economicamente, como, por exemplo, na conquista das Américas, que envolveu tradições de gênero tão distintas quanto eram os povos colonizadores, as tribos nativas e as etnias dos escravos importados?

Como a expansão de determinadas religiões e seus dogmas e leis afetaram concepções de gênero locais e as hierarquias estabelecidas entre masculino e feminino? Como o gênero foi e é usado para moldar opiniões sobre o estrangeiro e, tendo este como espécie de espelho, sobre si mesmos? Como o exótico acaba aceito ou rechaçado? Será que o Ocidente, desde que passou a dar as cartas na política internacional, conseguiu modificar realmente as tradições de gênero nas sociedades sob sua influência?

Pode-se falar em um modelo ocidental único e definido de gênero? Ou o chamado pensamento ocidental apresenta várias maneiras, por vezes contraditórias, de compreender o que é ser homem e ser mulher ou o que é considerado próprio do masculino e do feminino?

Imigrações, ideologias, nacionalismos, movimentos sociais, organismos internacionais e globalização cultural – novidades de períodos históricos mais recentes – conseguiram transformar concepções arraigadas de gênero? E em que sentido: novas liberdades ou restrições, avanços ou retrocessos, tendência igualitária ou de opressão?

Evitando juízos de valor precipitados e avaliações simplistas, incompatíveis com uma história bem-feita e digna do nome, Peter N. Stearns trata de todas essas questões e mais algumas neste seu pequeno grande livro, que convida à reflexão e também à ação, já que não é possível ficar indiferente a um tema que diz respeito a todos e a cada um de nós.

Introdução

O que acontece quando uma sociedade que enfatiza a obrigação de as mulheres acatarem a vontade dos homens encontra pessoas de outra sociedade que acredita que as mulheres são, por natureza, moralmente superiores aos homens? O que acontece quando a sociedade que reverencia a masculinidade e as façanhas masculinas, mas na qual a maior parte dos homens são comparativamente limitados, encontra pessoas de outra sociedade que equipara a masculinidade com grandeza?

De que maneira uma sociedade que enfatiza a importância de manter as mulheres em casa poderá lidar com influências culturais de outra sociedade que destaca estilos sensuais de vestuário e uma variedade de papéis profissionais? O que farão as pessoas numa sociedade em que atividades homossexuais são toleradas há muito tempo quando são pressionadas por representantes de outra sociedade que se sente superior por princípio e é abertamente hostil ao homossexualismo?

Este livro trata de interações entre definições de masculino e feminino, e dos papéis designados para homens e mulheres, de um lado, e dos encontros entre culturas diferentes, de outro. Focalizando essas interações, enfatiza dois dos tópicos mais agudos na pesquisa histórica das últimas décadas e os leva a se relacionar no campo da história mundial.

A ascensão do feminismo contemporâneo na sociedade ocidental, a partir dos anos 1960, somada às imensas mudanças nos papéis femininos tanto doméstico quanto profissional, estimulou uma investigação maciça e abrangente sobre a condição das mulheres no passado e sobre como os padrões antigos têm condicionado as situações atuais. De forma crescente, essa investigação também atingiu o papel dos homens – na história de ambos os gêneros –, uma vez que um gênero só pode ser compreendido se comparado com o outro. Os historiadores apontaram a grande variedade de definições de feminilidade e masculinidade, e como elas se relacionam com o funcionamento das sociedades não apenas na vida familiar, mas também nas instituições políticas e atividades econômicas. Eles examinaram como padrões de gênero recomendados acabam influenciando o comportamento vigente e também como, em várias sociedades, um grande número de indivíduos insiste em adotar padrões diferenciados. Além disso, estudaram a maneira pela qual padrões de gênero podem mudar – por exemplo, na verdadeira revolução de papéis profissionais das mulheres, ocorrida na Europa Ocidental e nos Estados Unidos, na última metade do século passado.

A pesquisa histórica sobre gênero explorou uma ampla variedade de sociedades, além das do Ocidente, aproximando história do gênero e história mundial de forma crescente. Vários padrões de gênero foram comparados como forma de testar diferenças e semelhanças importantes nas maneiras pelas quais homens e mulheres se definem e definem suas funções na vida. As tendências gerais têm sido analisadas. Por exemplo, há uma concordância geral de que a desigualdade entre homens e mulheres aumenta quando as sociedades mudam suas atividades econômicas da caça e coleta para a agricultura. E mais, quando as civilizações agrícolas se tornam mais prósperas, com governos mais fortes, as desigualdades de gênero, particularmente nas classes mais altas, tendem a aumentar ainda mais, à medida que os homens pressionam as mulheres a se aterem a funções domésticas, dependentes da família e mais decorativas. Dinâmicas desse tipo ajudam a fundir história do gênero com história mundial, ainda que a maior parte das histórias mundiais até recentemente tenha subestimado questões de gênero, detendo-se nas atividades de elites políticas e intelectuais em grande parte masculinas. É verdade, porém, que em questões de gênero considera-se em geral uma determinada sociedade, evitando-se cruzar fronteiras, e por isso às vezes fica difícil combinar história do gênero com história mundial. Este livro retoma o tema para verificar de que forma elementos da formulação dos gêneros – as definições do que homens e mulheres são e fazem – respondem a forças internacionais.

A atenção crescente dada à história mundial não tem tido contrapartida na pesquisa histórica sobre gênero, mas tem produzido importantes revelações. Uma área-chave de pesquisa enfocou o leque e a variedade de contatos entre sociedades importantes, através da migração, comércio, atividade missionária e outras formas. Em vez de se constituir em histórias separadas de uma civilização após outra, a história mundial é vista cada vez mais em termos de processos e contatos compartilhados. Estudos importantes mostraram o leque de rotas do comércio antigo e o consequente impacto da difusão de ideias. Ao mesmo tempo em que a intensidade e o escopo dos contatos internacionais aumentaram nos séculos modernos, tornando essa abordagem ainda mais importante no sentido de definir a história mundial, os temas de troca e interação ajudaram a configurar os períodos mais antigos. Assim, os historiadores examinaram as implicações culturais das conquistas de Alexandre, o Grande, no Oriente Médio e no noroeste da Índia tentando perceber o impacto que tiveram os modelos e ideias gregas sobre a Pérsia e a Índia, e vice-versa. Eles demonstraram as interações entre o islamismo e a África subsaariana, notando que, embora o islamismo tenha encontrado receptividade em várias partes da África, isso não significou necessariamente conversão total para os padrões social e cultural do Oriente Médio.

De forma geral, o contato entre duas ou mais sociedades diferentes é visto como potencialmente frutífero – abrindo possibilidades para imitação e inovação –, mas também tenso e complexo. Poucas sociedades se convertem rápida ou totalmente para os padrões de outra, mesmo quando existem contatos intensos ou uma conquista total. O que ocorre com mais frequência é um conjunto de compromissos, chamado de sincretismo, no qual as crenças locais se misturam com algumas ideias trazidas pelo novo contato, mesmo quando a fusão une elementos aparentemente incompatíveis. Assim, os indígenas na América Central se converteram ao catolicismo, sob a pressão espanhola nos séculos xvi e xvii, mas preservaram rituais e deuses de sua religião tradicional que eram explicitamente atacados por seus tutores missionários.

É claro que tanto os papéis de gênero como os contatos culturais são partes vitais da história mundial. Também é evidente que, graças à expansão do conhecimento histórico em décadas recentes, sabemos bastante sobre esses tópicos. Este livro une os tópicos, como forma de relacionar mais inteiramente a história do gênero com a história mundial e mostrar como contatos internacionais afetam alguns dos aspectos mais enraizados das sociedades envolvidas.

Valores de gênero são profundamente pessoais, parte da identidade individual e social. As pessoas podem ser particularmente relutantes em substituir padrões que definem feminilidade e masculinidade, mesmo quando pressionadas por uma sociedade que parece excepcionalmente poderosa e bem-sucedida, ou podem buscar formas de compensar quaisquer concessões que sejam obrigadas a fazer. Ao mesmo tempo, representantes de uma sociedade comercial ou missionária ativa podem fazer fortes julgamentos sobre uma região, se desaprovam a maneira como as mulheres são tratadas ou se comportam. Assim, viajantes árabes na África frequentemente lamentavam a forma de agir das mulheres em sociedades que de maneira geral aprovavam. Visitantes japoneses nos Estados Unidos no século xix destacaram particularmente a independência das mulheres como algo questionável (numa época em que, para os padrões americanos, as mulheres eram consideradas reprimidas). Frequentemente, de fato, não apenas julgamentos, mas também mitos sobre padrões de gênero exóticos são produtos cruciais do contato internacional – como as histórias sobre as amazonas guerreiras que circulavam na Grécia antiga ou algumas das impressões de liberdade sexual relatadas por antropólogos ocidentais que visitaram as ilhas do Pacífico no século XX. Valores de gênero são tão importantes que servem como pedra de toque para descortinar o sentido dos contatos internacionais.

A comparação de interações internacionais que afetam gênero revela muito sobre os valores das sociedades envolvidas – se a sociedade está sendo influenciada por, formando julgamentos sobre, ou mesmo resistindo a incorporar um conjunto alternativo de padrões. Este livro conta uma série de histórias sobre as formas pelas quais os valores de gênero e os contatos culturais interagiram, como parte do material da história mundial, desde que os registros tornaram-se suficientemente abundantes para explorar esse assunto. O resultado é uma face mais humana de episódios que, de outra forma, seriam mais abstratos, sobre quando a Grécia e a Índia se encontraram, ou quando missionários cristãos entraram na Coreia no século XIX (em que o significado de pressões religiosas missionárias pode ser medido em parte por suas complexas consequências nas vidas de homens e mulheres coreanos).

Por fim, o livro busca fazer mais do que unir tópicos-chave da história mundial. Também levanta questões sobre a mudança através dos tempos. Será que as sociedades se tornaram mais ou menos abertas para as influências externas sobre padrões de gênero, à medida que os contatos internacionais aumentaram? Será que a tolerância à diversidade em relações de gênero aumentou ou decresceu no decorrer do tempo? O que, nos dias de hoje, podemos aprender de episódios passados, quando um número de agentes internacionais (incluindo grupos feministas) tenta deliberadamente alterar os padrões de gênero em determinadas sociedades consideradas severas ou atrasadas? Será que as relações de gênero de fato estão se tornando mais uniformes, à medida que as interações globais proliferam – ou será que a insistência em valores de gênero distintos para masculinidade e feminilidade é uma das maneiras de determinadas sociedades preservarem sua identidade, precisamente porque as influências externas se tornaram sistematicamente mais visíveis? Essas questões necessitam de análise histórica cuidadosa, depois que os dados forem apresentados em estudos de caso individuais.

Tanto em episódios históricos particulares, quanto em análises mais elevadas dos padrões ao longo do tempo, o drama inerente da interação precisa ser preservado. Muitas sociedades estão convictas do que é a condição masculina e do que é a condição feminina. O que acontece quando encontram estrangeiros influentes ou persistentes que lhes dizem que estão errados? Isso é um velho drama, ainda presente e vivo nos dias de hoje. Algumas sociedades se mostram abertas à influência. Outras ficam divididas, alguns grupos se mostram sensíveis, outros não. Ainda outros tentam resistir inteiramente. E por fim, algumas sociedades, tentando resistir à influência externa em questões tão pessoais, acabam se transformando ao dar mais ênfase à tradição. As opções são tão complexas, precisamente porque os problemas penetram tão profundamente nas identidades individual e coletiva.

Os capítulos iniciais do livro preparam o terreno, tanto em termos de tradições de gênero quanto de contatos culturais. Para entender o impacto dos contatos sobre as crenças a respeito de feminilidade e masculinidade, começamos, no capítulo "A base tradicional: civilizações e patriarcado", apresentando alguns padrões de civilização bem estabelecidos com relação a gênero. China, Índia e países mediterrâneos clássicos mantiveram sistemas de domínio masculino ou patriarcalismo, mas enfatizaram especificidades diferentes e mecanismos detalhados em relação aos valores culturais dominantes. Esses sistemas de gênero dão algumas pistas sobre como influências externas podem ser recebidas e como também as próprias civilizações clássicas podem influenciar outras regiões.

A parte "Das civilizações clássicas ao período pós-clássico" se volta para as interações envolvendo civilizações importantes durante os períodos clássico e pós-clássico. Os capítulos "Primeiros contatos: influências da diversidade cultural" e "O budismo e as mulheres chinesas" examinam contatos relativamente iniciais entre civilizações e como eles puderam afetar representações artísticas de homens e mulheres, ou gerar um misto de mito e fantasia sobre como outros povos lidavam com essa questão vital. Relatos dos viajantes antigos, por exemplo, destacam histórias escandalizadas sobre mulheres exóticas, uma indicação de como o gênero poderia ser usado para moldar opiniões sobre o estrangeiro. Durante o próprio período clássico (1000 a.e.c. – 450 e.c.), os contatos entre Ocidente e o Oriente da região do Mediterrâneo sugerem como certas influências podiam afetar as mulheres, quando culturas bem estabelecidas acolhiam aquelas ainda em estágio de formação. E a expansão do budismo da Índia para a China marcou a primeira vez que duas importantes concepções de gênero interagiram diretamente com resultados intrigantes.

Os capítulos seguintes examinam revelações do período pós-clássico (450-1450). Aqui, três tipos de contato predominaram e algumas vezes interagiram. Como era de esperar, a expansão contínua de religiões missionárias levantou questões vitais em lugares como África, Índia, Ásia Central ou Rússia. Como as ideias locais sobre homens e mulheres interagiam com as posições formais dos sistemas religiosos principais, geralmente apoiadas por leis religiosas? A expansão do islamismo, a religião mais dinâmica dessa época, é particularmente reveladora nesse sentido, e continuou nos séculos seguintes, em particular com a expansão turca no sudeste europeu. Da mesma forma, muitas sociedades no período pós-clássico imitaram vizinhos mais poderosos. O impacto da imitação pode ser verificado no efeito que a China teve sobre a hierarquia menos rígida entre homens e mulheres que caracterizava o Japão. Por fim, as interações entre povos nômades, em que as relações de gênero tendiam a ser menos desiguais, e civilizações estabelecidas criaram algumas interessantes tensões e mútuas apreciações, em particular durante os importantes séculos da expansão mongol.

Os capítulos da parte "Resultados da expansão europeia, 1500-1900" voltam-se para as influências originadas na Europa Ocidental, cruciais para uma nova série de contatos e imitações que passaram a ocorrer em séculos após 1450. A Rússia começou adotando padrões da cultura ocidental, com implicações interessantes no que diz respeito às ideias sobre homens e mulheres. A influência ocidental também afetou certas partes da Ásia, como as Filipinas, conquistadas pelos espanhóis e, mais tarde, a Índia, dominada pelos britânicos. Finalmente, é claro, a colonização das Américas desencadeou debates importantes, ainda que implícitos, sobre a questão de gênero entre colonizadores, americanos nativos e escravos importados. A crescente expansão da Europa Ocidental deveria ser comparada com os resultados de maiores e mais variados contatos no período anterior. Será que o Ocidente imprimiu uma mudança consistente nas sociedades que influenciou? Houve, realmente, um modelo ocidental claro de gênero?

Mais para o final, os capítulos dessa seção se voltam para o século XIX, em que a história se mantém focada na influência do Ocidente, mas com três diferenças em relação aos séculos iniciais da Era Moderna. Em primeiro lugar, a influência era bem mais ampla, à medida que a intervenção do Ocidente começou a afetar a Oceania e a Nova Zelândia no Pacífico, a China, a Coreia e o Japão, e a África. Um número maior de sociedades tinha de tomar decisões sobre o que fazer com relação aos padrões ocidentais e as críticas ocidentais. Em segundo lugar, os próprios padrões de gênero ocidentais estavam se transformando rapidamente, levantando questões interessantes sobre quais modelos imitar. No geral, os desafios às tradições das civilizações agrícolas aumentaram precisamente porque os europeus estavam construindo novas ideias sobre o que era apropriado para os homens e para as mulheres. Por fim, as apreciações dos ocidentais sobre outras sociedades em termos de como lidar com questões de masculinidade e feminilidade ficaram mais firmes e paternalistas, o que pôs uma pressão significativa sobre algumas das sociedades envolvidas. Ficou mais difícil escapar da percepção dos julgamentos dos ocidentais, ao menos em áreas urbanas, por todo o mundo. Enquanto algumas das tensões mais óbvias decorriam de discordâncias sobre a respeitabilidade da mulher, a questão da masculinidade também era discutida, algumas vezes com consequências inesperadas à medida que sociedades tentaram superar o Ocidente no que se referia à assertividade masculina. Nunca os padrões de gênero foram sujeitados a influências externas tão radicais.

As interações entre tradições de gênero e influências externas prosseguiram evidentemente, no século xx, ampliadas pelo desenvolvimento dos movimentos feministas e pelo impacto das organizações internacionais como as Nações Unidas (com o primeiro patrocínio na história mundial de conferências globais sobre o *status* das mulheres), mas também pelo desenvolvimento da nova capacidade de várias sociedades de reafirmarem suas próprias identidades numa época de descolonização. Essas questões são tema da parte "O século xx". Cordões mais amplos de imigração através de linhas culturais – por exemplo, da Ásia para os Estados Unidos, ou do Norte da África para a Europa – suscitaram um conjunto de conflitos específicos sobre valores de gênero. Os capítulos da última parte tratam da imigração, com o caso específico e complexo do Oriente Médio, com novos tipos de influência decorrentes de movimentos formais globais, incluindo o comunismo, e com a ascensão de uma cultura popular internacional. Juntos, os capítulos fornecem uma oportunidade de discutir se estava surgindo um padrão "moderno" característico de interação entre contato e gênero, em contraste com os tipos de episódios discutidos na primeira e na segunda parte. Será que internacional agora significa liberação ou essa fórmula está se tornando muito simplista? Será que a tolerância para com o exemplo externo tem aumentado ou decrescido ao longo do tempo? Será que está surgindo um padrão que aponta para novas direções, à medida que o mundo encolhe, embora debates sobre os papéis dos homens e mulheres continuem a causar indignação?

Os casos selecionados para este livro não são exaustivos. Outras instâncias de contato têm sido importantes. Os casos são, no entanto, significativos e, de várias formas, representativos. Eles também permitem um foco mais amplo crucial: sobre a mudança através dos tempos ou a ausência de mudança. Os contatos discutidos na parte "Das civilizações clássicas ao período pós clássico" envolvem civilizações agrícolas, algumas vezes interagindo com sociedades nômades. Com exceções, as interações nesse contexto tenderam a ampliar as desigualdades de gênero. Os capítulos das partes "Resultados da expansão europeia, 1500-1900" e "O século XX" envolvem interações entre sociedades comerciais e frequentemente industrializadas com civilizações agrícolas ou "em desenvolvimento" em termos econômicos. Comparando com o pano de fundo da parte "Das civilizações clássicas ao período pós-clássico", será que a dinâmica se tornou diferente – com novas oportunidades de liberdade em vez de enrijecimento – ou será que os padrões são mais complexos do que essa fórmula sugere? Examinar a questão do gênero na história mundial relacionada a trocas entre sociedades fornece a base para uma análise fundamental sobre as direções da mudança.

Duas últimas questões. O livro focaliza a questão do gênero, o que envolve papéis e definições para os homens assim como para as mulheres. Há atenção maior sobre as mulheres, porque existe um maior número de informações diretas disponíveis sobre como as mulheres se definiram ou foram definidas; mas os homens e a masculinidade também estão envolvidos. É o equilíbrio entre mulheres e homens, mais do que cada sexo separadamente, que no final das contas importa. À medida que os historiadores têm passado da história específica da mulher para a história do gênero, que é mais abrangente, essa interação é exatamente o que eles têm buscado.

Avaliações no livro pressupõem que uma igualdade relativa entre os sexos seja uma coisa "boa", o que é um valor moderno e não incontestável. É nesse sentido que alguns capítulos usam palavras como "aprimoramento" ou "deterioração". Pessoas que acreditam que um sexo ou o outro deva ser superior podem beneficiar-se do livro, simplesmente concordando ou discordando de algumas das afirmações. O livro não pressupõe, no entanto, que seja fácil calcular qual sistema de gênero mais promove o *status* das mulheres.

Definições feministas ocidentais correntes são importantes, mas não são a única medida. Alguns sistemas que parecem opressivos pelos padrões ocidentais podem ter funcionado muito bem (e, na verdade, a desigualdade pode "funcionar" algumas vezes também, mesmo para grupos subordinados). Acima de tudo, o livro não pretende impor julgamentos fáceis, que haveriam de simplificar demais e indevidamente comparações entre sociedades envolvidas em contato ou as análises da mudança através dos tempos.

A BASE TRADICIONAL: CIVILIZAÇÕES E PATRIARCADO

Por volta do quarto milênio a.e.c., um número de sociedades estava começando a mudar para a fase de organização conhecida por "civilização". Embora os contatos entre diferentes grupos fossem virtualmente tão velhos quanto a existência da espécie humana, a maior parte das civilizações antigas vivia de certa forma separada. A civilização mesopotâmica, que surgiu depois de 3500 a.e.c., diferia da civilização egípcia, que emergiu logo depois no norte da África, não muito distante do sul. Por volta do quarto milênio a.e.c., também, a maior parte das sociedades agrícolas tinha desenvolvido novas formas de desigualdades entre homens e mulheres, num sistema geralmente chamado de patriarcal – com o domínio de maridos e pais. As civilizações, de uma forma geral, aprofundaram o patriarcado e, ao mesmo tempo, definiram seus detalhes de formas distintas que combinavam com crenças e instituições mais amplas de cada civilização em particular. Nesse sentido, pondo um selo próprio no patriarcado, cada civilização uniu as questões de gênero com aspectos de sua estrutura cultural e institucional. Este capítulo, preparando o terreno para o estudo do impacto de contatos de convívio social sobre sistemas de gênero, dedica-se a estudar vários aspectos: civilizações, contatos, patriarcado e certos patriarcados e exceções.

A sociedade humana começou na base de pequenos grupos de pessoas, em bandos de caçadores e coletores. Com essa estrutura, as pessoas se espalharam nas áreas mais habitáveis do mundo por volta de 12000 a.e.c. Depois, por volta de 10000 a.e.c., a agricultura foi introduzida no norte do Oriente Médio, mudando radicalmente a estrutura da vida humana nas regiões em que se estabeleceu. À medida que a agricultura se espalhou, muitas sociedades formaram padrões de moradia mais estáveis, embora importantes grupos continuassem a caçar e coletar ou se apoiassem na criação nômade de animais, como ocorreu em largos trechos da Ásia Central. A agricultura permitiu a geração de um excedente de produção com relação às necessidades imediatas. A partir desse excedente, um pequeno número de pessoas pôde se especializar em atividades não-agrícolas, como artesanato, religião e governo. Os aprimoramentos na produção agrícola foram graduais, mas, por volta de 4000 a.e.c., novamente no Oriente Médio e arredores, uma importante série de invenções introduziu novas mudanças lideradas pela invenção da roda e o uso de metais, particularmente o bronze. Em decorrência disso, por volta de 3500 a.e.c., a primeira civilização foi formada na Suméria, no vale entre o rio Tigre e o Eufrates. Isso foi logo seguido pelo estabelecimento de civilizações em outros centros localizados em vales, como ao longo do Nilo na África, do rio Indo no noroeste da Índia e do rio Amarelo na China.

As civilizações diferiam de outros tipos de sociedades agrícolas no fato de terem governos formais, no lugar de lideranças menos explícitas e diferenciadas. Apoiavam-se em cidades, embora só uma minoria vivesse ali. Estimulavam o comércio. A maioria delas, também, tinha a escrita, o que facilitava atividades burocráticas e comerciais.

O estabelecimento da civilização também fez avançar uma tendência a enfatizar as diferenças das instituições e formas culturais, destinadas a promover alguma unidade dentro do grupo e diferenciá-lo do mundo exterior. Dessa forma, quase todas as civilizações desenvolveram um pronunciado sentido de quão diferente eram dos "outros" – a quem os gregos chamariam de bárbaros. Embora nem todas as civilizações tenham se expandido muito, houve uma tendência expansionista a fim de somar recursos e aliviar a pressão populacional. Com a expansão, surgiu uma necessidade óbvia de identificar algumas características comuns – tanto em termos de idioma, religião ou estilo político – que manteriam o território e as populações (muitas vezes diferentes) juntos. Cada civilização desenvolveu algo de próprio. O Egito enfatizou uma forte monarquia, definiu uma preocupação com a vida após a morte e uma arte alegre e colorida. A Mesopotâmia, mais sujeita a desastres naturais e instabilidade política, colocou menos realce num governo único e central; sua religião era mais pessimista, apoiada em punições na outra vida. Por outro lado, a Mesopotâmia introduziu um interesse maior pela ciência.

O período inicial da civilização, nos quatro centros afro-eurasianos, estendeu-se até cerca de 1000 a.e.c., ponto em que muitos tinham se desestruturado ou enfraquecido, com frequência em face de uma nova ordem de invasões de grupos nômades, como as tribos indo-europeias da Ásia Central. Seguiu-se um período clássico na história das civilizações. No Mediterrâneo (envolvendo o norte da África, o oeste da Ásia e o sul da Europa), na Índia e na China, complexos civilizatórios maiores começaram a emergir a partir de 800. As civilizações clássicas expandiram seus aparatos culturais, políticos e comerciais. O comércio interno aumentou, permitindo a regiões diferentes de cada civilização se especializarem. Governos mais ambiciosos constituíram impérios. A China promoveu a tradição imperial mais duradoura, mas impérios foram importantes também na Índia, na Grécia e principalmente em Roma. Afirmações de valores culturais-chave – hinduísmo e budismo na Índia, confucionismo e daoismo na China, religiões civis mas também filosofia secular na Grécia e em Roma – ajudaram a cimentar o arcabouço cultural. Essas culturas ofereciam certa unidade, ao menos nas classes altas, perpassando a sociedade: os bem-nascidos chineses podiam falar e escrever a mesma língua e participar de um sistema filosófico comum. As culturas e instituições compartilhadas também ajudaram a expandir o sentimento de identidade, de estar apartado das outras sociedades.

À medida que as economias agrícolas e depois as civilizações se formaram, continuaram os contatos de vários tipos. Uma vez que a espécie humana migrou com tanta frequência, os contatos e as trocas se tornaram virtualmente endêmicos. Por meio deles, bem antes do período clássico, várias áreas ganharam acesso a novos tipos de alimentos, não naturais da região, e a novas tecnologias – incluindo agricultura e trabalho com metais. As migrações e as invasões periódicas de grupos nômades forneceram uma fonte de contatos. O comércio foi outra fonte. Bem antes do período clássico, as rotas de comércio se estenderam da China através da Índia e Ásia Central até o Oriente Médio e o Mediterrâneo; esse percurso todo ficou conhecido como a Rota da Seda, por ser a seda a principal mercadoria comercializada. Ao mesmo tempo, o impacto de muitos contatos foi bastante limitado. Pessoas muito ricas na região mediterrrânea gostavam da seda chinesa – tecido favorito no Império Romano, por exemplo –, mas não sabiam nada sobre a China, uma vez que não se faziam viagens diretas. O comércio ocorria por meio de etapas.

A maior parte dos avanços em uma civilização se mantinham internos, exatamente como o comércio. As restrições decorriam não só de uma considerável suspeita com relação aos forasteiros, mas também da lentidão das viagens de longa distância sempre tão arriscadas, o que limitava a extensão e o impacto das trocas. As grandes civilizações clássicas raramente tinham contato imediato entre si. A maior parte tinha ao redor de si uma "zona de amortecimento" habitada por nômades ou por povos agrícolas menos organizados. Assim, tanto o Oriente Médio quanto o Egito, e depois a região mediterrânea clássica, estabeleceram ligações com o centro em desenvolvimento ao longo do alto Nilo na África subsaariana, que se chamava Kush. A China, sob a dinastia Han, tinha alguma influência na Coreia e no Vietnã. A Índia, a sociedade de comércio mais ativa, fazia trocas com várias partes do sudeste da Ásia, incluindo a atual Indonésia.

O único exemplo importante de contato direto entre as maiores civilizações clássicas antes do final dos séculos da Era Clássica depois de 300 e.c. envolveu as conquistas no século IV e.c. de Alexandre, o Grande, no Oriente Médio, na Pérsia e no noroeste da Índia. Um reino sob influência da cultura grega – Báctria – foi estabelecido nessa parte da Índia por mais de um século. A partir dessa permuta incomum, a Índia, durante algum tempo, imitou estilos artísticos helenísticos, com estátuas de Buda vestidas com roupas de estilo mediterrâneo. A Índia também utilizou alguns conceitos matemáticos desenvolvidos na Grécia. Além disso, a troca encorajou regentes indianos posteriores a pensar em enviar emissários budistas para o Oriente Médio. Ali eles não conseguiram conversões, mas possivelmente introduziram conceitos éticos que haveriam de influenciar os sistemas filosóficos como os estoicos e, por intermédio deles, o cristianismo. Esse foi um resultado importante, mas de forma geral o contato, excepcional a princípio, teve poucas consequências duradouras. As próprias civilizações foram influenciadas por trocas internas – como as "religiões misteriosas" que se espalharam para o oeste do Egito e Oriente Médio no Império Romano, ou o impacto crescente das instituições do Norte da Índia, incluindo o hinduísmo e o sistema de castas, no sul da Índia. No entanto, as mais características formas políticas e culturais de cada civilização permaneceram separadas: o confucionismo era chinês, o hinduísmo (exceto por uma pequena incursão no sudeste da Ásia) era da Índia etc.

À medida que as civilizações se desenvolveram, a partir dos contatos e das limitações das trocas, os sistemas de gênero – relações entre homens e mulheres, determinação de papéis e definições dos atributos de cada sexo – foram tomando forma também. Por fim, essa evolução haveria de se entrelaçar com a das civilizações.

O deslocamento da caça e coleta para a agricultura pôs fim gradualmente a um sistema de considerável igualdade entre homens e mulheres. Na caça e na coleta, ambos os sexos, trabalhando separados, contribuíam com bens econômicos importantes. As taxas de natalidade eram relativamente baixas e mantidas assim em parte pelo aleitamento prolongado. Em consequência disso, o trabalho das mulheres de juntar grãos e nozes era facilitado, pois nascimentos muito frequentes e cuidados com crianças pequenas seriam uma sobrecarga. A agricultura estabelecida, nos locais em que se espalhou, mudou isso, beneficiando o domínio masculino. À medida que os sistemas culturais, incluindo religiões politeístas, apontavam para a importância de deusas, como geradoras de forças criativas associadas com fecundidade e, portanto, vitais para a agricultura, a nova economia promovia uma hierarquia de gênero maior. Os homens agora eram responsáveis, em geral, pela plantação; a assistência feminina era vital, mas cabia aos homens suprir a maior parte dos alimentos. A taxa de natalidade subiu, em parte porque os suprimentos de alimentos se tornaram um pouco mais seguros, em parte porque havia mais condições de aproveitar o trabalho das crianças. Essa foi provavelmente a razão principal de os homens assumirem a maior parte das funções agrícolas, já que a maternidade consumia mais tempo. Dessa forma, as vidas das mulheres passaram a ser definidas mais em termos de gravidez e cuidados de crianças. Era o cenário para um novo e penetrante patriarcalismo.

Nas sociedades patriarcais, os homens eram considerados criaturas superiores. Tinham direitos legais que as mulheres não possuíam (embora as leis protegessem as mulheres de alguns abusos, pelo menos no princípio). Assim, o Código de Hamurabi, na Mesopotâmia, a partir do segundo milênio e.c., estabelecia que uma mulher que não "tenha sido uma dona de casa cuidadosa, tenha vadiado, negligenciado sua casa e depreciado seu marido" deveria ser "jogada na água". Não havia contrapartida disso para os homens, embora o código estabelecesse que a esposa poderia abandonar o marido se ele não provesse suas necessidades.

Muitas sociedades agrícolas impediram as mulheres de possuírem propriedade de forma independente. Muitas permitiam que os homens tivessem várias mulheres (se pudessem sustentá-las). A maior parte punia as ofensas sexuais das mulheres – por exemplo, o adultério – muito mais severamente do que as dos homens. De fato, alguns historiadores argumentaram que uma justificativa-chave para a existência do patriarcado era garantir, com o máximo de certeza possível, que os filhos de uma mulher fossem do marido. Dada a importância da propriedade em sociedades agrícolas (em contraste com as de caça e coleta), os homens sentiam necessidade de controlar a herança de gerações futuras, e isso começou regulando a sexualidade das esposas. Outros indícios eram igualmente importantes. Havia preferência por filhos em vez de filhas. Muitas famílias adotaram o infanticídio para ajudar a controlar a taxa de natalidade, eliminando as meninas com mais frequência. Culturalmente, os sistemas patriarcais enfatizavam a fragilidade das mulheres e sua inferioridade. Insistiam nos deveres domésticos e algumas vezes restringiam os direitos das mulheres a aparecerem em público. O alcance do patriarcalismo foi poderoso e extenso. Muitas mulheres ficaram tão intimidadas e isoladas pelo sistema que formas de protesto se tornavam improváveis – embora algumas mulheres pudessem obter certa satisfação em manipular seus maridos e filhos ou em dar ordens a mulheres inferiores no ambiente doméstico.

A desigualdade das mulheres tendeu, além do mais, a aumentar com o passar do tempo, à medida que as civilizações agrícolas se tornavam mais bem-sucedidas. A lei judaica, surgida um pouco depois do Código de Hamurabi, era mais severa no tratamento da sexualidade das mulheres ou de seu papel público. Em outras partes do Oriente Médio, surgiu o uso do véu quando as mulheres estivessem em público, como sinal de sua inferioridade e de seu pertencimento a pais e maridos. A deterioração dos papéis das mulheres na China apareceu com o costume de enfaixar os pés, sob a dinastia Tang, depois que terminou o período clássico; os pequenos ossos dos pés das meninas eram quebrados para impedir que andassem com facilidade, e o jeito desajeitado de andar que resultou disso era recebido como sinal de beleza e modéstia respeitável. Pressões desse tipo existiam principalmente sobre mulheres da classe alta, em que as famílias tinham condições econômicas para dispensar o trabalho produtivo feminino; essas pressões tenderam a se espalhar, e ter um impacto simbólico mais amplo. O costume chinês de enfaixar os pés terminou apenas no início do século xx.

As razões da tendência à deterioração em civilizações estabelecidas envolveram o crescimento do poder de governos dominados por homens, que levaram à redução do papel político informal exercido pelas mulheres dentro das famílias. O fator-chave, no entanto, foi uma prosperidade, em particular para a classe alta, que permitiu enfatizar o papel ornamental das mulheres em detrimento de papéis práticos.

A força do patriarcado caiu sobre as mulheres, mas obviamente afetou também definições de masculinidade. Os homens, independentemente da personalidade de cada um, deveriam assumir seus papéis de dominantes. Deviam evitar mimar as mulheres, especialmente em público. Com frequência, precisavam estar prontos a assumir deveres militares ou de outro tipo de liderança e, em princípio, eram evidentemente responsáveis pela sobrevivência econômica da família. Em muitos casos, os filhos mais velhos eram privilegiados de maneira particular, mesmo entre os homens, pois o patriarcado poderia estabelecer uma hierarquia e lhes entregar o poder total sobre a família. Algumas sociedades autorizavam outras categorias para os homens, tolerando-lhes comportamentos ou vestimentas mais próprios de mulheres, ou mesmo orientação homossexual. Outros grupos de homens podiam ser selecionados: em algumas religiões os sacerdotes deveriam evitar o sexo, enquanto os homens que supervisionavam esposas e concubinas da corte de um governante (e que por vezes alcançavam considerável poder político em parte porque não podiam ter filhos para não confundir com a prole do rei ou imperador) podiam ser castrados, como eunucos – um testemunho algo desajeitado da ênfase na sexualidade masculina.

A ascensão e o aprofundamento dos sistemas patriarcais de relações de gênero formaram parte do mesmo processo que gerou economias agrícolas que substituíram a caça e a coleta e, depois, em muitas delas, um leque organizacional característico de civilizações. A agricultura e, depois, a civilização aprofundaram progressivamente as desigualdades entre homens e mulheres. Apesar disso, um ponto é crucial, e foi bem estabelecido durante o período inicial de civilização da história mundial: os sistemas patriarcais variaram muito, e os sistemas nunca foram de fato universais. A mesma ênfase na diversidade das instituições culturais e políticas globais que as civilizações forjaram em seus períodos de gestação aplicava-se às ideias sobre homens e mulheres e seus papéis.

Aqui há dois pontos principais. Em primeiro lugar, a agricultura e a civilização não envolveram todos os grupos populacionais principais, mesmo no final do período clássico. De particular importância foi o estabelecimento de grupos pastoris nômades, ou grupos – como muitas tribos indígenas nos Estados Unidos – que combinaram caça e agricultura transitória de corte e queimada. Muitas dessas sociedades simplesmente não estabeleceram as condições que geravam o patriarcado. Podiam enfatizar algumas diferenças agudas entre homens e mulheres – por exemplo, pressupondo que os homens tinham responsabilidade particular pela guerra ou por façanhas a cavalo –, mas com frequência não instituíram o tipo de desigualdade sistemática característica das civilizações mais importantes. O confinamento doméstico das mulheres, por exemplo, foi limitado pelo fato de grupos nômades não estabelecerem moradias permanentes elaboradas. A existência de alternativas ao patriarcado pleno obviamente deu margem a um grande número de possibilidades complexas quando, por exemplo, valores de gênero de um grupo nômade se viram frente a frente com os de uma civilização patriarcal.

O segundo ponto envolve uma variação significativa entre as próprias sociedades patriarcais. Nem sempre é claro por que elas diferem – assim como é difícil explicar por que a sociedade indiana clássica acabou enfatizando a religião mais do que a chinesa, ou por que a Grécia e a China diferiram em suas definições de ciência. Uma vez que as diferenças foram desencadeadas, na questão do gênero e em outras, elas tenderam a persistir. As comparações são sutis: todas as civilizações dos vales e clássicas eram patriarcais, mesmo quando impunham papéis e culturas específicas diferentes. As semelhanças e as diferenças podiam ser igualmente importantes.

As primeiras civilizações dos vales, próximo do Egito e da Mesopotâmia, ilustraram com clareza o potencial de diferenças que havia dentro do patriarcado. Enquanto a Mesopotâmia realçava a inferioridade das mulheres e sua sujeição ao controle masculino, a civilização egípcia dava a elas mais crédito, ao menos nas classes altas, e vivia a experiência de várias rainhas poderosas. A bela Nefertiti, como esposa do faraó Aquenaton, influiu em disputas religiosas durante seu reinado. Mais tarde, Cleópatra desempenhou um papel poderoso, embora abortado, como rainha egípcia, lutando para modificar os controles do Império Romano. As mulheres eram também retratadas com esmero na arte egípcia, e as providências para seu enterro podiam ser elaboradas (embora nunca rivalizassem com as de homens poderosos). Tanto mulheres como homens podiam se tornar estrelas no corpo da deusa celeste Nut, uma maneira em que a vida após a morte se manifestava. Não havia dúvida sobre o patriarcado egípcio. Um escritor egípcio, Ptah Hotep, deixou isso claro, por volta de 2000 a.e.c., ao escrever que, "se você for um homem de reputação, busque uma mulher de família, e ame sua mulher em casa, como convém. Alimente-a, vista-a... mas não deixe que ela domine". Entretanto, no cotidiano e no social, o sistema egípcio diferia.

Nem todas as sociedades agrícolas permitiam a poligamia; a Índia diferia da China e do Oriente Médio. Algumas sociedades traçavam a descendência das crianças a partir da mãe – como na lei judaica – em vez do pai. Isso não evitava a desigualdade, mas dava à maternidade uma importância cultural e legal maior. Os códigos legais podiam variar muito em função dos direitos de propriedade da mulher ou sua capacidade em abandonar um casamento infeliz. Representações culturais variavam amplamente. Em algumas religiões, as deusas desempenhavam um papel poderoso e vital, ao passo que em outros sistemas culturais os princípios masculinos dominavam inteiramente. A China, sem tanta ênfase na religião, oferecia escape menos simbólico para as mulheres do que a Índia, com seu forte interesse nas figuras das deusas, ou o Mediterrâneo, com seu politeísmo diversificado em termos de gênero.

As variações afetavam também os homens. Sociedades com religiões fortes, como a Índia, podiam ter em alta conta sacerdotes e figuras masculinas sagradas, em contraste com sociedades como as do Mediterrâneo clássico, que tendiam a enfatizar as qualidades militares e atléticas como ideais para os homens. As abordagens do homossexualismo ou do bissexualismo variavam. Na Grécia e em Roma, homens da alta classe, com frequência, escolhiam garotos como protegidos e amantes. Isso não entrava em conflito com papéis familiares normais.

As diferenças possíveis de sistemas patriarcais foram mostradas claramente nas três principais civilizações clássicas. A China instituiu o mais completo patriarcado, como parte da ênfase de Confúcio na hierarquia e na ordem. O homem na família era, em princípio, como o imperador na sociedade: ele governava. As mulheres eram instadas a ser subservientes e eficientes nas habilidades domésticas. Ban Zhao foi uma mulher influente, que, apesar de sua posição ou talvez por causa dela, escreveu um manual clássico do patriarcado sobre seu sexo (em algum momento do primeiro século da era comum; ele se tornou o manual para mulheres mais duradouro da China, tendo sido republicado até o século xix). Seu conselho: "Humildade significa prestar obediência e agir com respeito, colocando os outros em primeiro lugar... suportando insultos e aguentando maus-tratos... Prosseguir nos sacrifícios significa servir a seu amo e senhor com maneiras adequadas". A ocupação diligente com os deveres domésticos e a concepção de filhos homens envolvia as vidas das mulheres bem-sucedidas, de acordo com o sistema chinês.

O sistema da Índia contrastava com esse. As mulheres eram consideradas inferiores; os pensadores indianos discutiam (sem chegarem a um acordo) se a mulher teria de ser reencarnada como homem a fim de avançar espiritualmente, caso tivesse levado uma vida digna, ou se ela poderia prosseguir diretamente para um domínio mais elevado. Os casamentos eram arranjados com cuidado pelos pais para assegurar os objetivos maiores da família, geralmente quando as meninas e os meninos eram bem jovens. Das mulheres se esperava que servissem aos pais e depois aos maridos fielmente. Em contraste com a China, no entanto, a cultura da Índia valorizava a inteligência e a beleza das mulheres. Amor e afeição mereciam muito crédito, o que poderia ligar mulheres e homens informalmente, apesar da desigualdade básica. As futuras mães eram cercadas de solicitude. A ênfase no confinamento doméstico das mulheres também era menor na Índia clássica.

A civilização clássica no Mediterrâneo apresentou ainda um terceiro caso. Uma forte ênfase no racionalismo na filosofia e na ciência forjou uma tradição de distinguir traços intelectuais, considerados masculinos, e traços mais emocionais e menos mentais, atribuídos às mulheres. Pensadores gregos apregoavam um bom tratamento para a mulher, ao mesmo tempo em que reforçavam sua inferioridade e seus papéis altamente domésticos. A atuação pública, assim como papéis atléticos, eram reservados aos homens. Estuprar uma mulher livre era crime, mas merecia punição menor do que seduzir uma esposa – pois isso envolvia conquistar a afeição e lealdade que ela devia ao marido. No entanto, algumas mulheres possuíam propriedade; sua presença pública era maior do que na China. E as condições melhoraram no período helenístico, pelo menos na alta classe, com a participação das mulheres em atividades culturais e comerciais (embora sob a guarda masculina).

Além do mais, em Roma, as condições das mulheres novamente se aprimoraram com o tempo – desafiando o padrão geral (embora houvesse um retorno subsequente depois do primeiro século da era comum, sob o Império). A sociedade romana em seus primórdios impunha duras punições sobre as mulheres, por exemplo por contravenções sexuais. "O marido é o juiz da esposa. Se ela comete uma falta, ele a pune; se ela bebeu vinho, ele a condena; se ela cometeu adultério, ele a mata." As regras das leis romanas posteriores, no entanto, somadas a um desejo de encorajar a estabilidade da vida familiar, trouxeram alguns aprimoramentos. Os poderes do marido foram substituídos pelo estabelecimento de cortes de família, compostas de membros tanto da família de origem da esposa quanto do marido, em casos de disputa ou acusação. As mulheres eram livres para aparecer em público e participar da maioria dos entretenimentos. Ainda que elas fossem punidas por adultério com a perda de um terço de suas propriedades, a punição era relativamente suave comparada com outras civilizações patriarcais. Por fim, a literatura romana, assim como a grega, registrou inúmeras histórias de deusas ativas e extravagantes, assim como deuses.

Em suma: a variação coexistiu com o patriarcado, antes e durante o período clássico, sendo que algumas sociedades importantes escaparam inteiramente ao patriarcado. As diferenças afetaram definições e papéis masculinos, ocorrendo o mesmo com relação às mulheres. As tendências ao longo do tempo também diferiram.

Aqui houve um contexto fértil para o complexo impacto dos contatos culturais, ocasião em que sociedades diferentes adquiriram conhecimento mútuo. Precisamente porque o patriarcado gerava tensões nos relacionamentos entre homens e mulheres, com os homens ansiosos por preservar o domínio, mas algumas vezes incertos sobre como isso funcionaria num cenário familiar, e com as mulheres em geral evitando protestar, mas não necessariamente muito felizes com a parte que lhes cabia, o conhecimento ou o suposto conhecimento de como outra sociedade lidava com questões de gênero poderia ter resultados poderosos. Seria fácil, em particular para os homens que muito provavelmente experimentariam os resultados das trocas por meio do comércio ou da guerra, usar os contatos para tentar confirmar a correção de seus próprios arranjos e, portanto, exagerar ou distorcer os padrões de gênero na outra sociedade. O fato de o patriarcado ser bastante sólido sugere que apenas contatos prolongados (o que não era usual) dariam acesso à novos padrões. No entanto os contatos poderiam causar rompimentos; poderiam sugerir opções e alternativas. Os padrões patriarcais diferiam o suficiente de uma sociedade a outra, para tornar o contato potencialmente causador de rompimentos quando ocorriam confrontações entre as sociedades nômades e as civilizações estabelecidas.

Nem o período das civilizações dos vales nem o período clássico mais rico em evidências enfatizaram a importância do contato com padrões diferentes; o foco se deteve em construir sistemas separados, incluindo sistemas patriarcais, e integrar diversos povos por meio desse processo. A maior parte dos povos não tinha qualquer consciência de que outras sociedades poderiam fazer coisas de forma diferente, mas as trocas entre sociedades, embora raras, realmente existiam, incluindo viagens ocasionais fora dos limites familiares. Por essas trocas, por sua vez, podemos ter um primeiro lampejo das possíveis reações: como culturas que lutaram para definir os papéis de gênero como um componente importante da ordem social lidavam com evidência ocasional de que outros arranjos eram possíveis?

Ao fim do período clássico, a possibilidade de troca estava esquentando. Problemas com o sistema político, particularmente em Roma e na China, abriram novas possibilidades de contatos, tanto por meio de invasões externas como por intermédio de missões religiosas. Vários povos nômades invadiram território de civilizações estabelecidas – os hunos da Ásia Central na China e depois Índia, tribos germânicas adentraram o sul da Europa. Missionários budistas e cristãos buscaram fazer conversões em países estrangeiros, tanto em outras civilizações como em regiões politicamente menos organizadas como a Ásia Central ou o norte da Europa. O que tinha sido uma experiência periódica durante as primeiras civilizações e o período clássico, agora, por meio de invasões, guerras e comércio limitado, tornava-se comum, à medida que vários povos se deparavam com outras maneiras de se organizarem os padrões de gênero.

Das civilizações clássicas ao período pós-clássico

Os capítulos nesta seção lidam com inúmeros tipos de contatos entre civilizações ou entre civilizações e outros tipos de sociedades, particularmente grupos nômades, durante os períodos clássico e pós-clássico. Focalizam os séculos entre 500 a.e.c. e cerca de 1500 e.c. Esses são os primeiros períodos com extensa informação disponível a respeito dos tipos de contatos que podem ter afetado construções de gênero – isto é, a forma como homens e mulheres e os papéis masculinos e femininos foram definidos. As primeiras trocas entre grupos, sem dúvida, influenciaram os papéis de gênero, por exemplo quando a agricultura foi copiada de um centro estabelecido, resultando numa nova ênfase no patriarcalismo. No entanto os aspectos específicos, incluindo as formas pelas quais a feminilidade e a masculinidade foram explicitamente discutidas, estão encobertos em considerável mistério.

Como foi discutido no capítulo "A base tradicional: civilizações e patriarcado", as civilizações clássicas, centradas particularmente na China, Índia e no Oriente Médio/regiões mediterrâneas, enfatizaram a expansão e um considerável isolamento. Grandes esforços foram feitos para construir sistemas políticos e culturais, com especializações comerciais, que haveriam de aproximar toda a área civilizada. Existiam contatos, principalmente por intermédio do comércio inter-regional, mas em geral o impacto não era profundo.

Ao final do período clássico, à medida que o declínio interno e as invasões foram talhando os grandes impérios, tais como a dinastia Han da China, o Império Grupta da Índia e o Império Romano, as religiões importantes começaram a atravessar as fronteiras de civilizações individuais. O budismo teve um massivo, embora contestado, impacto na China, enquanto o cristianismo se espalhou pela Europa, alcançando por fim as mais longínquas fronteiras de Roma. Depois, a ascensão do islamismo tornou-se ainda outra força. Com as conquistas árabes e um comércio internacional extensivo, a expansão das religiões mundiais ajudou a estabelecer uma série sem precedentes de trocas regulares entre as civilizações da Ásia, África e Europa. Ao mesmo tempo, a área geográfica coberta pelas civilizações expandiu-se. Regiões que tinham estado nas bordas das civilizações copiaram ativamente padrões de centros mais estabelecidos, particularmente em assuntos culturais como religião, estilos artísticos e mesmo escrita. Assim, o Japão interagiu com a China, a Europa com o mundo mediterrâneo, a Rússia com o Império Bizantino e a África Ocidental subsaariana com as terras muçulmanas.

Os séculos entre cerca de 450 e.c. e 1450 e.c. ficaram conhecidos como era pós-clássica, período dominado pelas novas religiões ou religiões em expansão, pela difusão da civilização com novas oportunidades de contato e imitação, e crescente regularidade do comércio afro-eurasiano. O mundo árabe e a China exerceram grande influência nesses séculos, mas no final do período uma nova onda de invasões nômades mongóis redefiniu as relações de poder e a natureza dos contatos internacionais.

As relações de gênero durante o período pós-clássico tenderam a enfatizar a crescente desigualdade no padrão da família das sociedades agrícolas. Foi quando houve a expansão do costume de enfaixar os pés na China, enquanto na Índia uma nova prática, conhecida como *sati*, instigava viúvas a se fazerem queimar nas piras funerárias dos maridos, com a justificativa de que elas não tinham mais razão para viver. O uso do *sati* era raro, mas simbolicamente revelador. Ainda que o islamismo tenha reduzido alguns recuos para as mulheres na sociedade árabe, desenvolvimentos subsequentes, incluindo o uso do véu, enfatizaram mais distinções de gênero. No entanto, as civilizações pós-clássicas foram também marcadas pelo crescimento das interações culturais, que aumentaram as instâncias em que os valores de gênero podiam ser retomados à luz do conhecimento trazido pela experiência de outras sociedades.

Os contatos discutidos nos próximos capítulos realçam inúmeros temas relevantes para a questão de gênero, tanto nos séculos clássicos como pós-clássicos. Em primeiro lugar, as interações recorrentes com grupos nômades tiveram implicações importantes para todas as partes envolvidas, durante todo o período mongol. Em segundo lugar, os relatos de viajantes, que com frequência eram interessantes no sentido de revelarem mitos e especulações sobre práticas de gênero de "outros" povos. E se a frequência desses relatos aumentou nos séculos pós-clássicos, o período clássico também registrou balanços importantes. Em terceiro lugar, embora os episódios de contato mais importantes tivessem envolvido, na maior parte, sistemas de patriarcado evidentes ainda que variados, grupos ou sociedades nômades numa fase inicial e imitativa da civilização possivelmente também estiveram envolvidos.

Por fim, muitos contatos-chave, do final do período clássico em diante, envolveram novos elementos religiosos, graças à intensa atividade missionária e ao fato de a religião, em geral, acompanhar o comércio e a guerra. O contato com religiões desconhecidas podia ser um teste crucial para a questão de gênero. As grandes religiões – budismo, cristianismo e islamismo – insistiam na igualdade espiritual fundamental; as mulheres tinham almas da mesma forma que os homens. Assim, em princípio elas podiam desafiar consideravelmente o patriarcado. No entanto, de várias formas, as religiões toleravam o domínio masculino e, como enfatizavam a vida após a morte, em vez de mudanças nas condições deste mundo, podiam implicitamente aceitar o patriarcado. As interações religiosas, em outras palavras, tinham efeitos imprevisíveis, embora quase sempre desafiassem, em alguns sentidos, as relações de gênero existentes. Essas questões serão examinadas nos capítulos "O budismo e as mulheres chinesas" e "Padrões islâmicos externos à região central" e também se aplicam a situações discutidas mais adiante, na parte "Resultados da expansão europeia, 1500-1900", em que o cristianismo se torna uma evidente força mundial.

Os contatos deslanchados no final do período clássico e particularmente no período pós-clássico continuaram nos séculos seguintes.

Essa continuidade, analisada nos capítulos "O budismo e as mulheres chinesas" e "Padrões islâmicos externos à região central", testemunha a importância de novas interações, mas também o tempo requerido para se modificar hábitos de gênero já estabelecidos.

PARA SABER MAIS

A respeito de contatos e civilização: Jerry Bentley, *Old World Encounters:* Cross-Cultural Contact and Exchanges in Pre-modern Times (New York: Oxford University Press, 1993). A respeito de gênero: Dale Walde e Noreen Willows (eds.), *Archaeology of Gender* (Calgary: Archaeological Association of the University of Calgary, 1991); Margaret Ehrenburg, *Women in Prehistory* (London: British Museum Press/Norman: University of Oklahoma Press, 1989); Barbara Lesko (ed.), *Women's Earliest Records from Ancient Egypt and Western Asia* (Atlanta: Scholars Press, 1987).

Primeiros contatos:
influências da diversidade cultural

Os desenvolvimentos durante o período clássico permitem perceber de que maneiras as trocas com sistemas de valores alternativos podem afetar a questão de gênero – e particularmente a avaliação e os papéis das mulheres. O Oriente Médio e a região do Mediterrâneo (oeste da Ásia, norte da África e sul da Europa) fornecem importante estudo de caso, por duas razões. Em primeiro lugar, existe suficiente documentação para oferecer uma visão de como ideias divergentes sobre as mulheres podem influenciar grupos que entrem em contato com elas. Em segundo lugar, a região era sem dúvida diversificada, e várias ondas de conquistas e invasões forneceram oportunidades de contato e trocas.

Ao mesmo tempo, os padrões que emergiram durante os últimos séculos a.e.c. e os primeiros séculos da e.c. sugerem alguns impactos experimentais. Os romanos podem ter notado umas poucas diferenças entre suas ideias sobre as mulheres e as que discerniram entre os gregos quando negociaram com eles e depois os conquistaram. No entanto, ainda que as ideias sobre as mulheres e uma parte importante das filosofias clássicas estivessem bem desenvolvidas, não estavam claramente articuladas em sistemas culturais amplamente populares como as religiões. As trocas religiosas desempenharam um papel nas mudanças com relação a gênero nesse período, como veremos, embora exercessem influência muito menos radical do que as religiões mundiais missionárias que começaram a se espalhar alguns séculos mais tarde. O contato, em outras palavras, não trazia necessariamente a conversão religiosa, e sem isso as ideias específicas sobre as mulheres podiam não ser profundamente afetadas.

A maioria dos grupos se aferrava claramente a suas formulações de gênero, refletindo as influências externas apenas num grau tímido. As mudanças, quando ocorriam, tinham menos a ver com interações culturais do que com desenvolvimentos políticos internos. Contatos mais importantes, como os que surgiram no século IV a.e.c. entre as culturas grega e indiana, não trouxeram necessariamente resultados notáveis com relação a gênero, apesar do impacto mensurável em outros aspectos, na arte e no pensamento. Evidentemente, isso foi um período bastante preliminar na história dos contatos entre civilizações, em que as interações eram complexas e algumas vezes surpreendentemente limitadas.

Havia outro aspecto, numa época em que sociedades-chave, como Grécia e Roma, estavam estabelecendo suas ideias sobre homens e mulheres: era possível desenvolver noções de outras terras sobre como gênero era tratado fora das fronteiras conhecidas da sua própria civilização. Viajantes dos primeiros tempos despertavam imenso fascínio e certa ansiedade, denotando não só uma ignorância sobre povos mais remotos, mas também certo nervosismo sobre a solidez das próprias convenções.

GRÉCIA E HELENISMO

À medida que uma civilização ganhou forma na Grécia depois de 800 a.e.c. (as sociedades primitivas tinham sido estilhaçadas pelas invasões), muitos aspectos padronizados do patriarcado rapidamente emergiram. Não se sabe se a Grécia emprestou essas ideias sobre homens e mulheres da Mesopotâmia ou do Egito (dos quais com certeza emprestou outros aspectos). Provavelmente o sistema resultou dos padrões da agricultura estabelecida e de um sistema político paulatinamente mais claro.

O patriarcado grego gerou algumas flexões diferentes, com as crenças normais sobre a inferioridade das mulheres e sua prioridade nas obrigações domésticas. Muitas cidades-estado gregas eram militares, o que pode ter sustentado uma versão mais agressiva de masculinidade. Em Esparta, em que a organização militar era particularmente pronunciada, os meninos eram mantidos separados das meninas por períodos essenciais de treinamento. Embora as mulheres se ocupassem com exercícios físicos, suas funções principais eram a maternidade – para criar mais garotos – e incentivar a coragem masculina. Um espartano assim aconselhou as mulheres: "Case-se com um bom homem e gere bons filhos".

Muitos homens da classe alta grega eram bissexuais, escolhendo garotos para protegidos e amantes. Isso não excluía o casamento, mas podia reduzir contatos sociais com mulheres. A política grega, que com frequência envolvia extensa participação em eleições e serviço público, enfatizava o domínio masculino na vida doméstica. O controle de propriedade era vital para o direito de votar, o que pode ter explicado, em parte, essa orientação. Evidentemente não se consideravam as mulheres aptas para as atividades políticas, e isso aumentava a distância entre os dois gêneros. O realce da racionalidade dado pela filosofia grega criou outro distanciamento entre os sexos, porque as mulheres eram consideradas mais próximas da natureza e incapazes de raciocinar. Um escritor expôs a questão assim:

> No início, deus fez a mente feminina separada. Uma ele fez de uma porca de rabo torcido. Em sua casa tudo fica em desordem, misturado com lama [...] ela não se lava, suas roupas são sujas, senta-se sobre uma pilha de esterco e vai engordando. Outra ele fez de uma raposa malvada: uma mulher que sabe tudo. Nada de ruim ou de bom se perde nela porque em geral ela chama de ruim uma coisa boa e de boa uma coisa ruim. Sua postura não é nunca a mesma.

Em última instância, as mulheres eram vistas como castigos impostos aos homens por deuses raivosos.

Embora as mulheres pudessem ser honradas como mães e como participantes de festivais religiosos, seu *status* no cotidiano era baixo. Não eram vistas como competentes perante a lei – primeiro o pai e depois o marido serviam de seus guardiões. A palavra grega para casamento significava empréstimo: as mulheres passavam como empréstimo do pai ao marido. Nesse contexto, o adultério e a sedução eram mais pesadamente punidos do que o estupro porque os primeiros envolviam tirar a mulher de seu marido; a punição refletia a ofensa feita a ele. Acima de tudo, a versão grega do patriarcado, ainda que menos sistemática do que a chinesa, compartilhava muitos elementos ao realçar a inaptidão das mulheres e seu *status* servil.

Viajantes gregos: Heródoto

O sistema grego inevitavelmente abarcava vários pontos de vista. Mesmo dentro da Grécia havia uma variedade. Os líderes atenienses com frequência criticavam os espartanos por darem muita liberdade às mulheres. Os gregos também comerciavam muito com regiões do Mediterrâneo e Mar Negro, o que os expunha a muitas culturas diferentes. Em geral, formas alternativas de agir e fazer eram acolhidas com um misto de zombaria – os gregos chamavam outros povos de "bárbaros" – e tolerância. Não havia a postura de acolher o novo como sendo útil aos próprios costumes. Ao mesmo tempo, considerável ignorância do mundo externo e complacência sobre os padrões gregos, somadas a algumas tensões no que diz respeito às mulheres, podiam se combinar para que os relacionamentos homem-mulher em outras sociedades fossem vistos com exageros curiosos.

Heródoto, o primeiro historiador grego autor de relato de viagens, nasceu por volta de 484 a.e.c. Estudou em Atenas e viajou por grande parte do Império Persa, isto é, por quase todo o Oriente Médio, assim como Egito e partes vizinhas do norte da África, incluindo a Líbia. Também viajou para o norte do Danúbio na Europa e para o Mar Negro. Nessas viagens, muito extensas para a época, ele coletou histórias sobre sociedades, algumas sem chegar a entender direito. Escreveu sobre o mundo que descobriu em sua obra *História*, que focalizou livremente as guerras entre Grécia e Pérsia, ocorridas entre 499 e 479 a.e.c.

Heródoto era um observador cuidadoso, ávido para separar o fato da ficção. Era também muito interessado e tolerante para com os costumes que diferiam de sua Grécia natal. No entanto, aceitou e reproduziu inúmeras distorções. Foi ingênuo no que diz respeito a animais bizarros e incorporou sem críticas histórias de sociedades em que as pessoas teriam o hábito de comer os pais idosos. Além do mais, acatou variações dramáticas no tratamento das mulheres.

Ao descrever o povo lídio, por exemplo, afirmou que

> As filhas de todas as famílias de classe baixa da Lídia são prostitutas para que possam acumular um dote que lhes permita casar, e elas arrumam seus próprios casamentos... Afora essa prática de terem suas filhas trabalhando como prostitutas, os costumes na Lídia não são diferentes dos da Grécia.

Como observador tolerante e encantado com a variedade da vida humana, Heródoto aceitou uma implausível generalização, focada em hábitos sexuais extremados. No caso dos agartisianos, do norte do Mar Negro, ele afirma que

> qualquer mulher está disponível para qualquer homem para fazer sexo, para assegurar que os homens são todos irmãos e que eles estão em termos amigáveis uns com os outros, uma vez que são todos parentes. Em outros aspectos, seu tipo de vida é semelhante ao dos trácios [um grupo do norte da Grécia].

Descrevendo os líbios, do norte da África, diz que "Outro costume raro deles é que quando suas mulheres jovens estão para se casarem, postam-se perante o rei e as que lhe agradarem são defloradas por ele." De outro grupo líbio, escreveu:

> É costume que cada homem tenha certo número de esposas, mas [...] qualquer mulher está acessível para qualquer homem para sexo; um pessoal postado em frente de uma casa indica que está havendo uma relação sexual lá dentro. Quando um homem nasmoniano se casa, primeiro é costume a noiva ter sexo com todos os convidados, um depois do outro em sua noite de núpcias; cada homem que tem sexo com ela lhe dá um presente que trouxe de casa.

Outras histórias destacam mais a violência do que sexo. Uma tribo influenciada pelos gregos morando no Egito, os ausees, celebram o festival em homenagem a Atena [uma deusa grega] uma vez por ano quando as moças solteiras da tribo dividem-se em dois grupos e lutam entre si com pedras e paus; as mulheres dizem que essa é a maneira pela qual pagam as dívidas de seus ancestrais para os deuses... Elas dizem que as mulheres que morrem nessas disputas não eram verdadeiramente virgens. Antes de deixarem-nas lutar, elas se unem para vestir a mais bela da geração seguinte de moças com um elmo coríntio e uma armadura grega.

Aqui, se é verdade, havia um fascinante caso de sincretismo, com a parafernália grega emprestada para um ritual que não era de forma alguma grego. Heródoto termina esse texto novamente com sexo.

Eles tinham relações sexuais com mulheres de forma promíscua; em vez de viverem em casais, sua vida sexual é a de verdadeiros animais. Quando o bebê de uma mulher cresce, na altura do terceiro mês, todos os homens se reúnem e a criança passa a ser filho do homem com o qual mais se parece.

Heródoto dedicou considerável atenção às amazonas, grupo de mulheres guerreiras que em geral agiam sem os homens, e supostamente viveram na Ásia Central. Aqui, ele elaborou uma crença já disseminada na Grécia. Os gregos afirmavam ter lutado contra as amazonas, que viciosamente matavam todos os homens que podiam. Num relato em que as amazonas se misturavam com outros povos para pelo menos se casarem e se reproduzirem, uma garota amazona tinha de matar um homem antes de se casar. Outra história via as amazonas se misturarem com outra tribo chamada scitianos cujos homens conseguiram ter relações com as guerreiras. Os scitianos convidaram as amazonas para viver em sua terra, mas as amazonas responderam:

Será para nós impossível viver com suas mulheres, porque nossas práticas são completamente diferentes das de vocês. Não aprendemos trabalhos de mulheres. Nós lançamos flechas, manejamos dardos, montamos cavalos – coisas com que suas mulheres não sabem lidar. Elas só ficam em seus lugares e fazem trabalhos de mulheres; elas nunca vão caçar ou a qualquer outro lugar.

E os jovens concordaram, e daí em diante as mulheres passaram a guerrear e a caçar com seus maridos, "usando as mesmas vestimentas dos homens".

Várias questões relativas a gênero emergem desse relato de viagem. Em primeiro lugar, Heródoto com frequência considera os comportamentos das mulheres muito mais estranhos do que qualquer coisa que tenha encontrado, provavelmente uma decorrência natural de vir de uma organização fortemente patriarcal que tornava fácil rotular e exagerar as diferenças. Em segundo lugar, ele raramente condena – e nisso é como outros observadores mais tarde na história mundial, ávido por acolher e embelezar a variedade humana. Pela mesma razão, contudo, não considera nada digno de admiração: não viu nada que os gregos pudessem incorporar para aprimorar os relacionamentos entre homens e mulheres. Outros povos sim poderiam copiar os gregos. Ele nota que os persas, por exemplo, emprestaram o hábito dos homens de ter sexo com garotos jovens. Os próprios gregos, no entanto, não tinham nada para aprimorar.

Por fim, existe o óbvio fascínio com sexo e violência. Embora não fosse uma sociedade repressiva, a Grécia desencorajava a promiscuidade; nesse contexto, não seria surpreendente que um homem aceitasse ingenuamente histórias de estrangeiros devassos. Certamente, isso era um tema comum nos relatos de viajantes: um uso dos "outros" para estimular fantasias sexuais e/ou despertar desdém moral em casa (ver capítulo "Influências ocidentais e reações regionais: a Polinésia e a África"). As preocupações com mulheres agressivas misturaram um elemento de realidade com alguns medos mais amplos. À medida que os gregos foram tendo contato com grupos nômades, viram-se diante de povos que davam às mulheres papéis maiores do que eles próprios – inclusive papéis de luta. Isso é perfeitamente registrado nos relatos sobre povos do norte do Mar Negro, mas aconteceram exageros, como testemunha a credulidade sobre as amazonas. A ideia de mulheres mais liberais era intrigante, mas também assustadora, ao mesmo tempo que contrastava com a obediência e domesticidade requeridas na terra natal. Aqui, o exagero reflete tensões e ansiedades, advertindo que qualquer relaxamento nos controles patriarcais levaria ao caos. Viagens, nesse sentido, geravam tanto percepções sobre assuntos domésticos como sobre os comportamentos estrangeiros – mas a tendência era de preservar o que tinham, não de utilizar contatos como fonte de inovação.

A sociedade helenística

O sistema grego do patriarcado teve seu maior desafio quando um conjunto mais amplo de mudanças ocorreu sob o grande império estabelecido pelo conquistador macedônio, Alexandre, o Grande, a partir do século IX. Nessa época, as cidades-estado gregas estavam em declínio. Os macedônios conquistaram a Grécia e depois usaram soldados gregos, burocratas e intelectuais para construir um império abarcando Oriente Médio e Egito. Ainda que o império tenha se diluído rapidamente em reinos regionais, a mistura de elementos gregos com outros permaneceu por muitos séculos. Alexandre casou-se com uma princesa persa, para simbolizar seu desejo de forjar uma nova fusão cultural no Mediterrâneo oriental. O resultado, a sociedade helenística, foi sem dúvida diferente da Grécia clássica, embora intimamente relacionada com ela, em particular na questão cultural.

O confronto cultural mais dramático que Alexandre desencadeou foi entre os gregos e os indianos, no nordeste do subcontinente, num reino então chamado de Bactria. Por dois séculos, os gregos governaram esse reino indiano, criando muitas oportunidades de mútua imitação. Dos gregos, os indianos emprestaram estilos artísticos, pinturas do Buda com togas mediterrâneas e corte de cabelo, num padrão que resistiu na região por cem anos. Matemáticos indianos promoveram trocas com cientistas gregos para benefício mútuo – embora mostrando a grande distância entre as culturas e a fragilidade das trocas, uma vez que o sistema numeral indiano, apesar de muito superior ao dos gregos, não foi encampado. Certo número de líderes gregos em Bactria converteu-se ao budismo. Alguns missionários budistas aparentemente foram enviados para o Oriente Médio e, segundo alguns historiadores, teriam trazido novas ênfases em ética e espiritualidade que mais tarde haveriam de influenciar aspectos religiosos e filosóficos. As especificidades, no entanto, são difíceis de fixar. E nas relações entre homens e mulheres, não fica claro se o encontro entre gregos e indianos teve algum impacto sério. Possivelmente os detalhes eram diferentes demais para emergirem; possivelmente, como com Heródoto, os gregos estavam tão confiantes em seus próprios caminhos que o exemplo de outro conjunto de relações de gênero, mais sensual e espiritual, parecia irrelevante ou repelente. O contato, de qualquer forma, teve vida curta. Provavelmente há necessidade de ímpeto e troca maior para afetar valores tão pessoais como as relações entre homens e mulheres. Certamente a ausência de um resultado evidente contrasta com o tipo de troca desenvolvida poucos séculos mais tarde entre a Índia e a China (capítulo "O budismo e as mulheres chinesas").

No âmbito mais emblemático da penetração grega – Oriente Médio e o Egito – a situação era diferente. As condições do helenismo para as mulheres eram, em muitos aspectos, importantes, melhores do que as que prevaleciam na Grécia, e o intercâmbio cultural tinha a ver com o contraste. As mulheres desempenhavam um papel político maior, manobrando com príncipes e algumas vezes assumindo o governo. As leis afrouxaram, permitindo que mais mulheres adquirissem propriedades e dirigissem negócios. As mulheres participaram mais ativamente na vida cultural, e surgiram muitas escritoras notáveis. Da mesma forma, textos sobre mulheres mostraram-se mais favoráveis a elas, embora não chegassem a sugerir igualdade. Por fim, representações artísticas mudaram dramaticamente, com um crescente interesse na representação do nu feminino, em contraste com o estilo pesado e coberto de roupas, característico da Grécia.

Muitos acontecimentos contribuíram para esses novos padrões. A mudança para monarquias autocráticas eliminou a pressão por famílias dirigidas pelo homem – isso não mais era visto como base para a expansão da participação política –, mas os intercâmbios culturais também fizeram sua parte. Da Macedônia veio a tradição de mulheres da realeza politicamente ativas, contrastando com o papel declaradamente passivo das mulheres da maior parte dos líderes políticos gregos. O Egito contribuiu com leis que permitiam às mulheres atuar por conta própria sem requerer guardiões. Talvez mais importante ainda tenha sido uma nova onda de religiões, chamadas religiões misteriosas, da África do Norte e do Oriente Médio, nas quais a devoção altamente emocional diferia do ritualismo das cerimônias mais características da religião grega. Nas religiões misteriosas, as deusas gregas, como a Isis egípcia, podiam desempenhar um papel central. A ênfase na criatividade realçava o princípio feminino; Isis se tornou a deidade mais importante em seu culto, com uma série de funções, incluindo presidir os ciclos do nascimento e renascimento da natureza.

Não se devem exagerar os resultados desses contatos culturais. As condições na Grécia mudaram menos do que em outros lugares. Por exemplo, uma mulher grega morando no Egito podia dispensar um protetor, mas sua contrapartida na terra natal mantinha o velho sistema. Além disso, a mudança afetava particularmente as classes altas; não há evidências de que as relações de gênero nas classes baixas tenham mudado muito. De fato, a incidência crescente de infanticídio feminino, como forma de controle populacional, sugere que essa autoestima recém-adquirida pelas mulheres pode ter sido bem superficial. Não havia, com certeza, uma reavaliação sistemática dos atributos e papéis das mulheres, do tipo implementado pelo budismo (embora com resultados comprovadamente limitados) na China mais tarde.

Padrões de diversidade cultural persistiram na era romana, a última fase da civilização clássica no mundo mediterrâneo. Inicialmente, no tempo em que Roma era cidade-estado, os impulsos voltados às mulheres parecem ter sido, a princípio, bem severos; vimos que sob a lei romana, por exemplo, um marido podia matar a mulher por adultério. No entanto, o aprimoramento gradual da lei, combinado com a exposição a influências helenísticas moderadas, produziram um sistema mais brando por volta do século II a.e.c., à medida que a república romana amadureceu e se expandiu. Os intelectuais romanos copiaram os escritores gregos em discussões sobre a inferioridade das mulheres e seus apetites sexuais aviltantes, mas também copiaram o impulso helenístico para honrar as mulheres boas, incluindo aquelas que, como esposas e mães leais, contribuíam para o Estado. A religião romana, embora muito semelhante à grega, devotou mais atenção às deusas, aclamando Vênus, por exemplo, como o "poder orientador do universo". A influência helenística, vinda do comércio e das conquistas romanas no Mediterrâneo oriental, também ajudou a criar direitos legais para as mulheres possuírem propriedades e algumas proteções contra acusações improcedentes feitas pelos maridos. Também ajudou a gerar literatura com abertura para o sensual, como os poemas de amor de Ovídio.

As influências da Grécia e do Mediterrâneo oriental também forneceram às mulheres romanas da classe alta novos modelos de ornamentos e luxo. No início da República Romana, uma vida simples era altamente valorizada, tanto para homens quanto para mulheres. Após uma conquista bem-sucedida e os contatos resultantes, no entanto, joias, sedas importadas e outros adornos viraram moda. Isso emprestou uma nova dimensão à vida das mulheres, embora pudesse tê-las afastado de outras metas e assim ajudado a confirmar a desigualdade do patriarcado. Alguns homens romanos desaprovavam a frivolidade, enquanto outros apoiavam as mulheres com a justificativa de que elas tinham poucas coisas além disso na vida. Em determinado momento, a discussão sobre padrões de beleza importados se estendeu à política. A lei opiana foi aprovada após uma série de guerras sem trégua, limitando a quantidade de ouro e roupas coloridas que uma mulher podia usar. Em 195 a.e.c., o Senado romano discutiu a revogação da lei. As mulheres se juntaram nas ruas, pedindo a restauração do luxo, agora que a República florescia novamente. Os políticos reclamaram, alegando que as mulheres não deveriam ter voz política, e sim permanecer em casa, mantendo-se modestas. Outros, no entanto, defendiam as mulheres: "O fato é que nós temos ouvidos orgulhosos, pois, enquanto patrões não zombam dos apelos dos escravos, nós ficamos zangados quando mulheres honradas nos pedem alguma coisa". Segundo eles, os homens gostavam de roupas elegantes, portanto as mulheres deveriam poder compartilhar esse direito. "As mulheres não podem partilhar a magistratura, sacerdócio, triunfos, insígnias oficiais, presentes, ou despojos de guerra: elegância, fineza de lindas roupas são as insígnias das mulheres, e nisso elas encontram alegria e ficam orgulhosas, e é isso que nossos antepassados chamavam do mundo da mulher." A lei foi anulada, embora o texto a favor da revogação tenha exposto os limites da opinião dos homens sobre as mulheres.

Roma se manteve firmemente patriarcal e, no geral, sua abordagem das mulheres foi mais dura do que a dos estados helenísticos. Uma forte ênfase na família, retornando nos primeiros dias do Império, trouxe a reafirmação da autoridade masculina sobre, por exemplo, a questão do adultério. A literatura romana posterior começou a condenar as mulheres assertivas, imitando temática grega. O fato é que, como na Grécia, as considerações políticas dominaram o tratamento dado às mulheres, pelo menos nas classes altas, e isso era expresso na lei. Contatos com diversas culturas apenas limitaram, em geral de forma transitória, o impacto nessa situação. Além do mais, não havia um sistema claro alternativo que acenasse a homens e mulheres com um conjunto diferente de padrões. Mesmo nos séculos helenísticos, embora fossem permitidos contatos maiores entre gêneros do que na Grécia clássica, não foi desenvolvido um modelo suficientemente distinto e poderoso para reconfigurar o patriarcado romano.

O período clássico no Mediterrâneo e no Oriente Médio gerou incontáveis contatos culturais para povos na Ásia Ocidental, sul da Europa e norte da África. Os resultados, no que se refere ao relacionamento entre homens e mulheres, não estão sempre bem documentados. Parece que alguns contatos tiveram de fato poucos resultados: as partes envolvidas em ambos os lados, ou porque se sentiam suficientemente confiantes de seus próprios valores, ou absolutamente convictas de que as alternativas eram estranhas e bizarras demais, acabaram deixando virtualmente intocadas leis e imagens. Outros contatos influenciaram padrões em certa medida, em particular nos séculos III e IV a.e.c., quando os reinos helenísticos prevaleceram. Roma participou nessa interação de alguma forma, mas por fim preferiu afastar-se em favor de uma renovada ênfase na submissão feminina. Os exemplos desse período na história do Mediterrâneo são complexos, mas sugerem fortemente uma considerável imunidade a contaminações na questão de papéis de gênero, mesmo em meio a substancial diversidade cultural.

PARA SABER MAIS

Dois livros de Sarah Pomeroy fornecem *insights* vitais: *Goddesses, Whores, Wives and Slaves*: Women in Classical Antiquity (New York: Schocken Books, 1975; com novo prefácio, 1995; London: Pimlico, 1994) e *Women in Hellenistic Egypt:* From Alexander to Cleopatra (New York: Schocken Books, 1984). Veja também Mary Lefkowitz e Maureen Fant (eds.), *Women in Greece and Rome* (Toronto: Samuel-Stevens, 1977); Roger Just, *Women in Athenian Law and Life* (London/New York: Routledge, 1989). Uma versão legível de *The Histories* de Heródoto foi traduzida por Robin Waterfield, com introdução e notas de Carolyn Dewaled (Oxford/New York: Oxford University Press, 1998).

O budismo e as mulheres chinesas

A expansão do budismo para a China, do final do período clássico até o século XIX e.c., constitui o primeiro contato elaborado entre dois sistemas de gênero do qual temos registros significativos. O caso é interessante também porque as ideias budistas e chinesas sobre as mulheres, embora não se opusessem de forma total, uma vez que ambos os sistemas pressupunham a inferioridade feminina, diferiam marcadamente. Ainda que os escritores budistas tenham tido de fazer alguns ajustes em suas afirmações sobre a questão da mulher para adequá-las às acepções chinesas, o budismo realmente teve um impacto. Diferindo do contato inicial que houve entre gregos e indianos, a expansão do budismo para a China envolveu substanciais conversões ao sistema religioso estrangeiro, e a religião, por sua vez, afetou as ideias sobre gênero. No entanto, a longo prazo, esses fatores não mudaram muito a estrita versão chinesa de patriarcado e, nesse sentido, foi novamente um caso hesitante de contato. O intercâmbio, porém, afetou as vidas de muitas mulheres individualmente durante alguns séculos. Ao lado dos ajustes no budismo – um óbvio exemplo de sincretismo próprio da complexa troca entre culturas –, essa influência torna a história do budismo chinês um caso interessante e de certa forma único de relacionamento homem-mulher em meio ao contato com outros povos.

A história, é claro, difere do impacto das diversas culturas do Mediterrâneo e do Oriente Médio, discutidas no capítulo anterior.

Por um lado, os registros são claros: observadores chineses, incluindo as próprias mulheres, prestavam mais atenção ao resultado do budismo nas vidas das mulheres. Além do mais, o budismo era um balanço espiritual mais sistemático do que o existente nos séculos do helenismo, e isso provavelmente teve mais resultados significativos do que as correntes dispersas examinadas no capítulo "Primeiros contatos: influências da diversidade cultural". A diferença, em outras palavras, foi real, e não apenas uma questão de evidência disponível. No final, houve também semelhanças: mesmo a capacidade do budismo de mudar um bem montado sistema patriarcal era limitada, e outros fatores podem ter tido mais peso que ele nessa mudança.

O sistema chinês do patriarcado, notavelmente rigoroso no princípio, foi bem estabelecido nos primeiros séculos da era comum, como visto no capítulo "A base tradicional: civilizações e patriarcado". As mulheres eram instadas a serem subservientes. Esposas deviam obedecer não apenas ao marido, mas também aos pais dele. Ficavam sujeitas ao divórcio se desobedecessem, não pudessem ter filhos (e filhos homens eram particularmente desejados) e mesmo se falassem muito. Muitos homens da alta classe tinham mais de uma mulher ou concubinas, e o código de comportamento insistia em que as mulheres não podiam ser ciumentas. As responsabilidades para as mulheres se concentravam na vida doméstica. O sistema estava bem atado a crenças maiores do confucionismo sobre hierarquia e deveres dos inferiores.

Não se deve supervalorizar a uniformidade do rigor. O sistema chinês poderia ser mais plenamente realizado nas famílias de classe alta, em que o trabalho produtivo da mulher não era necessário (embora mesmo aqui, os deveres domésticos fossem consideráveis e respeitados). Dependendo de sua personalidade, a mulher poderia se impor mais do que os modelos permitiam, e um grande número de mulheres, usando sua influência sobre o marido e particularmente sobre os filhos, poderia alcançar verdadeiro poder. Não era permitido aos homens abusar das mulheres, pois o confucionismo colocava obrigações também para os superiores – embora os constrangimentos nem sempre fossem efetivos na prática. Mesmo assim, o padrão de domínio perpassava tanto aspectos da cultura chinesa como a prática familiar.

O budismo ofereceu um quadro diferente ainda que complexo. A religião começou na Índia no século VI a.e.c. (Buda viveu entre 563 e 483 a.e.c.), como uma rebelião parcial contra o sistema religioso que acabou se transformando no hinduísmo. O desagrado com a ênfase hindu na desigualdade era uma motivação-chave para a aceitação do budismo, e ainda que isso fosse particularmente dirigido contra o sistema de castas, tinha implicações nas relações de gênero também. Todos, do ponto de vista do budismo, independente do *status* social, participavam da essência divina, o que implicava, em última instância, alguma igualdade espiritual.

Como outras religiões importantes, o budismo era altamente ambivalente a respeito das mulheres, refletindo sua operação dentro da estrutura patriarcal. As mulheres podiam ser representadas como o mal, particularmente por causa de seu potencial para seduzir os homens e afastá-los, pela luxúria, dos caminhos da virtude. Uma história budista falava de um deus mau que mandou três mulheres (Luxúria, Aversão e Desejo) para tentarem o Buda. E conclui:

> As mulheres podem arruinar
> Os preceitos da pureza.
> Elas também podem ignorar
> A honra e a virtude.
> Levando alguém para o inferno
> Elas impedem o renascimento no céu.
> Por que deveria o sábio
> Deleitar-se com elas?

No entanto, as mulheres também poderiam ser santas, em contraste com o hinduísmo, que tendia a afirmar que a reencarnação como homem era uma pré-condição essencial para o avanço espiritual de uma mulher (embora o budismo mantivesse um elemento dessa crença também). Um sutra budista, ou verso sagrado, descrevia uma mulher chamada Ananda, uma "deusa do Ganges" "dotada de conhecimento e espírito prático". Mais tarde, o Buda mudaria seu sexo de mulher para homem e permitiria que ela realizasse "Iluminação perfeita, suprema". Outro sutra, escrito por um budista chinês descrevendo uma mulher na Índia, fala da filha de um rei que, com outras mulheres, meditou em Buda e, como decorrência, viu-se diretamente iluminada. Aqui, é enfatizado que a iluminação não é "masculina nem feminina", porque o corpo humano não está envolvido. A princesa fala sabiamente de seu compromisso com a virtude budista e suas palavras cheias de sabedoria guiam um grande número de santos budistas (chamados bodhisattvas). Em recompensa, o Buda prometeu-lhe budidade.* "Seu mundo de Buda será chamado de esplendor."

Muitas mulheres bodhisattvas eram adoradas como fontes de santidade e cura na terra. Era comum encontrar a estátua de algumas delas na Índia por volta do século v e.c., fato notado por peregrinos chineses ávidos de aprender sobre religião. (Algumas das mulheres eram descritas também como homens, mantendo essa tensão na crença budista.) Mulheres santas podiam ser vistas como *patronnesses* não só de questões femininas – como o desejo de ter filhos – mas também de situações do universo masculino, como a marinha. De forma mais prática, as seitas budistas com frequência organizavam conventos para mulheres, análogos aos monastérios para homens santificados, em que as vidas podiam ser devotadas à prece e à contemplação.

Era evidente, em princípio, que o contato entre budismo e patriarcado chinês poderia produzir algumas tensões interessantes, embora amortecidas pela crença compartilhada na superioridade masculina. O budismo podia contestar as afirmações confucianas do domínio sistemático masculino, notando o potencial espiritual das mulheres e sua capacidade de avançar, no final, em direção do estado de santidade do nirvana. O budismo podia também neutralizar a visão chinesa de que o casamento e os deveres domésticos eram as únicas coisas apropriadas para uma mulher, acenando com a oportunidade de uma vida independente santificada. O budismo levantava uma série de questões para a visão confuciana dominante de mundo, mas as implicações para a questão de gênero eram as mais proeminentes. O que aconteceria quando os dois sistemas interagissem?

O teste começou por volta do século IV e.c. Desenvolvido na Índia, o budismo começou como religião tolerante desejosa de abraçar vários cenários culturais, e uma fé missionária. Inúmeros imperadores indianos promoveram o budismo em outras regiões, embora o Sri Lanka e sudeste da Ásia, em que as rotas de comércio indianas melhor se estabeleceram, fossem a meta mais óbvia. Os contatos budistas

---

*N.E.: "Estado de Buda", iluminação conseguida através da introversão.

com a China começaram hesitantes, principalmente pela conversão de mercadores nômades operando na Ásia Central, perto dos grandes impérios do norte e das fronteiras ocidentais. Por volta do século IV, abastecida por histórias de milagres executados por homens budistas santificados, uma região do norte chinês registrava a existência de dez mil discípulos. Nesse ponto, não apenas os mercadores atuando na Índia, mas também convertidos religiosos chegavam à Índia explicitamente para conhecer essa fé.

O budismo na China encontrou forte oposição dos confucionistas, que viam a seita como fanatismo, temiam a falta de interesse dos budistas em política como uma afronta à autoridade do Estado e repudiavam o movimento monástico como um dreno não-produtivo na economia. Essa postura era um ressentimento para com ideias de fora, "bárbaras", mas era também uma preocupação de que o budismo, em sua hostilidade para com os prazeres mundanos, incluindo a sexualidade, fosse desestruturar a vida familiar. Assim mesmo, o budismo avançou, ganhando muitos adeptos no sul da China, incluindo membros da classe alta, por volta do início do século V. Seu progresso coincidiu com o colapso da grande dinastia Han, resultando em caos político na China (entre os século III e IV e.c.). A instabilidade política, numa cultura que tinha realçado a importância da ordem estatal e política, abriu as portas para uma religião alternativa. Rapidamente houve conversões ao budismo, traduções de textos, adoção de temas e estilo budistas na arte chinesa, geração de sutras chineses, e o estabelecimento de monastérios e conventos budistas, particularmente a partir do século VI. Cerca de 8% dos poemas na dinastia Tang, por exemplo, tinham tema explicitamente budista. Curiosamente, quando o sistema imperial chinês foi restabelecido no final do século VI, e em particular nos primeiros estágios da dinastia Tang, o governo muitas vezes adotou o budismo, buscando se beneficiar de sua popularidade. Muitas pessoas misturavam o budismo com daoismo (religião chinesa anterior, algo semelhante ao budismo em seu desejo de unidade espiritual, embora sem as implicações de gênero próprias do budismo), e também com o confucionismo.

Ainda que o budismo tivesse algum relacionamento, durante algum tempo, com a política chinesa, sua atração maior para o povo chinês, em vários níveis sociais, era sua espiritualidade, seu estímulo a orações e sua promessa de um avanço final em direção à união com a essência divina. O budismo chinês estimulou a existência de figuras santificadas, que segundo ele facilitaria o avanço para as pessoas comuns. Muitos chineses contribuíram para o budismo – desde fundando monastérios até escrevendo e apadrinhando sutras – em resposta a problemas da vida, por exemplo em agradecimento pelo restabelecimento da saúde ou pedindo um benefício futuro. Muitas pessoas, incluindo as bem-nascidas ou da classe alta, entraram em monastérios. Os líderes budistas chineses perpetuaram o esforço missionário, convertendo mesmo alguns grupos nômades que atacaram de surpresa a região durante o período. Por muitos séculos, o budismo se tornou um produto inteiramente chinês – e o único empréstimo cultural significativo que a China tolerou desde suas origens até recentemente.

Eis um caso massivo de contato cultural entre duas importantes civilizações, cada qual com sua estrutura de crenças bem estabelecida. Qual foi o impacto no sistema patriarcal chinês?

Muitas conexões se desenvolveram. A primeira, de certa forma menos surpreendente, envolvia um ajuste das crenças e vocabulários budistas, no que dizia respeito às mulheres, com o intuito de reduzir choques potenciais, assim como a real possibilidade da resistência confuciana. O resultado foi uma abordagem mista ou sincrética de gênero. Passagens nos sutras indianos que ofendiam a moralidade confuciana foram omitidas. Palavras como "beijo" e "abraço", que na Índia indicavam gestos de amor e respeito por um bodhisattva, foram eliminadas. A alta posição no budismo para mulheres e mães foi também modificada nas traduções. Por exemplo, a exigência de "marido sustentar a mulher" tornou-se "marido controlar sua esposa", enquanto "a esposa conforta o marido" mudou para "a esposa reverencia o marido". Muitos chineses também buscaram ganhos práticos do budismo, mantendo objetivos mais antigos: assim, acreditava-se que uma mulher bodhisattva tinha o poder de conceder filhos a qualquer mulher que lhe rogasse, e esse tipo de súplica tornou-se comum. Nesse sentido, o budismo se enquadrava no estilo confuciano de família.

No entanto, a acomodação sincrética não podia eliminar o fato de que no budismo as mulheres tinham direito de ser santas, o que implicava tanto um *status* quanto uma função espiritual muito diferente dos padrões confucianos. O budismo chinês de fato passou a enfatizar exemplos de mulheres santas, contribuindo significativamente para esse aspecto da literatura budista. A arte chinesa também, com frequência, retratava figuras femininas sagradas. No começo, algumas santas recebiam formas masculinas, incluindo bigodes, mas por volta do século VII, no início da dinastia Tang, uma representação bem feminina emergiu, caracteristicamente esbelta e vestida de branco. Por volta de 828 havia uma estátua da mais famosa bodhisattva feminina, Juan-yin, em todos os monastérios chineses – 44 mil ao todo. A santa era particularmente responsável pelo alívio dos sofrimentos de quem quer que a invocasse (ou "o" invocasse, pois a referência de gênero continuava flutuante).

Se as mulheres podiam ser sagradas, o que aconteceria com os relacionamentos familiares chineses? A resposta geral seria: de um ponto de vista pessoal, muita coisa, mas do ponto de vista estrutural, muito pouco. As normas de família chinesas não foram redefinidas: não se tornaram mais semelhantes às da Índia, em que a sensualidade e sabedoria das mulheres mereciam grande estima. Nesse sentido, as implicações desse contato cultural particular foram muito limitadas.

Muitas mulheres, no entanto, encontraram no budismo um acréscimo vital para suas vidas, e isso sem dúvida tornou a insistência confuciana na inferioridade e diferença mais palatáveis. A possibilidade de encontrar salvação nos mesmos termos que os homens poderia ser um equalizador precioso, sem mudar a superfície das relações familiares, da mesma forma que as mulheres infelizes com a vida neste mundo poderiam encontrar a felicidade no outro.

Para algumas mulheres, o budismo forneceu oportunidades de atividades fora de casa ou da família. Grupos de mulheres podiam se reunir para visitar templos. Em um templo, um clube de mulheres se encontrava mensalmente para estudar sutras. Algumas mulheres alcançaram papéis de liderança ou como figuras sagradas nesses grupos; no século XVI, certa senhorita Ts'ai recusou se casar e obteve seguidores de todos os cantos que acreditavam que ela era imortal.

Foi mais comum, no entanto, de acordo com algumas biografias (focalizadas principalmente na alta classe), as mulheres usarem o budismo para mergulhar mais fundo dentro de si mesmas, em casa.

Muitas cantavam orações e liam textos budistas, ao mesmo tempo que jejuavam ocasionalmente para se santificarem. Certa senhorita Pien, no século xi, recitava sutras budistas diariamente enquanto queimava incenso. Muitas punham estátuas budistas em casa. Os homens com frequência aprovavam a devoção das esposas, em particular se continuavam a organizar o culto ancestral como um ritual doméstico (e o budismo podia ser bem adequado nesse sentido). Muitos sentiram que a devoção ajudava a família, por exemplo, quando as preces auxiliavam alguém a se restabelecer, e podiam tornar as esposas mais dóceis. Referindo-se a uma esposa budista, um biógrafo comentou: "Em tempos de crise, ela podia estar tranquila e satisfeita com seu destino, não deixando coisas externas agitarem sua mente". Alguns casais compartilhavam interesses budistas, mas era mais comum os maridos estarem menos interessados. Alguns poucos, de fé confucionista, tentavam afastar a esposa de seu entusiasmo, mas em geral era mais comum a aceitação – precisamente porque o budismo não ameaçava a família em termos de papéis e valores. Uma vez que muitas mulheres se voltavam para a religião mais tarde na vida, depois de ter os filhos, mesmo o impulso budista de "livrar-se dos desejos mundanos" podia não importar muito. (Alguns maridos até aprovavam o impacto favorável no orçamento alimentar da família.) O budismo também podia ajudar com a questão de mães idosas, mantendo-as longe dos negócios da família nos quais, de outra forma, poderiam interferir. Comentando sobre uma viúva que lia livros budistas avidamente, um biógrafo disse: "Ela incumbia os filhos dos assuntos da família e vivia tranquilamente sem se envolver".

A situação de mulheres que entraram para conventos budistas era mais complexa, porque aqui se tratava de uma alternativa para a vida familiar. Uma história discutia o caso de uma mulher cujo temperamento difícil impossibilitava a convivência; sendo um fracasso como esposa, por fim entrou para um convento, mas o escritor deixou claro que ela via isso como sério rebaixamento de *status*, e não um modelo para as jovens. Muitas mulheres ricas entraram para conventos depois do falecimento do marido, o que era uma forma clara de conciliar o budismo com a devoção confuciana aos valores familiares. No entanto, algumas mulheres preferiam o convento ao casamento, o que podia ser mais complicado. Aconteceram brigas ferrenhas com pais desejosos de impor à filha um companheiro, e a reação negativa dela era vista como desrespeito aos pais. Uma mulher insistente afirmou "Por que eu preciso me submeter três vezes [ao pai, ao marido e ao filho] antes de ser considerada proprietária?" – um sentimento decididamente não confuciano. Alguns pais, no entanto, concordavam com o desejo da filha, geralmente persuadidos de que uma filha monja "poderia levar a família à glória e trazer bênçãos e honra". O tipo de arranjo era particularmente possível nas famílias de classe alta em que os próprios pais eram budistas, e no período em que o governo imperial parecia estar apoiando o budismo. Outros arranjos também podiam funcionar: uma história falava de uma filha que impôs sua vontade simplesmente jejuando quase até a morte; outra fala de uma mulher que orou para que seu casamento não se realizasse, tendo a imagem de Buda lhe respondido que seu noivo haveria de morrer logo. "Você precisa apenas prosseguir com sua prática ardente [de orar]" e realmente o homem morreu no dia seguinte quando um boi chifrou-o. A mulher se viu livre para entrar para um convento. As mulheres que explicitamente evitavam o casamento podiam inspirar centenas de outras a se juntar a elas.

A independência sugerida na vida de convento podia ser levada para a política. Algumas mulheres em conventos eram consultadas sobre importantes decisões políticas e sua santidade lhes dava autoridade. Um relato mostra isso: "Assim o poder [da monja] invalidou toda a corte, e sua autoridade se estendeu tanto dentro quanto fora de círculos budistas". A única verdadeira imperatriz chinesa, Wu, argumentou estar autorizada a servir como governante, contra o costume estritamente patriarcal, por ser a reencarnação de uma santa a quem o próprio Buda prometera renascimento espiritual. Apoiada por monges budistas, usurpou o trono em 683, encontrando na religião a autoridade alternativa essencial para refutar a tradição confucionista. Manteve o poder por mais de 25 anos, afastando-se só quando adoeceu.

Poder político e vida sem casamento, mesmo em oposição aos desejos da família, mostraram o potencial do budismo para causar impacto nas tradições de gênero chinesas. No entanto, embora individualmente houvesse repercussões importantes e mesmo ocorrência na história imperial, as estruturas básicas não foram abaladas. De fato, deixar mulheres assertivas fazer seu caminho sem desafiar o casamento como instituição, serviu como uma válvula de escape. A isso se somou o impacto mais comum, de ajudar as mulheres a se ajustarem dentro da família, com frequência se tornando mais calmas e mais submissas do que antes de serem inspiradas pelo budismo. O poder da tradição confuciana no que diz respeito às mulheres, além do foco espiritual no outro mundo trazido pelo budismo, permitiu que esse resultado predominasse. Mudanças ocorreram; milhares de indivíduos foram afetados, mas não houve uma redefinição do sistema. O fato de a prática de enfaixar os pés ter começado nesse período – os ossos dos pés de uma menina eram quebrados para lhe dar um andar meio manco, que passava a ser considerado marca de beleza ao mesmo tempo que reservava um lugar mais ornamental para a mulher – confirma as limitações do impacto budista. O budismo não pôde desacelerar a tendência de deterioração das condições de vida para as mulheres chinesas, próprios das civilizações agrícolas.

No século XIX, a dinastia Tang voltou-se contra o budismo, atacando muitos monastérios e perseguindo líderes religiosos. O budismo não morreu, mas sua influência nunca foi recuperada. Elementos budistas persistiram na arte e pensamento chinês, mas aqueles aspectos da religião que podiam subverter padrões de gênero soçobraram. Diminuiu o número de conventos, reduzindo essa opção. Mulheres individualmente podiam continuar buscando devoção no âmbito da família, como alguns exemplos antes apontados, mas os contatos maiores com o budismo reduziram-se.

O ataque ao budismo refletiu a inquietação com o fracasso da religião em reforçar uma lealdade ao sistema político acima de tudo. O confucionismo voltou a dominar totalmente. A preocupação com as mulheres não estava configurada nesse ataque, mais voltado a uma ansiedade pela falta de ligação do budismo com a família como prioridade. O resultado, de forma patente, intensificou as limitações da influência do budismo sobre as relações entre os homens e as mulheres na China.

A interação budista com a China foi característica, como são todos os casos de contato cultural – mas foi também penetrante. Houve uma verdadeira mudança, a maior que uma força externa haveria de trazer para as questões de gênero na China até o final do século XIX. No entanto, as mudanças podem ser verdadeiras sem redefinirem as estruturas, e podem afetar muitas pessoas, durante um período prolongado, sem se tornarem uma nova moda. Pesar o que aconteceu e o que poderia ter acontecido, e explicar por que os resultados não foram mais radicais, abre espaço para análises históricas.

PARA SABER MAIS

Um estudo clássico é o de Arthur Wright, *Budhism in Chinese History* (Stanford: Stanford University Press/London: Oxford University Press, 1959); veja também Wright, ed. Robert Somers, *Studies in Chinese Buddhism* (New Haven: Yale University Press, 1990). Veja também Kenneth Ch'en, *The Chinese Transformation of Buddhism* (Princeton: Princeton University Press, 1973). Uma fonte importante é Shih Pao-ch'ang (ed.), *Lives of the Nuns*: Biographies of Chinese Buddhist Nuns, traduzido por Kathryn Tsai (Honolulu: University of Havaii Press, 1994). Sobre mulheres: Diana Paul, *Women in Buddhism*. Images of the Feminine in Mahayana Tradition, 2. ed. (Berkeley: University of California Press, 1979); Patricia Ebrey, *The Inner Quarters*. Marriage and the Lives of Chinese Women in the Sung Period (Berkeley: University of California Press, 1993).

Padrões islâmicos externos à região central: mudanças e continuidades na Índia e na África subsaariana

A expansão do islamismo, surgido na península arábica por volta de 610, é um dos grandes episódios de contato cultural na história mundial. As interações decorrentes superaram os resultados da expansão do budismo; aliás, o raio de influência religiosa do islamismo foi sem precedentes. A força do islamismo como religião repousava na ênfase em prescrições que ajudariam o indivíduo a ter acesso ao céu, dando grande atenção à lealdade para com Alá. O islamismo também se expandiu como resultado de bem-sucedidas conquistas militares dos árabes, inicialmente, e depois atividade missionária explícita e ampliação do comércio internacional. Em poucos séculos, o islamismo tinha feito incursões importantes não apenas pelo Oriente Médio e África do Norte, mas também no sul da Europa, Índia, África subsaariana, Ásia Central e sudoeste da Ásia.

O islamismo tinha ideias muito definitivas sobre os papéis de homens e mulheres. Assim como em muitas religiões – o budismo entre elas –, as ideias eram complexas, quase contraditórias. Além disso, o islamismo no Oriente Médio retomou algumas velhas práticas referentes a gênero, como o uso de véu para as mulheres, que não eram essenciais para a religião, mas deram a impressão de ser – na verdade, um caso de sincretismo com o Oriente Médio, como veremos.

Complexidades desse tipo afetaram inevitavelmente o impacto do islamismo sobre práticas de gênero em regiões externas à sua base, em particular em lugares em que operaram como fé minoritária.

Este capítulo examina dois casos importantes de influência islâmica: Índia e África subsaariana. Em ambos, as ideias islâmicas e seu revestimento do Oriente Médio não foram retomados inteiramente; as culturas anteriores continuaram a ter influência. Isso desencadeou críticas dos viajantes islâmicos, que achavam inapropriados os papéis das mulheres em lugares como a África. Ao longo do tempo, no entanto, a influência islâmica promoveu outras mudanças, levando à deterioração da condição feminina, tornando-a até pior do que no próprio Oriente Médio.

O profeta Maomé, que levou o islamismo ao Oriente Médio, acreditava estar melhorando a condição feminina, quando comparada com formas árabes mais tradicionais de patriarcado. Embora sua motivação fosse forte, o islamismo acabou confirmando várias formas de relações patriarcais e, quando se misturou com práticas como a do véu, ofereceu sinais algo confusos. Outros povos, apesar de aceitarem o islamismo, continuaram a preferir as próprias tradições de gênero. Foi isso que viajantes árabes perceberam e não gostaram. A longo prazo, no entanto, o islamismo se misturou com versões regionais de patriarcado e enrijeceu as relações de gênero. Muitos dos resultados persistem até hoje.

Islamismo, homens e mulheres

O *Corão* e outros escritos centrais do islamismo enfatizaram dois princípios vitais no que diz respeito às mulheres. Em primeiro lugar, elas tinham almas e, em princípio, eram espiritualmente iguais aos homens; podiam ir para o céu. A igualdade espiritual também permitia a algumas participar ativamente em rituais muçulmanos como peregrinação a Meca, em que gozavam de liberdade maior do que suas irmãs cristãs na Europa, quando engajadas em viagens de devoção. Em segundo lugar, tinham direitos definidos, numa religião que era bastante legalista. As mulheres podiam possuir propriedades. E mantinham os direitos sobre a propriedade que haviam levado para o casamento. Podiam se divorciar. Maomé também atacou outras odiosas desigualdades, como a prática do infanticídio feminino.

Ao mesmo tempo, o islamismo mantinha uma estrutura claramente patriarcal. O *Corão* dizia que "Os homens têm autoridade sobre as mulheres devido ao que Deus concedeu a eles e não a elas". As mulheres não tomavam parte no culto junto com os homens; ficavam separadas. Os direitos de família dos homens eram superiores aos das mulheres. Podiam se divorciar com maior facilidade. Punições por transgressão sexual masculina eram geralmente mais leves do que as das mulheres. A *Hadith*, coletânea das primeiras tradições e editos muçulmanos, afirmava que "a primeira condição para *qadi* (julgar) é ser homem [...] quanto às mulheres, elas são inadequadas para posições de autoridade". As esposas se comprometiam a "servir o marido, cuidar das crianças e administrar a casa". Os homens eram autorizados a usar violência, se necessário, para manter as mulheres na linha. Além disso, mesmo a igualdade espiritual era condicionada por uma profunda crença de que as mulheres eram por natureza mais pecadoras do que os homens. Recorrendo à história bíblica de Eva como a primeira pecadora, a doutrina muçulmana sustentava que o inferno era desproporcionalmente povoado pelo sexo feminino. Ainda a *Hadith* afirmava: "Eu dei uma olhada no inferno e vi que a maioria de seus habitantes eram mulheres". Escritos islâmicos exigiam que os homens fossem amáveis com as mulheres, evitando abusos, mas essas advertências tinham sido introduzidas para amortecer a profunda desigualdade.

Evidentemente são inúmeras as mensagens no islamismo no que diz respeito a gênero. Ainda hoje, as feministas debatem o islamismo: algumas, sustentando padrões ocidentais de libertação feminina, exigem que o islamismo mude, enquanto outras afirmam que a doutrina tradicional protege de forma adequada os direitos das mulheres. É uma questão de ênfase em algumas mensagens em detrimento de outras.

A complexidade islâmica se viu acrescida de uma adaptação dos hábitos preexistentes no Oriente Médio. O uso do véu se espalhou mais cedo no Oriente Médio, incluindo o Império Romano e também a Pérsia, como sinal de *status* da elite. Enfatizava a reclusão das mulheres e sua posse por parte do pai e marido. Cobrindo a boca e o nariz, enquanto ocultava inteiramente o corpo em túnicas, destacava a indisponibilidade sexual das mulheres respeitáveis. Esse costume nunca se estendeu para as mulheres do campo, que, como na maior parte das sociedades agrícolas, se dedicavam ao duro trabalho físico. Os muçulmanos árabes adotaram o véu de forma crescente, imitando povos que conquistaram; o costume era visto como sofisticado e servia a uma sociedade patriarcal, talvez compensando algumas das vantagens que o islamismo tinha conferido às mulheres. Como aconteceu com tanta frequência em civilizações agrícolas, o sincretismo reforçou novas marcas de separação para as mulheres, misturando marcas de inferioridade inicialmente desenvolvidas em diferentes culturas. O hábito de usar véu se espalhou tanto que a maior parte das pessoas, tanto muçulmanas como não-muçulmanas, hoje supõem que ele foi sancionado pelo *Corão* – o que não é verdade. O *Corão* recomendava que as mulheres cobrissem seus seios e joias e que as mulheres do profeta Maomé cobrissem seus corpos firmemente a fim de não serem incomodadas em público, mas não mencionava o véu. O fato é que os muçulmanos adotaram a prática do véu gradualmente – só no século XVI espalhou-se na parte urbana do Oriente Médio e Norte da África. Era verdade, no entanto, que além das recomendações do *Corão* e da *Hadith*, as famílias muçulmanas de classe alta tendiam a enfatizar a reclusão das mulheres, mantendo-as em casa para minimizar as aparições públicas como forma de controle sobre a sexualidade. Precisamente porque as mulheres detinham o controle sobre a propriedade depois do casamento, era vital que os homens regulassem seus contatos, uma consequência irônica dos direitos outorgados pelo islamismo. A reclusão também era consequência da aceitação dos muçulmanos de que as mulheres poderiam ter prazer sexual como os homens: essa visão, bem diversa da ideia de passividade feminina realçada pelo cristianismo, novamente teve decorrências práticas complexas. Questões como o uso do véu e a reclusão, apesar de sua tênue relação com o próprio islamismo, podem ser vistas como parte de um único pacote cultural muçulmano, quando a religião começou a se expandir para outras regiões.

A EXPANSÃO DO ISLAMISMO

Maomé, nascido em 570 e.c., dirigiu sua pregação aos árabes, e a conversão ao islamismo tornou-se parte da missão de conquista por esse povo nômade através do Oriente Médio e África do Norte.

O colapso do Império Romano deixou uma profusão de pequenos Estados e várias religiões no sudeste do Mediterrâneo, numa situação propícia tanto para uma fé nova e dinâmica como para a consolidação do controle político e militar árabe. Os exércitos árabes se espalharam rapidamente pela maior parte do Oriente Médio, incluindo a Pérsia. Durante algum tempo, os árabes tentaram preservar o islamismo apenas para seu povo, mas muitos povos buscaram acesso a ele, inclusive adotando a língua e cultura árabes.

O poder militar árabe se fortaleceu pela posição do Oriente Médio como centro de comércio com a Ásia, África e Europa, e mudanças no islamismo promoveram uma atividade missionária explícita. Depois de cerca de 900 e.c., um movimento chamado sufismo se instalou, defendendo a pureza espiritual e intensa devoção. A exaltação e o exemplo de devoção ao sagrado dos líderes do sufismo ajudaram a atrair muita gente para a verdade do islamismo.

Uma combinação de fatores ajudou a expandir o islamismo – o que não é de surpreender; todas as religiões mundiais avançaram por vários motivos e de várias maneiras. Existe, no entanto, uma tosca divisão entre casos em que o islamismo teria chegado na esteira de uma invasão militar, e casos em que a conquista de adeptos se deu a partir de contatos com comerciantes e com missionários.

A Índia, por exemplo, estava dominada pelo hinduísmo – que prevalecia sobre o budismo – no final do período clássico. O islamismo e o hinduísmo diferiam muito entre si. O islamismo insistia em um Deus único, ao passo que o hinduísmo defendia um alinhamento com a ordem divina a partir de uma série de divindades específicas. O islamismo enfatizava a igualdade espiritual e rejeitava o sistema de castas (embora reconhecesse a desigualdade neste mundo). A maior parte dos hindus preferia ignorar o islamismo, embora o tolerasse, mas o islamismo acabou penetrando na Índia por contatos comerciais e por ataques-surpresa árabes a seu território. Houve também interação cultural, mesmo sem conversões. Os muçulmanos aprenderam a ciência e matemática indiana, incluindo o sistema numérico que passou para o Oriente Médio (onde os europeus o conheceram e passaram a denominá-lo de "arábico"). Por volta do século XI, conquistas muçulmanas mais amplas na Índia (encabeçadas por turcos convertidos) criaram Estados governados politicamente por muçulmanos como o Sultanato de Déli, e ocorreram alguns ataques a templos religiosos hindus. As atividades dos missionários sufistas foram intensificadas, resultando em amplas conversões ao islamismo, em particular no noroeste. Líderes hindus reagiram, reforçando ideias e rituais religiosos mais populares, e se empenhando em misturar as duas religiões (por exemplo, mantendo o hinduísmo, mas renunciando ao sistema de castas, numa tentativa de conservar as castas inferiores longe da atração igualitária do islamismo). Outra onda muçulmana ainda mais forte chegou com as conquistas dos invasores mughals por volta de 1500, que ampliaram o império muçulmano. Nos dois séculos seguintes, ele floresceu. Os governantes mughals no início foram tolerantes para com o hinduísmo, mas mais tarde os imperadores atacaram a fé, favorecendo os muçulmanos em sua administração. Com essa variedade de encontros durante muitos séculos, a maior parte dos indianos continuou hindu. A interação foi extensa, mesmo para a maioria, e inevitavelmente envolveu considerações de gênero.

O islamismo atingiu a África subsaariana de duas formas, embora apenas uma minoria de africanos tenha se convertido durante o período pós-clássico. Na África Oeste os contatos se concentraram nos reinos sudaneses em expansão, começando com Gana. O comércio com a África do Norte muçulmana se desenvolveu através do Saara, provendo Gana de impostos e mercadorias, como cavalos. O rei de Gana empregou muçulmanos árabes para manter registros, usando sua experiência com escrita e burocracia. Os contatos também auxiliaram quando ocorreram ataques militares de surpresa vindos do norte. O reino de Mali, sucedendo o de Gana por volta de 1200, normalizou as interações. Governantes de Mali usaram mais muçulmanos como burocratas, que, num gesto de boa vontade, converteram-se. Um rei, Mansa Musa, fez uma famosa peregrinação a Meca em 1334-5, fascinando os árabes com sua opulência em ouro. Missionários sufistas espalharam-se pela África, mas pouco se empenharam em converter pessoas comuns. Mesmo os africanos convertidos mantiveram muitos de seus costumes anteriores, como a crença na divindade do rei e rejeição das punições muçulmanas, por considerarem desumanas, como a de cortar as mãos dos ladrões. Um segundo filamento do islamismo percorreu a costa leste africana, levado pelos comerciantes árabes no Oceano Índico. Do Egito, os comerciantes e missionários atuaram diretamente em direção ao sul, na nação hoje conhecida como Sudão. Ainda mais ao sul, formaram-se cidades árabe-africanas ao longo da costa, misturando idiomas árabes e africanos e, é claro, promovendo o islamismo. Muitos comerciantes se casaram com mulheres da elite africana. As conversões ao islamismo foram voluntárias; o islamismo significava sucesso comercial e *status* social, e assim se espalhou pela costa do Oceano Índico. O islamismo começou a atrair uma população mais ampla no final do século xviii, por meio de acentuada atividade missionária e guerras religiosas, processo que continua até os nossos dias. A África subsaariana hoje é 40% muçulmana, com especial concentração a partir do Saara, atravessando a África Ocidental e Central e África do Leste.

Dois pontos são óbvios. Em primeiro lugar, os contatos e conversões de uma magnitude que afeta tanto a Índia quanto a África subsaariana inevitavelmente mereceram reconsideração dos papéis e práticas relativos a homens e mulheres, tanto da parte dos muçulmanos como da dos não-muçulmanos nessas regiões. Em segundo lugar, a interação foi prolongada, e continua até os dias de hoje. Os resultados iniciais a respeito de gênero foram mudando à medida que o islamismo se estabelecia. Um primeiro impulso de manter os comportamentos de gênero à parte sofreu transformações com os contatos prolongados. A longo prazo, o impacto da exposição ao islamismo foi considerável, alterando os comportamentos de gênero mesmo de pessoas não convertidas formalmente.

O CASO DA ÍNDIA

Os primeiros saques muçulmanos na Índia tiveram pequeno impacto na cultura, porque os atacantes não ficaram tempo suficiente para deixar marca. Alguns relatos dão conta de que os hindus resistiram ao islamismo em parte por enfatizar demais a reclusão das mulheres, o que era contra o costume indiano, mas havia muitos outros motivos para resistir à religião estrangeira. Conhecendo o islamismo, alguns se sentiam divididos entre seu apelo social às castas mais baixas – a promessa de uma maior igualdade espiritual – e as implicações de um distanciamento mais amplo entre homens e mulheres.

Havia elementos para uma grande colisão com os papéis femininos. Será que a ênfase do Oriente Médio no uso do véu e na reclusão das mulheres predominaria sobre a ênfase indiana no prazer afetivo e sensual? Em termos de proteção às mulheres, o que predominaria: a ênfase legalista islâmica, subestimada pelo hinduísmo no que dizia respeito às mulheres enquanto realçava o poder dos maridos e pais ou o apelo hindu por ligações afetivas e admiração?

Quais componentes de cada um dos sistemas culturais permaneceriam? Será que o islamismo seria visto como defensor do *status* espiritual das mulheres e de seus direitos (como os de propriedade), ou as marcas concretas da inferioridade seriam tomadas como centrais na estrutura de gênero? Como o afeto familiar no hinduísmo se equilibraria ante questões como casamentos arranjados, dotes aos maridos, e mesmo a imolação das viúvas no fogo funeral de seus maridos (a prática do satismo, que se espalhou na Índia durante o período pós-clássico)?

A interação viu-se dificultada, por fim, pelo fato de ambos os sistemas culturais serem patriarcais, o que tornava fácil emprestar elementos específicos da prática do outro sem necessidade de grandes mudanças na prática própria. Era possível que os hindus convertidos ao islamismo acreditassem que o tratamento que davam às mulheres requeria pouca alteração, apesar de, em princípio, existirem diferenças de abordagem.

Assim, o que de fato aconteceu? Os muçulmanos na Índia, incluindo os convertidos, nunca adotaram alguns dos aspectos do hinduísmo como o satismo. Este, baseado na noção de que a viúva não tinha por que viver depois da morte do marido, opunha-se aos princípios muçulmanos de almas individuais e restrições ao suicídio. Essa prática, de qualquer forma, não estava espalhada pela Índia, particularmente em algumas regiões em que o islamismo se impunha. Os imperadores mughals no século XVI tentaram banir isso, sem grande sucesso.

Da mesma forma, os hinduístas não aderiram de forma ampla aos tipos de vestuário feminino correntes nas cidades do Oriente Médio. Não usaram o véu da mesma forma e mantiveram a preferência por roupas coloridas. Nem as ideias islâmicas sobre os direitos de propriedade das mulheres afetaram a prática hindu, embora afetassem os muçulmanos convertidos, uma vez que as compilações muçulmano-indianas da lei islâmica repetiam com bastante fidelidade as prescrições do *Hadith*.

Em outras palavras, apesar do extenso contato cultural, alguns dos símbolos mais extremados da inferioridade feminina não atravessaram as fronteiras, assim como certas medidas culturalmente específicas designadas para proteger as mulheres.

Havia, no entanto, vários pontos de fusão – os sintomas previsíveis de sincretismo – que se desenvolveram ao longo do tempo. Os muçulmanos, tanto os convertidos quanto os chegados do Oriente Médio, com frequência adotavam costumes matrimoniais hindus. As mulheres com frequência voltavam à casa dos pais para o nascimento do primeiro filho – costume hindu – e adotaram outras práticas hindus relativas a casamento e nascimento dos filhos. Ao mesmo tempo, os convertidos com frequência adotaram aspectos das leis consuetudinárias, incluindo ideias sobre o fornecimento de dote ao marido, por parte dos pais da esposa. Só que a lei de propriedade muçulmana mantinha o direito de posse das mulheres sobre o dote, ao passo que a tradição hindu o entregava diretamente ao marido. Nesse sentido, o que se configurava como colisão direta entre ideias oficiais foi anulado na prática, para desvantagem das mulheres. Mesmo nos dias de hoje, os homens muçulmanos no subcontinente indiano continuam a defender com unhas e dentes seus direitos ao dote, assim como os extremistas hindus. Por fim, determinados governadores mughals adotaram alguns dos costumes dos príncipes hindus no que diz respeito ao número de mulheres que tomavam, novamente violando a lei muçulmana. De novo, houve uma troca cultural que afetou costumes íntimos, com ganhos para os homens.

O maior resultado do encontro mútuo, no entanto, envolveu a expansão do sistema do *purdah* entre as mulheres da elite hindu. O *purdah* era a reclusão das mulheres em casa, geralmente atrás de biombos ou cortinas em quartos separados, de forma que estivessem isoladas da sociedade masculina. Na época em que o islamismo ganhou grande influência na Índia, a ideia de colocar véu nas mulheres, isolando-as em apartamentos privados dentro de casa, ganhava terreno no Oriente Médio, à medida que os árabes se adaptavam aos costumes emprestados de gregos e persas. Isso não era um costume indiano. Na Índia, as mulheres estavam autorizadas a andar mais livremente, assim essa prática era evitada há muito tempo por indianos e muçulmanos convertidos. Em geral chocados, os viajantes árabes notaram que os homens e as mulheres indianos trabalhavam juntos e que as mulheres não escondiam o rosto ou mesmo partes do corpo. Em 1415, um embaixador chinês em Bengala notou que "homens e mulheres trabalhavam nos campos ou na tecelagem, dependendo da estação". Segundo um observador árabe, por volta de 1595, as mulheres com frequência apresentavam-se aos líderes políticos e "as principais transações públicas recaíam sobre as mulheres". Dito de outra forma, mesmo depois de formadas, as comunidades muçulmanas preservaram por muito tempo os costumes indianos quanto a papéis e maneiras de se vestir em público, e obviamente a maioria hindu fez o mesmo.

No entanto, o exemplo cultural do Oriente Médio era poderoso. Estava associado com muitos governantes na Índia; podia parecer mais sofisticado do que a cultura local; e realçava a preponderância masculina na sociedade que já era profundamente patriarcal. Assim, lentamente, ele foi se expandindo. As indianas muçulmanas começaram a adotar o véu, embora, em geral, não adotassem as roupas sóbrias das irmãs do Oriente Médio. E as diferenças foram além. Por volta do final do século XVI, uma história bengali islâmica de Adão e Eva enfatizava a divisão do trabalho: Adão era o fazendeiro ("a agricultura será seu destino") enquanto Eva aprendia a cozinhar. No entanto, a literatura bengali, durante pelo menos mais um século, enfatizou o compartilhar de tarefas. Uma camponesa muçulmana conta, em outra história por volta de 1700, que ela e o marido "costumavam ceifar juntos o campo de arroz no outono [...] depois nós dois sentávamos para descascar o arroz [...] ambos sentávamos perto do fogo e nos esquentávamos [...]. Quão felizes ficávamos quando depois de um dia de trabalho nós nos retirávamos para descansar em nossa casa". Mesmo nessa época tardia, a versão do Oriente Médio do islamismo não tinha impregnado os costumes de trabalho indianos. No entanto, o processo continuou. E, durante os séculos XIX e XX, os homens faziam trabalhos no campo separadamente, enquanto as mulheres se concentravam em operações de pós-colheita, como joeirar e descascar as sementes, que podiam ser feitas no terreiro da fazenda.

Essa mudança é um admirável exemplo do poder da cultura sobre a "racionalidade" econômica. O sistema emprestado era muito mais caro, pois limitava a contribuição das mulheres para a produção agrícola. No entanto, o fascínio pelo esplendor do islamismo importado, operando por muitos séculos, priorizou uma redefinição do comportamento respeitável.

Por fim, o sistema do *purdah* se espalhou pelas elites hindus e entre as famílias indianas muçulmanas em geral. O processo de mudança foi não só lento como desigual. Os camponeses hindus comuns não adotaram a reclusão e a divisão de trabalho por gênero. Em função disso, o hinduísmo no sul da Índia mostrou menos influência muçulmana – mesmo entre as elites – do que a contrapartida no norte da Índia, em que o exemplo muçulmano tinha sido mais forte. No entanto, para aqueles afetados, a mudança foi bem real. O purdah teve grande poder de inibição sobre o hinduísmo, assim como sobre as atividades políticas e educacionais das mulheres muçulmanas no início do século XX, embora o nacionalismo indiano o tenha gradualmente atenuado.

No caso indiano, houve aos poucos uma influência cultural mútua, e muito poderosa, afetando as famílias muçulmanas com respeito à lei, e algumas famílias hindus no que diz respeito à prática social. Deixando de lado costumes informais, o denominador comum foi um empréstimo mútuo do que realçaria o poder masculino sobre a mulher. Elementos culturais, particularmente no islamismo, que enfatizavam a espiritualidade e direitos das mulheres tinham menor impacto, à medida que as duas culturas interagiram de forma extensa, embora mutuamente desconfiada, no subcontinente.

ÁFRICA SUBSAARIANA

Como o islamismo se espalhou tanto lenta como seletivamente na África subsaariana, não é de se surpreender que seu impacto nos costumes de gênero africanos fossem bem limitados por muitos séculos. Nas cidades árabe-africanas mistas da costa leste, em que havia uma mistura do idioma swahili, as mulheres africanas geralmente gozavam de alto *status*. Muitas mulheres e rainhas influentes desempenharam importantes papéis em assuntos públicos nessas cidades. Elas ajudavam a supervisionar eventos importantes para seus grupos consanguíneos, participavam de celebrações públicas como cerimônias de Ano Novo e tomavam parte no culto nas mesquitas com seus homens. Eram estimuladas a se alfabetizarem e estudarem o islamismo erudito. Algumas evidências sugerem que a autoridade governamental em certos casos era herdada pela linhagem feminina do grupo consanguíneo que governava. Nesse contexto, as práticas específicas islâmicas, como os direitos das mulheres sobre a propriedade e herança podiam até se estender: um relato sugere direitos de herança iguais aos dos homens, enquanto a lei islâmica especificava que os direitos seriam de apenas 50% do dos homens.

Os costumes africanos prevaleciam sobre o islamismo na África Ocidental, no que dizia respeito a gênero – e novamente aqui num contexto em que apenas a minoria tinha se convertido. As mulheres muçulmanas não aceitavam o código do Oriente Médio sobre vestuário ou injunções sobre reclusão.

Esse foi um aspecto da sociedade africana que surpreendeu particularmente o grande viajante muçulmano Ibn Battuta (1304-69). Africano do norte, Battuta estava acostumado ao uso do véu e à segregação, o que não encontrava mesmo em comunidades muçulmanas subsaarianas que em outros aspectos eram exemplares. "Com respeito a suas mulheres, elas não são modestas na presença dos homens, não se cobrem de véus apesar de sua perseverança nas preces [...]. As mulheres lá têm amigos e companheiros entre os homens." Battuta afirmava que os homens não sentiam ciúme sexual ("A condição dessas pessoas é estranha e seus comportamentos bizarros.") Ele elogiou uma comunidade africana por seu zelo religioso, sua observância meticulosa das orações, insistência de que as crianças aprendessem o *Corão*. No entanto, "entre as coisas ruins que elas fazem" estava o fato de "suas serviçais, mulheres escravas e suas filhas pequenas aparecerem nuas perante as pessoas, expondo suas partes íntimas". Mesmo as filhas do sultão podiam se expor inadequadamente.

Battuta ficou ainda mais chocado quando um *qadi* africano, que fez uma peregrinação para a Meca, descontraidamente apresentou-o à sua "companheira". O viajante retraiu-se, quis se afastar, mas ambos riram dele, menosprezando a discrição que Battuta esperava deles. O fato é que ele não podia entender como os africanos, que tinham estado no Oriente Médio e sabiam como as coisas deveriam ser, eram tão indiferentes. Um homem lhe disse: "O companheirismo de uma mulher para um homem em nosso país é honrável e é feito de um bom jeito: não há desconfiança a respeito. Elas não são como as mulheres em seu país". E ele comentou: "Eu fiquei atônito com isso. Embora ele me convidasse muitas vezes, eu não aceitei o convite".

A África Ocidental em particular dependia do extenso trabalho das mulheres, incluindo vender mercadorias na feira-livre. A insistência dos muçulmanos na segregação e no vestuário sobrecarregado simplesmente não pegou. Ao longo do tempo, ocorreram acomodações, em particular nas regiões mais perto da África do Norte, como a moderna nação do Sudão. Em geral, no entanto, esse aspecto da versão do Oriente Médio do islamismo e o islamismo africano simplesmente não se misturaram.

Houve também alguns recuos do padrão resultante. Os árabes muçulmanos compraram muitos escravos da África, cuja versatilidade econômica e padrões de vestuário femininos exerceram excepcional atração sobre eles. Deixando de lado o aspecto sexual, mulheres escravas sem véu podiam realizar operações no mercado, coisa que as muçulmanas livres respeitáveis evitavam. Muitas mulheres africanas escravizadas tornaram-se concubinas no Oriente Médio. Por volta de 2500 um humorista egípcio, Ibn al Marzuban, ridicularizou a preferência árabe por "pessoas de pele escura". Na própria África, em particular na África Oriental, padrões iniciais de *status* das mulheres foram se erodindo com o tempo; depois de 1600, eram escassos os relatos de papéis femininos significativos na vida pública urbana.

Houve ainda outro resultado do encontro cultural que teve consequências radicais. No nordeste da África (do sul do Egito ao atual Quênia) a prática da circuncisão feminina – cortar ou costurar os lábios e clitóris para impedir o prazer sexual e assim, presumivelmente, reforçar a fidelidade sexual – foi desenvolvida antes do islamismo. A prática era vista como essencial para a honra de famílias de domínio masculino. Não era uma inovação muçulmana, e de fato não se estendeu para além dessa região. O islamismo atacou essa prática, pois não coincidia com a visão oficial dos direitos da mulher e sua sexualidade. No entanto nessa região da África a prática se disseminou com o islamismo. A visão muçulmana da inferioridade das mulheres e sua reclusão parece ter encorajado a incorporação de ideias. Assim, a maior parte das pessoas que praticava, e continuou a praticar, a circuncisão feminina e outras alterações genitais nessa região era muçulmana. Não-muçulmanos que adotaram a prática o faziam como parte de sua conversão ao islamismo, sob pressão dos vizinhos muçulmanos.

Nessa rendição sincrética, muitos africanos do nordeste encararam a cirurgia genital nas mulheres como parte da incorporação das tradições da fé islâmica.

O islamismo na África teve, é claro, resultados diversos. As pressões africanas por maior independência das mulheres tiveram efeitos reais, produzindo uma versão diferente do islamismo; essa versão teve pouca influência direta no pensamento árabe – por isso o espanto dos viajantes – embora seus resultados práticos fossem complexos. Como na Índia, ao longo do tempo, a influência do modelo do Oriente Médio foi intensificada, embora nunca a ponto de produzir a expansão da reclusão ou *purdah*. Em determinada região, outra versão do sincretismo reforçou um costume patriarcal preexistente, destinado a limitar as experiências sexuais das mulheres.

Conclusão

O islamismo apresentou um modelo complexo de relacionamento entre homens e mulheres. Suas configurações mais óbvias não são as intrínsecas à religião, assim como o uso do véu e a reclusão praticados no Oriente Médio. Muitas sociedades em contato resistiram longamente a esses costumes e várias delas, declaradamente islâmicas em outros sentidos, nunca chegaram a adotá-los de forma total. Ao longo do tempo, no entanto, a pressão pela adaptação cresceu, e afetou pessoas que não haviam se convertido ao islamismo, como os hindus que adotaram o *purdah*. O que é surpreendente é que, em todas as combinações desenvolvidas até o século xix, dominou o ponto de vista do patriarcado. Os aspectos do islamismo que enfatizavam a espiritualidade e os direitos, embora pudessem afetar as mulheres em sua vida de devoção, tiveram pouca presença na interação cultural. Embora de formas diversas, na Índia e no nordeste da África, a tendência foi adotar combinações culturais que prejudicaram as mulheres ainda mais que aquelas prevalecentes tanto na cultural original quanto no próprio Oriente Médio.

Esse mesmo processo de assimilação baseado em patriarcado rígido se aplicou também a outros casos. Quando o islamismo se espalhou para os povos nômades da Ásia Central, como os turcos, não eliminou o favorecimento entre os nômades do poder e liberdade das mulheres. Assim, as mulheres turcas continuaram a participar em conselhos tribais e ocasionalmente em conflitos armados (isso também chocou Ibn Battuta, quando visitou essa região). As mulheres tomavam conta dos animais, riqueza principal das tribos, e da organização da migração. No entanto, quando os turcos nômades se mudaram para o Oriente Médio, estabeleceram uma organização agrícola e se expuseram mais aos costumes do Oriente Médio, tanto islâmicos quanto bizantinos, que enfatizavam o uso do véu e a reclusão – rapidamente adotam esses costumes, pelo menos nas classes altas, e esses costumes continuam presentes na Turquia até hoje.

Apenas em áreas em que o islamismo se expandiu a grande distância do Oriente Médio, como a Indonésia (hoje a nação que abriga a maior população muçulmana do mundo), o uso do véu e a reclusão não têm qualquer impacto (fora o vestuário em festas religiosas). Em outros locais, os resultados, a longo prazo, em padrões de gênero do contato com o islamismo – incluindo os não inerentes ao próprio islamismo – são os mais importantes na história mundial, em termos de número de pessoas envolvidas e de aspectos da vida íntima afetados.

Para saber mais

Sobre o islamismo: Judith Tucker, "Gender and Islamic History", em Michael Adas (ed.), *Islamic and European Expansion*: The Forging of a Global Order (Philadelphia: Temple University Press, 1993). Sobre a Índia: Richard Eaton, *The Rise of Islam and the Bengal Frontier, 1204-1760* (Berkeley: University of California Press, 1993); Zinat Kauser, *Muslim Women in Medieval India* (Patna: Janaki Prakashan, 1992). Sobre a África: Esther Hicks, *Infibulation*: Female Mutilation in Islamic Northeastern Africa, 2. ed. (New Brunswick: Transaction Publishers, 1996); John Ralph Willis (ed.), *Slaves and Slavery* in *Muslim Africa*, 2 vols. (London/Totowa, NJ: Frank Cass, 1985); Randall L. Pouwels, *Horn and Crescent*: Cultural Change and Traditional Islam on the East African Coast, 800-1900 (Cambridge e New York: Cambridge University Press, 1987).

A INFLUÊNCIA CHINESA

No período pós-clássico, um importante caso de contato cultural foi irradiado da China, durante as dinastias Tang e Song (618-1279). Diferente do islamismo, não havia uma postura missionária na China. Havia um desejo, por parte dos funcionários do Estado, de promover uma integração cultural dentro do território chinês, mas mostravam desinteresse para fora de suas fronteiras. No entanto, o poder militar e a influência econômica regional do país eram enormes. Sob os Tang, houve total expansão militar, levando a China a novos territórios da Ásia Central e do Tibet e a arranjos tributários com a Coreia e o Vietnã. Outros vizinhos foram atraídos para o modelo chinês, simplesmente por causa de seu sucesso. Assim, uma segunda zona de expansão cultural se desenvolveu, menor do que a do islamismo, mas muito forte em sua órbita.

A China, é evidente, estava bem definida na questão de gênero, que se apoiava em crenças confucianas e num profundo senso de hierarquia. O budismo havia alterado muito timidamente esse sistema, como visto no capítulo "O budismo e as mulheres chinesas", e o posterior declínio desse sistema religioso reduziu o modesto ajuste feito. As crenças e práticas chinesas enfatizavam a importância do respeito e da domesticidade das mulheres. Ocorriam variações, é claro. As camponesas, cooperando ativamente no trabalho da família, não se diferenciavam tanto dos homens como as mulheres das classes altas (embora fossem as classes altas que os observadores estrangeiros mais tomariam como modelo). Durante a dinastia Tang, e em particular na Song, o crescimento econômico patrocinou o aumento de cidades e surgiu uma categoria de mulheres urbanas com funções de entretenimento para homens ricos; talentosas, algumas dessas mulheres chegaram a deter poder considerável, ainda que informal. Por outro lado, processos ocorridos durante essas dinastias ampliaram restrições para um número maior de mulheres. A prática de enfaixar os pés tornou-se uma manifestação física da estrita hierarquia de gênero. Como já visto, os pés femininos eram enfaixados vigorosamente, em geral quebrando ossos pequenos, e o resultado era um andar breve e vacilante, cuja estética era valorizada, mas que limitava a mobilidade das mulheres. Essa prática espalhou-se lenta, mas inexoravelmente, até o século XIX. Começou em famílias de classes altas, em que a exigência de tratar as mulheres como objetos decorativos pôde ser prontamente aceita. Depois se espalhou em cidades e mesmo no campo, com o óbvio prejuízo da produtividade das mulheres. Foi um caso clássico a tendência de as desigualdades de gênero aumentarem ao longo do tempo em sociedades patriarcais, como decorrência da crescente prosperidade e mesmo fazendo uso dela.

A expansão crescente da China possibilitou o encontro com sociedades em que as mulheres encontravam-se em posição superior à de seu país. A questão é: o que aconteceu na interação entre tradições que funcionavam bem e os contatos com uma civilização claramente superior (em termos de poder e prestígio)? Nenhuma sociedade buscou na China aconselhamento sobre gênero. O que buscavam eram informações sobre arte, tecnologia ou política. No entanto, os contatos culturais não respeitam fronteiras de assuntos, e inevitavelmente as ideias sobre gênero passaram a circular também. Este capítulo analisa dois casos: o do Japão, em que a imitação deliberada começou por volta de 600 e.c. e continuou pela maior parte do período pós-clássico; e a dos mongóis, povo de pastores nômades que conquistou a China e sua dinastia Song e governou o país por cerca de cem anos, entre meados do século XIII e meados do século XIV (1279-1368).

Japão

O Japão esteve isolado do continente asiático por muito tempo, exceção feita às periódicas ondas de migração para as ilhas. Durante o período clássico, o sistema agrícola emergiu, registrou-se o uso do ferro e alguns governos regionais rudimentares se formaram. A religião xintoísta se desenvolveu, envolvendo adoração de espíritos da natureza em santuários locais, com cerimônias dirigidas por sacerdotes.

Os líderes japoneses tomaram conhecimento das realizações chinesas por volta de 400 e.c. Dois séculos mais tarde, por intermédio de estudantes e outros enviados à China, que relataram as maravilhas da economia e da política daquela sociedade, os costumes começaram a ser imitados seletivamente. Em 604, um governador regional, o príncipe Shotoku, fez publicar uma constituição estabelecendo governo e burocracia centralizados e exigindo respeito pelos valores budistas e confucianos. Uma arquitetura e um planejamento urbano de estilo chinês foram introduzidos, a ideografia chinesa e proporcionou a primeira forma de escrita, embora, mais tarde, acabassem ocorrendo adaptações à língua japonesa. O governo japonês organizou trocas regulares, incluindo viagens comerciais anuais, e os empréstimos tanto culturais quanto tecnológicos aumentaram. A dança, música e arte chinesas penetraram na classe alta. Estilos poéticos foram ajustados ao idioma japonês. Uma jardinagem requintada foi adotada como expressão artística. Por algum tempo, foi implantado o sistema político chinês, mas o Japão, regionalmente dividido por ilhas e montanhas, não conseguiu sustentar o nível de centralização desse sistema, e voltaram ao poder formas mais feudais de organização, juntamente com constantes guerras internas.

A invasão mongólica da China no século XIII, somada ao fracasso de duas tentativas mongóis de conquistar o Japão, reduziram a visão japonesa da superioridade chinesa, e os contatos ativos diminuíram por volta do século XVI. No entanto, sob o regime mais centralizado, porém ainda feudal do xogunato Tokugawa, o neoconfucionismo ganhou nova vida, tornando-se o sistema cultural principal do país. A educação confuciana se espalhou amplamente, e uma burocracia confuciana se desenvolveu por volta do século XVII para servir ao xogunato.

Era evidente que o Japão imitava modelos de forma seletiva, num processo que se estendeu por um longo período. Nem todas as formas chinesas se mantiveram, ou porque o Japão não podia assimilá-las ou por aversão baseada na tradição do país. Ao mesmo tempo, ficou claro que as prioridades também diferiam das dos chineses. O budismo, por exemplo, teve um impacto mais duradouro no Japão do que na China. Forte na China ao tempo do contato com os japoneses, foi importado com menos reservas do que as surgidas sob a dinastia Tang mais tarde. Mesmo no período Tokugawa, quando o confucionismo criou uma cultura mais secular, o budismo continuou significativo.

Em suma, havia um conjunto complexo de contatos, mas quais teriam sido as implicações de gênero, para uma cultura que, pelo menos por um tempo, admitia sua inferioridade, ao mesmo tempo em que mantinha uma noção de identidade própria?

Como várias sociedades agrícolas antigas, o Japão apresentava considerável flexibilidade nos relacionamentos culturais e de poder entre homens e mulheres, antes dos contatos com a China. Como a escrita não existia, não há registros disso. A maior parte dos historiadores, no entanto, levanta hipóteses de que as mulheres compartilhavam direitos de propriedade com os homens e que a descendência era traçada a partir das mães. Embora não haja provas, alguns pesquisadores acreditam que o Japão fosse um matriarcado, com as mulheres mantendo considerável poder. Havia diferenças agudas com o patriarcado chinês e, com isso, probabilidade de o contato inspirar considerável mudança.

E foi o que ocorreu. O prestígio cultural da China tornou quase inevitável a imitação de questões de gênero, ainda mais num Japão que não queria ser taxado de falta de sofisticação. A cópia de modelos políticos acabou criando mudanças claras na lei de propriedade, rebaixando os direitos das mulheres no final do século VII. A organização familiar e as condições de transmissão de herança passaram a se caracterizar por um modelo patriarcal definido. No entanto, o Japão não se tornou a China. A imitação não foi levada a ponto de copiar extremos como o de enfaixar os pés das meninas, e os modelos chineses, pela interpretação que o Japão lhes deu, acabaram oferecendo algumas oportunidades inesperadas para determinadas mulheres. Em certo sentido, foi um caso clássico de sincretismo, com novas influências se misturando com costumes tradicionais. Houve, porém, algumas mudanças inesperadas, além de a deterioração nas condições das mulheres não ter chegado ao nível da China.

Dois complicadores foram particularmente significativos. Em primeiro lugar, as versões japonesas do budismo forneceram oportunidades espirituais e organizacionais para algumas mulheres. Alguns líderes na seita amidista do budismo deram realce à iluminação pessoal, ressaltando a capacidade das mulheres nesse quesito, determinando que elas tivessem "toda oportunidade de salvação". O clero budista foi ativo em levar a religião para as mulheres, ainda que, contraditoriamente, alguns santuários budistas temessem que as mulheres pudessem trazer profanação (provavelmente por menstruarem, o que era visto como poluição). Em raras ocasiões, as mulheres alcançaram altas posições no budismo, chegando a mestres na escola japonesa zen de religião e dirigindo redes de mosteiros. Uma dessas raras mulheres foi Mugai Nyodai, que, no século XIII, dirigiu mais de 15 templos e mosteiros zen. De família aristocrática, foi capacitada por um monge budista chinês convidado a visitar o Japão por um governante regional. Mugai acabou sucedendo ao monge. Isso não foi regra, pois o budismo japonês não se mostrou a princípio tão aberto às mulheres, e mais tarde a ideia da impureza feminina foi reabilitada. No entanto, a alternativa da vida em mosteiro em vez de casamento para as mulheres persistiu por vários séculos. As peregrinações budistas também foram importantes oportunidades para as mulheres saírem de casa. E os líderes masculinos zen apresentaram notáveis declarações de princípios. Como Dogen:

> Quando falamos dos fracos existem alguns homens entre eles. Quando falamos de pessoas nobres, isso certamente inclui mulheres. Aprender a Lei de Buda e alcançar libertação da ilusão não tem nada com ser homem ou mulher. [...] O que há de tão sagrado em se ser homem? [...] Os quatro elementos que constituem o corpo humano são os mesmos para um homem e para uma mulher. [...] Não perca seu tempo em discussões fúteis de superioridade de um sobre o outro.

A segunda complicação advinda da influência patriarcal chinesa foi ainda mais inesperada, embora tivesse sua lógica. Pelo prestígio dos novos contatos culturais chineses, e num cenário que realçava a superioridade masculina, os homens japoneses se viram no direito de orientar a absorção dos elementos culturais chineses. Isso, no entanto, abriu oportunidades para as mulheres, fora dos domínios da cultura chinesa, tanto antigos quanto novos. A poesia, por exemplo, era da jurisdição dos homens que estudavam o idioma chinês, ao qual as mulheres não tinham acesso; mas elas podiam escrever prosa em japonês (utilizando caracteres chineses adaptados, que elas herdaram). Assim, grandes trabalhos literários do período pós-clássico do Japão são de autoria de mulheres, incluindo o primeiro romance do mundo, *História de Genji* (escrito por Muraskai Shikbu, cerca de 978-1016). Escritoras mulheres tiveram no Japão um lugar maior do que em qualquer outra sociedade antes dos tempos modernos. Vindas da classe alta, tinham tempo para estudar, tempo acentuado pelos novos limites colocados pelos costumes confucianos importados no que dizia respeito aos contatos entre os gêneros. Sua exclusão da cultura chinesa certamente as estimulou a reagir, embora sem manifestações diretas. Livres para se expressarem na língua nativa, escreveram obras clássicas da prosa japonesa. Em alguns casos, a literatura das mulheres e o budismo se entrelaçaram, como em *As confissões da senhora Nijo* (escritas no século xiv), em que a autora descreve a vida de uma monja, cumprindo votos para copiar os sutras e trabalhando para locais sagrados, além de aconselhar a corte em assuntos de vestuário e decoração.

Mesmo no nível político e legal, em que a influência chinesa era mais presente, o Japão mantinha seu próprio tom. As leis permitiam às mulheres herdarem posições feudais. No entanto, a superioridade dos homens persistia, como no preceito, de inspiração chinesa, que autorizava o marido a se divorciar segundo sua própria conveniência. Esse preceito se combinava com a ideia confuciana dos três níveis de obediência, ao pai, marido e filho. A posição do homem como cabeça da família ganhou crescente ênfase.

A influência chinesa sobreviveu ao período em que a imitação de costumes foi ativa. Como aconteceu com o islamismo na Índia, surpreendentemente houve impactos tardios, com novas assimilações. Durante o xogunato Tokugawa, a emergência da influência confuciana introduziu novos constrangimentos às mulheres. Entre outras coisas, desapareceram virtualmente as oportunidades de liderança descortinadas pelo budismo, assim como o espaço na literatura. Para manter a humildade das mulheres, foram impostos novos limites sobre o vestuário feminino. Uma lei de 1683 proibia crepe de seda fino, bordados e roupas tingidas. Outras leis tornaram-se mais severas, como demonstra um caso ocorrido em 1711, em que uma mulher relatou a ausência do marido e a suspeita de que tivesse morrido. Confirmou-se que o pai dela havia participado na morte do marido. A partir daí, foi levantada a questão se ela teria violado um preceito de obediência confuciano, ao atacar, involuntariamente, o pai. As leis chinesas, citadas pelas autoridades japonesas, observaram que "qualquer pessoa que expõe o crime de pai e mãe deve ser morta", ao passo que o código japonês dizia que "qualquer pessoa que informa um mal feito por seu pai e mãe deve ser banida". Autoridades acadêmicas citaram, na apelação, os "princípios fundamentais que governam as relações humanas", incluindo as obrigações da mulher para com pai, marido e irmão. Evidentemente, o fato de que pais não deveriam matar maridos e de a mulher ignorar o acontecido foi atenuante para a pena. Ela não merecia pena de morte, observou o diretor da universidade, mas "deveria ser condenada à escravidão" (e antes disso ficar presa por um ano).

O confucionismo reinou absoluto, determinando não só novas condições de inferioridade para as mulheres, como também aumentando a distância educacional entre os gêneros, à medida que os homens, e apenas poucas mulheres, puderam se beneficiar da proliferação das escolas confucionistas e budistas nos séculos XVIII e XIX. Os valores estéticos chineses mereceram também atenção. Um romance da era Tokugawa descreve com admiração o ideal de beleza feminino: "Seus pés tinham o comprimento de oito moedas de cobre; o dedão se curvava para cima e as solas eram translúcidas e delicadas". No entanto, apesar dessa evidência de assimilação, uma tradição mais independente sobreviveu para impedir a expansão do enfaixamento dos pés femininos. O sincretismo persistiu, ainda que pesasse mais a influência chinesa.

Assim, durante e depois do período pós-clássico, na Ásia Oriental a questão de gênero se viu bastante influenciada, embora não totalmente determinada pelos padrões chineses. Menos extensa do que o território muçulmano, era também uma região menos variada; nela os valores chineses gradualmente se mostraram mais persuasivos do que os do Oriente Médio (em parte porque havia menos complexidades religiosas internas para criar ambiguidades). Em ambos os casos, é claro, os contatos ajudaram a expandir o patriarcado em sociedades cujas relações de gênero tinham sido mais equilibradas. Na Ásia Oriental, o patriarcado se apoiou inteiramente em argumentos seculares. Essa diferenciação mostrou-se importante mais recentemente quando outros tipos de contato levaram à reconsideração dos padrões antigos de desigualdade.

O INTERLÚDIO MONGOL

A influência chinesa foi menos persuasiva, no entanto, no caso mongol. As condições ali eram bem diferentes, porque os mongóis chegaram como conquistadores, não como alunos-aprendizes. Suas tradições de gênero eram mais distantes das da China do que as japonesas haviam sido (pelo menos sabemos mais sobre os contrastes no caso dos mongóis). O período de contato foi também muito mais curto. As interações na questão de gênero foram importantes, despertando uma aversão mútua mais do que propiciando um sincretismo. Os episódios de contato tiveram potenciais diversos, e isso foi uma variável reveladora.

Como com muitos povos não agrícolas, os mongóis avaliavam as mulheres por uma variedade de funções. Chefes de clã e outros altos líderes podiam praticar a poligamia – mais pela falta de homens devido ao número de guerras do que pelo menosprezo pelas mulheres –, mas a esposa principal de um governante tinha *status* especial. As mulheres tinham importância na política e ocasionalmente em conflitos armados e desempenhavam papéis vitais na administração dos rebanhos. Mesmo antes da conquista mongol da China, visitantes observaram a importância e a independência das mulheres mongóis. Gêngis Khan, o primeiro grande conquistador, mostrava grande respeito pela opinião da mãe e de sua primeira esposa. Depois da morte de um Khan, ou governante, a viúva com frequência assumia a regência, engajava-se ativamente em lutas de poder pela sucessão (algumas vezes sendo derrotada e executada – preço a ser pago pelo papel significativo que desempenhava).

O maior imperador mongol, Kublai Khan, embora cercado por competentes burocratas chineses, mantinha as tradições aceitando a influência de sua esposa mais velha, Chabi. A talentosa Chabi, curiosamente, defendeu uma maior adaptação aos costumes chineses. Assim, aconselhou os mongóis a respeitarem a agricultura chinesa, que para eles era um sistema novo e inferior, porque via ali um enorme potencial de produtividade. Ela redesenhou os uniformes militares para torná-los mais práticos e administrou as rotinas da corte. Seu desejo era construir uma dinastia nova e duradoura que se inscreveria na história chinesa.

Não é de se surpreender, no entanto, que Chabi tivesse pouca tolerância com o tratamento chinês dado às mulheres. Ela e outras líderes mongóis tentaram usar o casamento para concretizar alianças políticas no vasto império. O resultado implicitamente desafiou o grande ainda que informal poder que o sistema imperial chinês deu às viúvas dos imperadores, com o apoio de suas famílias de origem. No sistema mongol, o poder de uma mulher decorria de seu próprio talento, somado ao casamento que tinha feito, e não das ligações da família maior. No entanto, essa mudança não durou muito.

A principal consequência do contato chinês-mongol foi convencer ambos de que as práticas de gênero do outro estavam erradas e, na visão dos chineses, os mongóis eram simplesmente imorais. Para observadores chineses, a independência das mulheres mongóis somava-se à aversão dos mongóis à higiene e à inexistência de sobrenomes, sendo todos sinais de barbárie. Por vezes, o contato entre duas culturas aumenta as hostilidades mútuas em vez de gerar acomodações na questão de gênero, e foi o caso aqui. Ainda que os chineses não tenham piorado o *status* de suas mulheres como reação, é bem verdade que o enfaixamento dos pés continuou a se expandir, enquanto as leis, durante e imediatamente depois do domínio mongólico, reduziram as reivindicações das esposas e viúvas sobre direitos de propriedade dos dotes levados por elas por ocasião do casamento. Os regulamentos sustentavam que viúvas e divorciadas não podiam retomar os dotes se voltassem para casa ou tornassem a se casar. As razões para essas revisões legais tardias são complexas, mas incluíam o desconforto de eruditos neoconfucianos com o controle da propriedade por parte das esposas. Quando os mongóis se viram a final expelidos da China, as relações de gênero não refletiam traços de seu regime, e os chineses estavam ainda mais convictos da inconveniência de receber valores do mundo exterior, particularmente questões bastante arraigadas como família e política.

Conclusão

A expansão da influência chinesa e confuciana atingiu as relações de gênero em grande parte da Ásia, embora nem todas as pessoas em contato com os chineses fossem afetadas. Os contatos demonstraram alguns dos aspectos imprevisíveis da reprodução de modelos. Os japoneses há muito respeitavam a superioridade chinesa, mas por certo tempo o empréstimo de costumes criou oportunidades surpreendentes para as mulheres, tanto por intermédio do budismo como por seu papel em assuntos culturais não chineses. As distinções óbvias entre as reações dos japoneses e a dos mongóis à influência cultural da China refletem diferentes posições de poder em relação aos chineses, assim como diferentes tradições relativas ao papel político das mulheres.

Historicamente, a reação japonesa foi a mais importante, mostrando como o contato com padrões chineses ajudou a disseminar um sistema patriarcal mais rigoroso por grande parte da Ásia Oriental. Aqui, a comparação com o islamismo e a influência do Oriente Médio nos mesmos períodos, do século VII até XVII e XVIII, é reveladora. As especificidades diferiram de várias maneiras importantes e em nenhum dos casos houve uma aproximação cultural homogênea, mas o contato ajudou a redefinir os papéis e *status* das mulheres, levando a uma maior inferioridade feminina e funções mais limitadas durante virtualmente um milênio, em grande parte do mundo afro-eurasiano. Embora não fosse inevitável, o exemplo dado por civilizações mais patriarcais foi muito forte. O empréstimo de sistemas de gênero fazia parte de esforços mais amplos para desenvolver estados e culturas, e os líderes masculinos nas sociedades que reproduziam modelos de outra rapidamente se apoderaram das vantagens aparentes de tais modelos.

Para saber mais

Sobre a própria China: Patrícia Ebrey, *The Inner Quarters. Marriage and the Lives of Chinese Women in the Sung Period* (Berkeley: University of California Press, 1993); Ruth S. Watson e Patricia Ebrey (eds.), *Marriage and Inequality in Chinese Society* (Berkeley: University of California Press, 1991). Sobre o período mongol: John Fairbank e Edwin Reischauer, *China, Tradition and Transformation* (Boston: Houghton Mifflin, 1989); Robert Marshall, *Storm from the East, from Genghis Khan* to *Khubilai Khan* (Berkeley: University of California Press, 1993); David Morgan, *The Mongols* (Oxford e New York: Blackwell, 1986). Sobre o Japão: Ryusaku Tsunoda, William de Bary e Donald Keene (eds.), *Sources of Japonese Tradition*, I (New York: Columbia University Press, 1964); Conrad Totman, *Early Modern Japan* (Berkeley: University of California Press, 1993); David Lu, *Japan, A Documentary History* (Armonk, NY: M. E. Sharpe, 1997); Conrad Schirokauer, *A Brief History of Chinese and Japonese Civilizations*, 2. ed. (San Diego: Harcourt Brace Jovanovich, 1989); Kozo Yamamura, The Cambridge History of Japan, 3, *Medieval Japan* (Cambridge e New York: Cambridge University Press, 1990); Jeffrey Mass, *Lordship and Inheritance in Early Medieval Japan* (Stanford: Stanford University Press, 1989).

Resultados da expansão europeia, 1500-1900

Os contatos entre as principais culturas se aceleraram nos séculos após 1500, envolvendo várias formas de expansão e intrusão promovidas pela Europa Ocidental. Foram os séculos do colonialismo europeu e depois imperialismo. Os países europeus conseguiram vastos territórios nas Américas. Pouco depois, demarcaram importantes territórios em várias partes da Ásia, em particular no sul e sudeste. Mais tarde, voltaram-se para aquisições na África e na Oceania. A conquista não era a única forma de expansão europeia. Os europeus desempenharam um papel crescente no comércio mundial, estabelecendo pontos dessa atividade por todo o globo. E por fim, precisamente por causa dos novos sucessos da Europa, líderes de inúmeras sociedades decidiram introduzir certas reformas internas inspiradas no padrão europeu. A Rússia foi a primeira a se dedicar a um programa de ocidentalização seletiva, mas outros países como o Japão desenvolveriam mais tarde tentativas semelhantes de reproduzir costumes de forma controlada.

Todos esses contatos, é evidente, tinham implicações nos relacionamentos entre homens e mulheres e nas concepções de gênero. Os europeus tinham visões bem definidas sobre o que era certo e errado com respeito a gênero, e não se intimidavam em julgar os outros ou insistir em mudanças. A expansão europeia foi, desde o começo, acompanhada por tentativas deliberadas de interação cultural, nos termos europeus. Missionários cristãos seguiram nos calcanhares dos conquistadores e comerciantes. As autoridades coloniais, reformadores e outros grupos particulares também levariam mensagens sobre gênero nos anos que se seguiram.

Os capítulos desta seção tratam de alguns dos casos mais importantes de contato, envolvendo a Europa Ocidental ou pessoas de origem europeia que interagiram com outras sociedades regionais. Vários pontos merecem destaque. A expansão europeia não foi o único acontecimento histórico mundial nesses quatro séculos. Certo número de sociedades tinha se isolado há muito do contato com a Europa; outras interagiam através do comércio usual e parcerias. Vimos nos capítulos "O budismo e as mulheres chinesas" e "Padrões islâmicos externos à região central" como as influências islâmica e chinesa continuaram a ocorrer em partes importantes da Ásia e África, independentemente da interferência europeia. É verdade que o crescimento da Europa determinou alguns dos mais extensivos contatos internacionais, com ricas implicações para a questão de gênero, mas houve muitas mudanças além dessa.

A ascensão da Europa não transformou magicamente a natureza do contato internacional. Por certo, os europeus, lidando com o que costumavam chamar de "nativos", eram notavelmente seguros de si mesmos e intolerantes com as diferenças. A maior parte dos contatos delineados nesta seção envolvem de forma ampla, embora não exclusiva, um trajeto de mão única, examinando o que as sociedades regionais absorviam ou deixavam de absorver dos modelos europeus, mas muitos dos tipos de contato foram bastante semelhantes a contatos precedentes. As atividades missionárias cristãs em particular se alinharam com as atividades missionárias conduzidas anteriormente por outras religiões, com alguns tipos semelhantes de implicações nos relacionamentos homem-mulher. As contradições do cristianismo também afetaram as interações com povos não-cristãos, e isso incluía algumas das mesmas tensões entre crenças na igualdade espiritual e ênfase na autoridade masculina que vimos no budismo e islamismo. Como em outras religiões, as tensões próprias do cristianismo acabavam na prática acentuando o patriarcado.

No entanto, alguns tópicos eram novos. Em primeiro lugar, o alcance europeu era incrivelmente vasto, mesmo comparado ao do islamismo pós-clássico. Assim, os contatos com padrões de gênero envolviam uma série diversa de sociedades regionais, oscilando de grupos de caça e coleta a civilizações mais eminentes da Ásia. Da mesma forma, os resultados variavam, em primeiro lugar porque tinham variações regionais precedentes, mas também porque grupos diferentes de europeus tentaram coisas diversas. Os protestantes, por exemplo, em geral eram mais lentos em interferir com os arranjos locais na questão de gênero do que os católicos, embora, quando isso acontecia, o impacto pudesse ser intenso.

Além do mais, os padrões europeus mudaram ao longo do tempo. No início dos contatos, nos séculos xvi e xvii, eram fortemente marcados pelo cristianismo, sendo o catolicismo particularmente importante. As ideias cristãs sobre sexualidade adequada e domínio masculino no casamento eram bastante ressaltadas. Por volta dos séculos xviii e xix, no entanto, a mensagem europeia ficou mais complicada. Os europeus (sobretudo, mas não exclusivamente, protestantes) descortinaram uma definição sem precedentes de ideais masculino e feminino. Nessa equação, os homens eram em primeiro lugar trabalhadores e figuras públicas. As responsabilidades das mulheres eram prioritariamente domésticas – um velho tema, é claro, agora adornado com novas crenças sobre a fragilidade e bondade moral do "sexo mais fraco". Arranjos que davam às mulheres demasiada liberdade, como trabalhadoras ou ativas sexualmente, podiam ser criticados a partir desses padrões, assim como arranjos que não creditavam qualidades morais e virtudes domésticas às mulheres. Então, por volta da segunda metade do século xix, emergiu um terceiro modelo, no qual certos grupos de mulheres ocidentais passaram a exigir novos direitos, em parte baseados em argumentos de ordem moral, em parte para compensar sua inferioridade no trabalho e na vida pública. Essas assertividades podiam afetar as interações com o mundo mais amplo. Em suma: muitas trocas internacionais entre 1500 e 1900 tinham um componente comum, que envolvia contatos com a Europa, só que a própria Europa estava em rápida mudança. Isso complica as avaliações sobre as interações e complicou as próprias interações. O que, por exemplo, o esforço missionário trouxe por volta do século xix: pontos de vista cristãos sobre gênero? Novas ideias europeias sobre a "verdadeira" feminilidade? Ou mesmo propostas de novos direitos das mulheres? A resposta, às vezes, podia ser as três.

O contato com a Europa com frequência se revestia de um *status* político e econômico colonial, diferente das interações dos períodos clássico e pós-clássico. A superioridade europeia era mais difícil de contestar do que a chinesa ou muçulmana, introduzida que era pela força das armas e de contratos comerciais desequilibrados. Mudanças econômicas, além do mais, geralmente complicaram os resultados da troca cultural. Algumas vezes, o patriarcalismo cristão tornou mais fácil as mudanças nos papéis econômicos de homens e mulheres – ou seja, todos os contatos impulsionavam na mesma direção – mas, algumas vezes, as implicações se chocavam. Essas complicações não foram tão significativas em outras épocas. O sincretismo e a resistência eram ainda possíveis, mas as várias configurações da presença do crescente mundo europeu tenderam a mudar as regras do jogo.

Os europeus, embora afetassem, consciente ou inconscientemente, sistemas de gêneros em outras sociedades, nem sempre alcançaram o que pensavam ou professavam estar alcançando. Embora não surpreenda, é bom que se ressalte isso. Os europeus em geral reivindicavam estar ajudando a aprimorar as relações de gênero, e em particular as condições das mulheres – isso realmente ocorreu nos séculos XVIII e XIX –, mas por se equivocarem com os sistemas de gênero nas sociedades envolvidas, em vista de se prenderem a avaliações limitadas sobre homens e mulheres, e porque seus esforços culturais podiam ser contestados pelas mudanças que geravam na vida econômica e política, suas alegações eram, com frequência, enganosas. Em décadas recentes, graças principalmente à ação feminista aplicada à história mundial, historiadores abriram novos debates sobre o que o colonialismo ou o comércio sob domínio europeu, suplementado pela troca cultural, verdadeiramente fez nas vidas de homens e mulheres.

Para finalizar, dois pontos: os europeus quase nunca conseguiram reformular padrões de gênero regionais como esperavam. Isso em parte decorrente das contradições inerentes a seus esforços – por exemplo, podiam defender maior importância para as mulheres, mas ao mesmo tempo solapar sua independência econômica. Isso também decorre da teimosa insistência em sociedades regionais de reter componentes familiares e em configurar parte da interação em seus próprios termos. Isso, é claro, é um padrão predominante em contatos culturais, e não surgiu nesse período. Os grupos se misturavam e se ajustavam, aceitando alguns componentes europeus e rejeitando outros, na melhor forma sincrética. O tema da expansão europeia com uma arrogante auto-estima não deve obscurecer esse processo.

As interações envolviam homens assim como mulheres. Os capítulos nesta seção tratam desproporcionalmente da parte feminina porque é esse o aspecto de gênero mais discutido, mas de fato os europeus com frequência tentaram redefinir padrões tanto para masculinidade como para feminilidade. Isso fica evidente, por exemplo, quando, no século XIX, os europeus se mostraram chocados perante as diferenças regionais a respeito do comportamento homossexual. As redefinições, no entanto, podiam ser mais sutis. Os arranjos europeus, ao tentarem alterar aspectos tradicionais da guerra ou colocarem homens locais em posições de inferioridade econômica e política não usuais, podem ter gerado reações masculinas que buscavam recuperar, de novas formas, as identidades de que gostavam. Muitos europeus encaravam os homens "nativos" como crianças, e essa perspectiva poderia determinar tanto empenhos masculinos em imitar a respeitabilidade europeia quanto ataques contra o ridículo, incluindo esforços para afirmar a masculinidade de novas formas. Não raramente, esse processo exerceu impacto sobre as mulheres também, algumas vezes suplementando, outras complicando as mudanças que os europeus esperavam inspirar nessa categoria.

Os capítulos desta seção envolvem grandes períodos, desde o início da nova expansão europeia no século XVI, avançando século XX adentro. Como antes, as implicações da interação nos relacionamentos homem-mulher com frequência levam décadas, mesmo séculos, para apresentarem resultados. Além disso, o contato europeu era extenso em termos geográficos. Começamos com os impactos sobre as Américas, estendendo pelo século XIX e com implicações para além desse ponto. A questão na Índia envolve os séculos XVIII e XIX, prolongando-se pela continuação do colonialismo europeu e surgimento do nacionalismo no século XX. Os contatos da Europa com a Polinésia são tópico dos séculos XVIII e XIX, presente no capítulo "Influências ocidentais e reações regionais: a Polinésia e a África", enquanto novos tipos de interação com a África começaram no século XIX, mas continuaram na primeira metade do século xx. Por fim, o capítulo "Ocidentalização e gênero: além dos modelos coloniais" examina um tipo diferente de interação com o Ocidente, em que as sociedades envolvidas, em vez de serem encaradas como colônias, deslanchavam tentativas independentes de reformas seletivas ao longo de linhas ocidentais. Um desses casos de ocidentalização começou com a Rússia por volta de 1700, e se estendeu até o final do século xix e início do xx.

Em 1900, a maior parte das sociedades continuava patriarcal. No entanto, graças aos contatos, incluindo as decorrências das mudanças nas fórmulas europeias para a questão de gênero, as expressões do patriarcado com frequência se modificaram, muitas vezes realçando as desigualdades, mas em outras mudando pelo menos algumas das manifestações tradicionais principais.

PARA SABER MAIS

Dois modelos históricos discutem as implicações do aumento da influência europeia, do século xvi até o xx, de formas bem diferentes. A teoria econômica mundial realça as novas formas do poder político e econômico europeu, e isso pode ser aplicado à questão de gênero: Immanual Wallerstein, *The Modern World System*, vols. 1 e 2 (New York e London: Academic Press, 1974, 1980), vol. 3 (San Diego e London: Academic Press, 1989). A teoria da modernização realça os esforços de imitar modelos ocidentais, com frequência na direção de uma reforma. Um bom e recente trabalho é de Alex Inkeles, *One World Emerging? Convergence and Divergence in Industrial Societies* (Boulder, Colo.: Westview Press, 1998).

Os europeus e os povos nativos das Américas

Um dos grandes episódios do contato cultural na história mundial envolveu a incursão dos europeus na América do Norte e do Sul a partir de 1492. Os contornos da história são familiares. As descobertas de Colombo levaram a uma rápida conquista europeia, em particular na América Latina e no Caribe; na América do Norte foi um pouco mais lenta. Virtualmente todas as vantagens no intercâmbio ficavam do lado europeu. Eles tinham superioridade tecnológica, com armas de ferro e de fogo e cavalos. Tinham imunidades superiores às doenças; os contatos com as doenças europeias e africanas acabaram matando 80% ou mais da população nativa americana em dois séculos. Rapidamente, os europeus estabeleceram arranjos econômicos que os beneficiariam, confiscaram terras dos nativos, tentaram usar sua força de trabalho e, quando isso não foi suficiente, importaram escravos. As estruturas de governo dos nativos americanos foram rapidamente solapadas, em particular onde, como na América Central e nos Andes, eram mais elaboradas.

As incursões desse tipo inevitavelmente sacudiram as culturas tradicionais americanas – uma rica variedade delas. Além disso, os europeus deliberadamente tentaram converter os nativos ao cristianismo. O movimento surgiu primeiro em áreas católicas, sob o controle da Espanha, Portugal e França. As atividades protestantes foram mais lentas, com impacto maior no século XIX. Por fim, no entanto, o resultado foi um assalto massivo sobre as práticas culturais existentes quase por toda parte.

A questão de gênero esteve em pauta desde cedo, tanto implícita quanto explicitamente. A dominação europeia inevitavelmente afetou o *status* dos homens nativos, forçados a relacionamentos de subordinação. Isso se deu particularmente onde economias agrícolas substituíram a caça e a coleta, como em grande parte da América do Norte. Em muitos casos, ocorreu maior subjugação das mulheres, à medida que os homens afirmavam sua masculinidade de novas formas. A força cultural mais explícita era o cristianismo, cujos missionários tinham fortes convicções de como homens e mulheres deveriam se relacionar. A visão cristã, em particular o protestantismo do século XIX, incluía juízos firmes sobre sexualidade, e isso afetou a organização dos relacionamentos entre mulheres e homens nativos das Américas.

As culturas nativas não foram destruídas. Elementos centrais se combinaram com demãos de cristianismo, tomando uma forma sincrética característica. Ainda assim, a mudança foi massiva, mesmo quando se permitiu a grupos indígenas certa liberdade em questões específicas. A questão de gênero foi um item em que os contatos com os europeus interferiram na vida dos nativos americanos, com frequência confundindo-a no nível mais básico e pessoal.

As trocas entre europeus e indígenas se desenvolveram durante um longo período, começando seriamente no século XVI em algumas áreas-chave, mas gerando sempre novos contatos até o século XIX estar bem adiantado. Ainda assim, talvez pela evidente superioridade europeia nos contatos, o que houve de comum, tanto nas missões católicas do século XVI quanto protestantes do século XIX, foi a meticulosa organização de internatos administrados por brancos.

Padrões básicos

Os resultados dos contatos entre os indígenas e os europeus inevitavelmente variaram. Em primeiro lugar, culturas tribais diferentes envolviam relacionamentos homem-mulher bastante diversos, que por sua vez haveriam de determinar a perspectiva e o impacto europeus. Em segundo lugar, os modelos levados pelos europeus variaram, dependendo do momento e do lugar. Os índios na América Latina e em partes importantes do Canadá sofriam pressão do catolicismo missionário, que chegou primeiro. Quando os protestantes – crença que predominou nos Estados Unidos – começaram, no final do século XVIII, a incitar a conversão religiosa, sua abordagem foi suplementada por crescentes crenças no papel doméstico quase sagrado da mulher – o que alguns chamavam de "o ritual da verdadeira feminilidade".

Um grande número de experiências importantes na América do Norte diferiu das de grandes civilizações ameríndias na América Central e nos Andes. Na América do Norte, o contato com os europeus justapôs sistemas que combinavam caça e agricultura, nos quais as divisões relativas aos gêneros eram agudas, mas sem grandes desigualdades, com as presunções do patriarcalismo europeu. Nos principais casos da América Latina, o contato justapôs sistemas patriarcais diferentes, em que a desigualdade já era marcante antes da chegada dos europeus. Aqui, os resultados do contato foram também notáveis, mas em geral mais sutis do que as deteriorações ocorridas na América do Norte.

Apesar da variedade, no entanto, houve um fio comum. Em primeiro lugar, o contato com os europeus em geral piorou as condições das mulheres índias, em parte por causa das reações dos homens índios, mas principalmente porque os europeus tentaram reforçar a hierarquia de domínio masculino. Em segundo lugar, os europeus se declaravam muito chocados com as condições dos índios, e convictos, com frequência, de estarem ajudando as mulheres. Visões conflitantes sobre trabalho e sexualidade figuravam com destaque nessa confusão, a qual, por sua vez, tendia a reforçar a propensão para a deterioração na condição das mulheres. As visões europeias sobre gênero eram menos igualitárias do que as da maioria dos grupos indígenas, pelo menos até o final do século XIX. Essas visões eram constituídas por pressões para mudar para a agricultura e se afastar de conflitos armados, o que teve como inesperada consequência a volta das agressões dos índios para dentro do grupo, em geral contra as mulheres. Essa situação certamente decorreu da incapacidade dos europeus de admitir o bom funcionamento de outro sistema de gênero diferente do seu.

AMÉRICA LATINA

A conquista espanhola levou óbvios desafios para os homens e mulheres indígenas. Os líderes militares espanhóis, com frequência, enfrentaram a oposição militar tanto de mulheres como de homens. Não raro, depois de uma vitória, exigiam mulheres entre outras mercadorias e recompensas: "Vocês deverão entregar mulheres com pele clara, milho, galinhas, ovos e tortas", registra um relatório asteca. Embates desse tipo poderiam ter pouco impacto cultural direto, exceto demonstrar aos índios sua inabilidade em manter o que era seu contra a força invasora Tentativas de conversão ao cristianismo foram outro impacto significativo. Como lhes parecia lógico, em vista de suas formulações de gênero, os espanhóis no início se concentraram nos homens, pressupondo que liderariam as mulheres feito um rebanho. A estratégia funcionou com frequência. Outro relato asteca retrata o caso de um filho que virtualmente forçou a mãe a se converter com ele, e ela se tornou a primeira mulher na região a receber os sacramentos. Ela o acusara de estar louco por ter sido tão facilmente persuadido "por esse punhado de bárbaros", e ele lhe respondeu que "se ela não fosse sua mãe, ele responderia cortando-lhe a cabeça", e então ordenou que seus aposentos fossem incendiados. Foi depois disso que ela concordou em se converter.

À medida que o intercâmbio entre europeus e índios aumentava, os líderes cristãos logo se persuadiam da imoralidade de uma série de práticas sexuais que envolviam particularmente as mulheres. Segundo os missionários, os indígenas toleravam demasiada nudez; praticavam sexo antes do casamento, adultério e poligamia. Assim que estabelecidas, as missões cristãs exigiram que os índios se cobrissem com roupas, mesmo em regiões muito quentes e úmidas. Com frequência, separavam homens e mulheres jovens, para evitar relações sexuais. Intervinham ativamente na escolha dos parceiros de casamento, para tentar assegurar famílias que fossem fiéis à nova fé. Atacavam práticas tradicionais funcionais como o aborto. Em geral, como observado por um historiador, trabalhavam muito para subverter a conduta normal de vida da família indígena, em nome dos valores cristãos. Os resultados eram variados. Muitos indígenas abandonaram as áreas das missões ou se rebelaram de modo ativo, precisamente por causa das prescrições de conduta sexual. Alguns conseguiram manter determinados segmentos de sua cultura tradicional. Mesmo quando adaptadas às missões e aceitando o casamento cristão, as mulheres podiam persistir na prática de relacionamentos extraconjugais ou mentir sobre o grau de parentesco com o marido (as tradições indígenas permitiam casamento entre parentes próximos e as regras católicas não).

Em geral, e para além da questão da sexualidade, os esforços missionários se voltaram para a redução dos papéis desempenhados pelas mulheres na vida indígena, tanto na América Central quanto na do Sul. Aos olhos dos missionários, as mulheres eram parideiras e agentes domésticos, irracionais e, com frequência, problemáticas. Raramente conferiam muita virtude mesmo às mais fiéis convertidas, embora, ironicamente, tenham sido mulheres, incluindo índias, os principais suportes da Igreja na América Latina.

Uma questão crucial e provavelmente inevitável de conflito envolvia as funções religiosas das mulheres. Embora as civilizações indígenas principais tenham sido patriarcais – os homens mantendo papéis de destaque –, as mulheres com frequência tinham importantes papéis artísticos e rituais nas cerimônias religiosas. Preparavam ricos vestuários e adornos para paramentar as estátuas dos deuses e eram responsáveis pelas práticas religiosas domésticas. Essas oportunidades foram interrompidas, embora secretamente os índios mantivessem algumas atividades religiosas e decorações artísticas, algumas vezes aplicando-as ao culto cristão. Fora esses remanescentes escondidos, as mulheres perderam terreno, exceto por benefícios espirituais que o culto católico proporcionou a muitas. O catolicismo exigia que as mulheres fossem subordinadas em assuntos religiosos. Elas também perderam terreno quando o Estado espanhol aparelhou uma burocracia própria, afastando a nobreza nativa; nesse caso, também as autoridades coloniais não concebiam mulheres em posições de poder, selecionando os homens até o nível de dirigentes de aldeias.

Os intercâmbios relativos à questão de gênero tiveram claros resultados complexos no caso dos maias, na Guatemala e península de Iucatã. Para a sociedade tradicional maia, as mulheres eram nitidamente inferiores, incapazes mesmo de possuir propriedade. O comportamento sexual era cuidadosamente regulado, embora não da mesma maneira que entre os europeus. Assim, os maias se chocaram com a explícita lubricidade dos espanhóis e o sequestro de mulheres locais tornadas concubinas, enquanto os espanhóis se indignaram com o fato de meninos e meninas maias nus compartilharem as piscinas. Como em outros locais, os primeiros resultados da conquista espanhola, no século xvi, foram desorientadores: mortes massivas por doenças como varíola, abuso sexual e sequestro de mulheres pelas forças militares.

Quando as coisas se acomodaram, emergiu um acordo mais complexo, semelhante, em alguns aspectos, ao de outros intercâmbios culturais, com alguns ganhos e muitas perdas para as mulheres. Alguns arranjos novos beneficiaram as mulheres. Atribuíram-lhes almas tão boas quanto as dos homens, e algumas imagens religiosas femininas muito positivas, como a de Maria, mãe de Jesus, tornaram-se parte do novo cenário. Em contraste com a segregação tradicional da infância, as meninas agora se juntavam aos meninos, ainda que transitoriamente, na escolaridade religiosa disponível. Em alguns aspectos, a importância do trabalho das mulheres aumentou. As mulheres maias tinham sempre sido responsáveis pela tecelagem elaborada; agora lhes pediam que fizessem os tecidos comuns que os espanhóis recebiam como parte dos impostos, e assim se tornaram mais essenciais ao sustento da família.

No entanto, as perdas aparentemente foram maiores. Ávidos de impor o casamento cristão, os missionários trabalharam para fragmentar o amplo e extensivo grupo em que as famílias se constituíam, considerando-os, entre outras coisas, centros de vício sexual. O resultado foi o aumento do isolamento das mulheres umas das outras. Os missionários também trabalhavam contra a antiga prática chamada de "serviço da noiva", pelo qual a esposa continuava a viver com seus pais depois do casamento, mas tinha relacionamento sexual com o marido; segundo a tradição, se esse período preliminar não funcionasse bem, o casamento podia ser anulado e mais tarde a mulher poderia casar-se com outro. Do ponto de vista cristão, a prática era escandalosa e foi rapidamente restringida. O resultado foi uma menor flexibilidade no casamento para homens e mulheres e, aparentemente, um aumento da violência masculina em casamentos que não davam certo. E, ainda que o trabalho tivesse aumentado para as mulheres, a produção artística diminuiu, embora o empenho em produzir tecidos brilhantes e coloridos para as vestimentas de seus próprios festivais continuasse, contornando a fraca oposição dos espanhóis. No final, alguns dos ganhos talvez tenham sido mais aparentes do que reais: o mais evidente é que, apesar da breve equiparação da escolaridade entre meninos e meninas, os antigos padrões de segregação não foram superados em outros aspectos da vida das crianças, e o *status* das mulheres não se aprimorou muito aos olhos dos homens.

O resultado foi a soma do pior dos dois mundos patriarcais: dos maias e dos espanhóis. Apesar das sinceras conversões ao cristianismo, as implicações religiosas sobre a igualdade das almas não tiveram um impacto profundo sobre as ideias de gênero na sociedade maia. Ao mesmo tempo, algumas proteções e oportunidades que a tradição proporcionava para as mulheres foram reduzidas. Houve uma fusão cultural, uma forma de sincretismo, mas que com poucos ganhos para as mulheres.

Um caso canadense

Embora a imigração francesa para o Canadá tenha sido pequena (a população francesa canadense aumentou graças a altas taxas de natalidade), logo uma vasta atividade missionária se desenvolveu. Muitos missionários da nova ordem jesuíta, ávida de conseguir conversões, seguiram os exploradores franceses e os caçadores de peles. Suas reações aos arranjos dos americanos nativos com relação a gênero eram semelhantes aos dos missionários espanhóis na América Latina: seriam necessárias mudanças substanciais se as conversões ao cristianismo quisessem ter algum significado. Os padrões anteriores contra os quais o contato operava, no entanto, eram bem diferentes daqueles existentes na América Latina, pois aqui não havia um sistema patriarcal desenvolvido antes da chegada dos europeus.

As interações com os índios hurons e tribos associadas, ao norte dos Grandes Lagos, tiveram aspectos característicos durante os séculos XVII e XVIII. Em contraste com os maias e outras tribos da América Central, os hurons combinavam agricultura migratória com caça. Assim, o contato com os europeus envolveu enormes diferenças culturais, intensificadas pela distância entre relacionamentos de gênero mais livres nas sociedades de caça e os de civilizações agrícolas estabelecidas. Desnecessário ressaltar que os representantes europeus, convictos da virtude de suas definições dos papéis masculino e feminino, não apreciavam a distinção e sequer a entendiam inteiramente.

Como muitos grupos indígenas norte-americanos, os hurons organizavam as relações de família pela descendência materna, não paterna. A associação na família estendida era baseada nesse foco matrilocal, que dava às mulheres um grande poder. Como os homens se ausentavam nos meses de verão, eram as mulheres que mantinham a união familiar. Os jesuítas imediatamente consideraram esse relacionamento suspeito, pois aos seus olhos as mulheres hurons tinham liberdade demais. Elas também participavam ativamente nos rituais religiosos e de cura, sendo algumas xamãs ou curandeiras na religião e na magia. Se uma menina nascia, havia mais celebração do que no nascimento de um menino.

Nesse contexto, contrastando com outros casos históricos em que houve conversões, as mulheres mantiveram-se afastadas do cristianismo, pois não havia benefícios claros para ela. Os homens eram um pouco mais abertos à conversão, mas mesmo então podiam enfrentar fortes pressões, até o ponto de ostracismo da "grande família" se a mulher ou a sogra desaprovassem. A oposição feminina intensificava a preocupação dos missionários perante a dificuldade de conseguir que os homens convertidos obtivessem a obediência das mulheres (que era o padrão que conheciam). Muitas mulheres hurons acreditavam que o batismo cristão causaria infortúnio e, com frequência, insistiam para os maridos se retratarem. Um observador francês relata o caso de uma mulher: "tirou-o [o marido] da cabana, e recusou-se a alimentá-lo; censuravam-no pela morte de uma de suas sobrinhas, que tinha sido batizada. Ele foi deixado sem recursos de subsistência e obrigado a fazer o que era trabalho de mulheres". Os jesuítas, por sua vez, consideravam "megeras" e "diabólicas" as mulheres tradicionalistas. Era fácil associar a resistência das mulheres com o Diabo, que os jesuítas acreditavam estar ativo no Novo Mundo: afinal de contas, a ideia de que a mulher era responsável pelo pecado original, como Eva, era de grande importância no pensamento europeu. Preocupações com o comportamento sexual – os jesuítas consideravam as mulheres sexualmente provocadoras e devassas – juntavam-se a essa objeção.

A solução para a reforma, aos olhos dos missionários, era a instituição do casamento cristão, no qual os homens, agora dominantes, obrigassem as mulheres a permanecer na linha – com o uso da força, se necessário. As mulheres deveriam servir e obedecer, e a desobediência justificaria o uso de violência. Os jesuítas relatam o caso de um marido cristão que "bateu na mulher que insolentemente o provocou". Ambas as partes foram repreendidas, mas especialmente a mulher, "que era mais culpada do que o marido". As mulheres punidas pelos maridos por desobediência eram acusadas de terem pecado e estimuladas a se confessar aos jesuítas. A imposição do casamento cristão constituía um controle sexual sobre as meninas e mulheres, contrário aos costumes tradicionais, que eram mais livres. Uma menina cristã poderia ser punida simplesmente por estar na mesma cabana que um homem. Aos poucos, as mulheres hurons foram persuadidas a manter controle cuidadoso sobre seu comportamento, para não cair em pecado. Uma garota chorou porque permitiu a um homem tocar sua mão, "ficando muito amedrontada de que isso a impedisse de permanecer virgem". Mulheres que tinham abandonado os maridos, o que era um direito seu na sociedade huron, eram surradas e aprisionadas se pegas, e os homens hurons juntavam-se aos missionários nessa punição.

Os homens hurons, por sua vez, saudavam a oportunidade de tornar mais dóceis as mulheres. Um convertido insistia que a nova esposa (considerada "arrogante") clamasse bem alto que seria obediente a ele. Os franceses aprovaram: "Deus abençoou visivelmente esse casamento, e nunca vimos uma oportunidade maior do que a dessa mulher, que se tornou verdadeiramente um carneiro e tem profundos e afetuosos sentimentos de devoção". A motivação dos homens era complexa, indo bem além do poder individual. Com o crescente controle colonial francês, as antigas e em geral brutais formas de agressão, particularmente ataques a outras tribos, que podiam envolver tortura e canibalização dos cativos, caíram em desuso. As agressões voltaram-se para dentro, fazendo das mulheres as vítimas preferenciais. Sendo consideradas inferiores, e fonte de tentações sexuais, era óbvio que qualquer desvio da mansa submissão que se esperava delas, seria atacado. Os jesuítas estimularam os homens hurons a organizar conselhos de aldeia para ajudar a controlar as mulheres e insistir em sua conversão; desnecessário dizer que nesses conselhos não havia representante feminina.

O resultado foi uma reestruturação intensa dos relacionamentos homem-mulher. Sob a pressão jesuíta, muitas mulheres internalizaram ideias de serem pecadoras, enquanto os homens aceitaram novas formas de desigualdade para se sentirem adequadamente masculinos.

Dois casos nos Estados Unidos

O desenrolar dos acontecimentos nos Estados Unidos, em que os protestantes dominavam, adicionou alguns aspectos característicos aos padrões da cultura americana. As preocupações com o poder e a sexualidade das mulheres assemelharam-se aos decorrentes dos intercâmbios na América Latina e em particular no Canadá, mas a atividade missionária e outras pressões no que vieram a ser os Estados Unidos (ocorridas um pouco depois da época em que as relações de gênero estavam sendo redefinidas na Europa) adicionaram uma nova preocupação cultural no que diz respeito às relações de trabalho. No geral, isso foi mais um elemento de mudança, que não beneficiou as mulheres.

De vez em quando, os contatos entre nativos e missionários euroamericanos pareciam trazer benefícios para as mulheres. Na tribo sioux, em que o intercâmbio se desenvolveu em Iowa no século XIX, as mulheres já eram consideradas inferiores. Nesse contexto, a conversão ao cristianismo beneficiava mais as mulheres do que os homens. Depois de seis anos de atuação, uma sede missionária instalada entre os siouxs tinha quarenta membros, dos quais só dois eram homens. Na religião tradicional, os homens dominavam os rituais e os papéis das mulheres eram pequenos; assim, uma participação maior das mulheres na Igreja cristã forneceu escapes sem necessariamente arriscar as práticas tradicionais. As mulheres siouxs vestiam-se com austeridade, costume que os missionários aprovavam. Tudo isso pode ser bem absorvido pelos homens – algo já familiar em vista de outros casos de contato – porque as escolas cristãs ensinavam às mulheres novos e aprimorados métodos de lidar com os afazeres domésticos. Independentemente da seita protestante – quadker, batista ou metodista – ou da tribo – sioux ou shawnee –, as escolas missionárias ensinavam, com entusiasmo, as meninas a costurar, limpar e cozinhar.

No entanto havia certa diferença aqui que poderia vir a ser problemática. Americanos de origem europeia alimentavam ideias diferentes com relação ao papel de cada sexo, e isso se intensificou com o tempo. As mulheres deveriam se concentrar na casa e caberia aos homens lavrar os campos. Lar significava agora residência fixa, e assim o trabalho das mulheres nesse domínio se expandiu. Pela tradição indígena, no entanto, organizar uma casa e cultivar o solo era considerado trabalho feminino, e um homem que cortava uma árvore para uma casa ou usava um arado era ridicularizado e considerado afeminado. Em contraste, para pessoas de origem euroamericana, os homens deveriam liberar as mulheres de arar os campos, trabalho considerado "inadequado para esse sexo". Tratar as mulheres como o sexo mais puro e frágil era uma básica "linha de discriminação entre a sociedade civilizada e a barbárie". Os índios alimentavam crença oposta, segundo relato de um missionário: "Eles têm a ideia de que o trabalho de cultivar a terra é degradante para o caráter do homem, que (dizem eles) foi feito para a guerra e caça, e para participar de conselhos, e que mulheres pele-vermelha e porcos-espinhos foram feitos para arranhar o chão".

O contato tinha desdobramentos complicados. Os homens e as mulheres siouxs conviviam com a ideia de hierarquia de gênero, no qual as mulheres eram mais fracas e de alguma forma inferiores. O discurso do protestante branco de que as mulheres eram baluartes da civilização e do iluminismo moral não tinha grande repercussão, ainda que as convertidas tenham encontrado no cristianismo novas formas de expressão; mas também não era considerado nocivo, dada a grande ênfase nos papéis domésticos. No entanto, o reforço dado à hierarquia ia contra as profundas alterações nas atribuições de tarefas. Não é de se surpreender, portanto, que os nativos americanos, em particular os homens, só tenham abraçado muito lenta e incompletamente o modelo europeu, apesar da forte insistência dos centros missionários. E quando se converteram, o resultado, tanto para os homens quanto para as mulheres, pareceu muito confuso.

Tribos nativas americanas sediadas no sul do país, em especial os cherokees, eram diferentes, pois suas mulheres tinham maior *status* e papéis mais amplos. Elas se dedicavam à agricultura enquanto os homens caçavam; e a divisão de trabalho determinava considerável igualdade, porque a importância da contribuição feminina era reconhecida. Em função de seu trabalho árduo, as mulheres ganharam um papel de liderança em rituais religiosos que celebravam as colheitas. Assim como acontecia com os hurons, a origem das pessoas seguia a descendência das mães, e as famílias se fixavam perto do tronco materno. As mulheres cherokees tinham poder e autonomia considerável e desempenhavam um papel ativo nos conselhos tribais. Quanto aos comportamentos sexuais, incluindo sexo pré-marital, eram livres, e as mulheres índias geralmente dispensavam o comedimento (pelos padrões cristãos) em assuntos de sexo, e gracejavam com frequência. Em todos esses aspectos, como um historiador observou, as mulheres cherokees estavam tão distantes dos padrões protestantes contemporâneos quanto qualquer outro grupo do continente.

Surge então, a partir do século XVIII, um intercâmbio com missionários e fazendeiros de origem europeia. Assim como aconteceu com os siouxs, mas por razões bem mais limitadas, as mulheres viram algumas vantagens nas mudanças induzidas pelo contato: havia possibilidade de aprender métodos de cultivo mais eficientes, e muitos líderes cherokees, incluindo homens, sentiram-se orgulhosos de poder mais bem assimilar maneiras europeias e aprimorar seu nível de "civilização". Com frequência, acreditavam que só uma adaptação lhes permitiria sobreviver numa sociedade branca dominante. Assim, havia pressões dentro da comunidade para promoverem os ajustes.

Por outro lado, as visões sobre relacionamento homem-mulher colidiam enormemente. Os euroamericanos, cada vez mais imbuídos do Culto à Verdadeira Feminilidade, criticavam com vigor o envolvimento das mulheres no trabalho manual; a caça praticada pelos homens era vista como passatempo frívolo. "Selvagem" e "degradante" eram dois adjetivos comumente aplicados a esses aspectos da cultura cherokee. Não apenas os missionários como também os funcionários do governo desejosos de estabilizarem a região, junto com fazendeiros (incluindo George Washington), conclamavam mudança, associada com o que entendiam como padrão de agricultura, aquela dominada pelos homens. Os comportamentos sexuais, incluindo a disseminada poligamia e o vestuário despojado das mulheres, também foram atacados. A partir de 1800, uma rede de escolas administradas por brancos propagou a visão euroamericana de propriedade e o que consideravam a divisão adequada de trabalho por gênero.

Muitos cherokees saudaram essas propostas. As meninas, orientadas a perceberem que o trabalho doméstico, e não a agricultura, seria a garantia de seu poder em casa, escreveram com gratidão sobre lições que as ajudaram a "fazer roupas que seriam úteis para nós na vida" ou que as ensinaram a "tomar conta das famílias de forma que quando vamos para casa podemos cuidar da casa de nossa mãe". A austeridade também aumentou, ou pelo menos assim foi vista pelos missionários, à medida que tentavam garantir que meninos e meninas nunca mais ficassem juntos sozinhos. No entanto, a preferência dos cherokees pela poligamia e por considerável liberdade sexual não desapareceu rapidamente. Enquanto algumas famílias educadas pelos missionários converteram-se inteiramente para o modelo euroamericano de família agrícola, com as mulheres desempenhando um papel econômico subsidiário, muitas persistiram na forma tradicional. Entretanto, em nível de chefia, a tribo mudou, copiando crenças europeias, e no processo encontrou novas formas de compensar as perdas da autoridade masculina. Novas leis deram precedência aos pais, em vez das mães, para o traçado da descendência. Os papéis das mulheres nos conselhos tribais terminaram e só os homens agora podiam votar. As mulheres também ficaram mais isoladas umas das outras, graças ao declínio de seu papel na família e, frequentemente, por residirem em fazendas separadas e distantes. E, contudo, as mulheres indígenas viram o desafio aos novos padrões como uma reversão à selvageria; nesse sentido, perderam a oportunidade de usar os valores dos brancos sobre as mulheres como base de protesto, mesmo quando as mulheres euroamericanas começaram a se engajar em manifestações feministas justificadas pela "pureza feminina".

A questão de gênero era um campo de batalha no contato entre euroamericanos e índios nos Estados Unidos, e o conflito se estendeu pelo século XIX, entrando no XX. Escolas e agências oficiais, assim como missionários, continuaram a acusar as tradições indígenas de fazer das mulheres burros de carga, tanto pelo trabalho que lhes era atribuído como pela liberdade do comportamento sexual. Apesar de algumas medidas terem-nas aliviado de práticas abusivas, ou lhes dado novas oportunidades de expressão, no geral o conflito se firmava sobre profundos mal-entendidos. Onde as visões euroamericanas predominaram, o papel das mulheres na sociedade americana nativa se deteriorou. Onde os índios resistiram, eles foram, apesar disso, forçados a modificar os hábitos tradicionais, em especial a distinção caça/

agricultura, e com isso os papéis e identidades considerados, em sua visão, apropriados a cada atividade, perderiam qualquer definição nítida. Diante do poder da presença euroamericana e sua hipócrita confiança em seu modelo de gênero, era difícil para os nativos americanos não apenas formular preocupações com a erosão desse aspecto da tradição, mas principalmente perceber com clareza o que estava errado.

Conclusão

O enorme distanciamento de poder entre europeus e nativos fica evidente na maior parte dos intercâmbios que afetavam gênero, assim como a própria distância entre as tradições de gênero envolvidas. O sincretismo de fato era limitado, em particular na América do Norte, porque os grupos indígenas encontraram dificuldades em defender seus costumes. Quando as condições das mulheres se deterioraram, os homens índios talvez tivessem apoiado essas mudanças, embora suas definições de masculinidade também tenham se tornado mais sutis. As mulheres podiam servir de agentes de mudança, por exemplo importando novas ideias sobre a vida doméstica ou sexualidade aprendidas nas escolas, mas não puderam conter a erosão das oportunidades que suas mães gozaram na vida de muitas tribos. O equilíbrio cultural e a inabilidade de levar a cabo uma fusão vigorosa entre velhos padrões e novas influências contrastam com outros casos envolvendo europeus, como os intercâmbios na Índia, discutidos no próximo capítulo, em que a superioridade europeia pode ser avaliada pelo tamanho e coesão das comunidades indianas.

Alguns índios americanos, como famílias de fazendeiros cherokees, simplesmente incorporaram-se aos padrões europeus. No geral, no entanto, apesar do distanciamento de poder, grupos indígenas importantes não se europeizaram. Ao contrário, continuaram a buscar a diferenciação, embora suas tradições de gênero tenham sido bem danificadas. O resultado foi confuso para observadores brancos e para as próprias comunidades indígenas.

A situação na América Latina foi um pouco diversa. Como as civilizações indígenas tinham tido um desenvolvimento mais elaborado, e populações maiores tinham se mantido mesmo depois do violento ataque europeu, houve mais oportunidades de sincretismo. As condições patriarcais, assim como a agricultura estabelecida, já existiam, como com os astecas, tornando as formas europeias menos estranhas, apesar das enormes diferenças de características. No entanto, houve substancial distanciamento das tradições de relacionamento homem-mulher.

O intercâmbio nas Américas tendeu, extraordinariamente, a ser de mão única. Os homens euroamericanos podiam admirar aspectos da masculinidade indígena, pelo menos em princípio – grande bravura na guerra –, mas não havia qualquer interesse em aprender as tradições indígenas que envolvessem família ou mulheres. Os hábitos dos nativos eram vistos como selvagens e errados. Só indiretamente, ajudando a intensificar a insistência euroamericana na delicadeza e moralidade, como contraste entre a civilização e o "outro" ameaçador, o contato teve algum impacto nos próprios euroamericanos. A imagem da mulher virtuosa e doméstica se formou na Europa, mas pode ter alcançado suas formas mais extremas na América branca, como emblema de identidade contra os "selvagens". Claro que havia ironia aqui: mulheres brancas capturadas pelos índios com frequência prefeririam permanecer entre eles, para horror dos colonos; quando as mulheres brancas começaram, no final do século XIX, a se manifestar por novos direitos, tais como posse de propriedade, exigiram com frequência, e sem saber, o que as mulheres índias haviam tido – mas haviam perdido como resultado dos contatos com os brancos.

Para saber mais

Sobre os Estados Unidos: Karen Anderson, *Chain Her by One Foot*. The Subjugation of Women in Seventeenth-century New France (London e New York: Routledge, 1991); Robert Berkhofer, *Salvation and the Savage*. An Analysis of Protestant Missions and American Indian Response, 1787-1862 (Lexington: University of Kentucky Press, 1965); Nancy Shoemaker, *Negotiators of Change*: Historical Perspectives on Native American Women (New York: Routledge,

1995); David W. Adams, *Education for Extinction, American Indians and the Boarding School Experience, 1875-1928* (Lawrence, Kan.: University of Kansas Press, 1995); Theda Perdue, *Cherokee Women*: Gender and Culture Change, 1700-1835 (Lincoln, Nebr.: University of Nebraska Press, 1998).

Sobre a América Latina: Inga Clendinnen, *Ambivalent Conquests, Maya and Spaniard in Yucatan*, 1517-1570 (Cambridge e New York: Cambridge University Press, 1987); Erick Langer e Robert Jackson (eds.), *The New Latin American Mission History* (Lincoln, Nebr.: University of Nebraska Press, 1995); Asunción Lavrin (ed.), *Sexuality and Marriage in Colonial Latin America* (Lincoln, Nebr.: University of Nebraska Press, 1989); Susan Schroeder, Stephanie Wood e Robert Haskett (eds.), *Indian Women of Early Mexico* (Norman, Okla.: University of Oklahoma Press, 1997); Richard Trexler, *Sex and Conquest*: Gendered Violence, Political Order, and the European Conquest of the Americas (Ithaca, NY: Cornell University Press, 1995); Merry Wiesner-Hanks, *Christianity and Sexuality in the Early Modern World*: Regulating Desire, Reforming Practice (New York e London: Routledge, 2000).

Homens e mulheres
no imperialismo britânico na Índia

A Índia viu-se exposta à influência Ocidental, primeiramente britânica, da metade do século XVIII em diante. Depois das Américas, essa foi a maior área colonial dominada pelo Ocidente. O caso indiano merece ser comparado com o das Américas, embora tenha sido bem diferente. A Índia era uma civilização agrícola perpetuada, capaz de resistir ao exemplo ocidental com muito maior sucesso que os nativos americanos, e no geral os europeus se mostraram mais hesitantes em impor suas posições relativas a gênero. De qualquer maneira, ocorreram intercâmbio e mudança.

Houve quatro fases no contato indiano-britânico. As intervenções iniciais britânicas foram comerciais, buscando mercadorias e mercados. A operação como um todo foi levada a efeito não pelo governo britânico, mas pela Companhia das Índias, sancionada pelo governo, mas com fins lucrativos. Gradualmente, a Companhia assumiu o papel de governo colonial, à medida que uma variedade de guerras com potências europeias rivais (em particular a França) e rebeliões locais exigiu uma administração mais formal. Os contatos com os indianos para além dos comerciais eram muito limitados. Embora as atividades econômicas das mulheres começassem a ser seriamente restringidas nessa fase, houve alguns resultados culturais mais amplos.

A segunda fase, iniciada por volta de 1820, envolveu intervenções britânicas muito mais sérias na vida dos indianos. Um certo número de leis importantes atacou o que, segundo os ingleses, eram defeitos escandalosos no tratamento dado às mulheres. O aumento da presença britânica levou mulheres inglesas para a Índia, o que pode ter tido certo impacto, pró e contra, como modelos de comportamento.

Pelo final do século xix, ainda sob o domínio britânico, os indianos começaram a organizar uma série de movimentos nacionalistas de resistência e reforma. Esses movimentos tinham acepções próprias sobre papéis masculino e feminino, que podiam tanto impelir à mudança quanto confirmar a continuidade. Por volta do século xx, líderes nacionalistas abraçaram um conjunto mais completo de direitos femininos.

Em 1947, a Índia ficou independente. A criação de um Estado indiano bem-sucedido reordenou a influência ocidental, sem, no entanto, causar uma ruptura completa. Os indianos continuaram a reagir a sinais do Ocidente embora fossem cada vez mais seletivos.

Este capítulo enfoca principalmente as três primeiras fases, quando o intercâmbio era mais decisivo. Por volta dos anos 1920, e certamente depois de 1947, as agendas indianas dependiam menos do intercâmbio e mais do que os indianos tinham mantido da experiência anterior.

O CONTEXTO

A Índia é um dos grandes casos para o estudo da influência ocidental e de reação regional na história mundial moderna. Era uma civilização complexa e bem estabelecida, com uma longa tradição de patriarcado, na qual o domínio masculino e os arranjos matrimoniais feitos pelos pais eram fermentados pelo louvor à beleza e sensualidade das mulheres, sua inteligência e seu papel como mãe. O hinduísmo, a religião local mais importante, confirmava a inferioridade espiritual das mulheres, mas também destacava sua participação no processo de avanço espiritual; embora abaixo dos homens, elas eram parte da comunidade divina, com os mesmos objetivos finais de fusão com a essência divina.

A tradição indiana incluía também uma considerável experiência em lidar com influências externas. Novas ideias podiam ser recebidas com tolerância, mas raramente afastavam a maioria dos padrões estabelecidos. Nenhuma outra religião havia conseguido conquistar indianos do hinduísmo e dos rituais e crenças a ele associados; apesar das tentativas do Ocidente de impor o cristianismo e de algumas conversões isoladas, o hinduísmo permaneceu.

A influência britânica na Índia não era, essencialmente, religiosa, apesar das importantes atividades missionárias existentes. Por volta do século XIX, as convicções britânicas sobre gênero eram sobretudo seculares, envolvendo ideias de como o lar deveria ser, do que consistia a educação secular etc. Nesse sentido, o impacto britânico na Índia foi bem diferente de outros contatos, nos quais religiões missionárias levavam a mensagem principal. O conflito básico envolveu convicções ocidentais "modernas" sobre padrões de gênero *versus* tradições indianas embutidas no hinduísmo.

O intercâmbio era simples, num sentido. Os representantes ingleses na Índia estavam absolutamente convencidos de sua superioridade. Ainda que alguns se apaixonassem pela Índia, não houve uma influência substancial desse país sobre os padrões de gênero britânicos. Como em muitos casos no passado, essa troca, organizada a partir de grande desequilíbrio de poder econômico e militar, era de mão única.

Fora isso, nada era simples no intercâmbio. Houve, por exemplo, uma enorme variação de formas de os indianos absorverem os padrões britânicos. A grande maioria era da área rural e seu contato com os valores britânicos, extremamente remoto. A presença britânica afetava-os por meio de algumas poucas leis e muitas restrições econômicas, mas a oportunidade de considerar uma cultura alternativa maior, que envolvesse papéis feminino e masculino, não lhes era acessível. Para a população urbana, no entanto, nas castas mais altas, e principalmente nos escalões mais baixos do governo colonial, era diferente. Essas pessoas podiam absorver informações da versão inglesa de relacionamento masculino-feminino, e muitas foram ávidas nisso, pelo menos de forma seletiva.

Os próprios britânicos estavam divididos. Persistiu um forte impulso, mesmo depois da primeira fase, de não tocar as questões de gênero. Elas não tinham importância nos objetivos imperialistas britânicos, tanto de alcançar lucros, quanto de adquirir ganhos políticos. O domínio britânico dependia intensamente da aceitação indiana, e mexer com a tradição era um risco. Essa postura não evitava consequências inesperadas, como quando os indianos tentavam imaginar o que conquistaria a confiança dos britânicos, mas podia limitar contatos relevantes. A maioria das inglesas na Índia, esposas dos administradores ingleses, era mantida em situações restritas, afastada das doenças e do contato com a pobreza; em contrapartida, poucas indianas, além do expressivo grupo de serviçais, tinham contato com elas. De forma mais geral, a maioria dos oficiais britânicos apegava-se a convicções patriarcais. Se alguns poucos aspectos dos padrões de gênero indianos lhes causavam alguma espécie – era necessário, por exemplo, um ato especial de autorização para imprimir a arte indiana em selos coloniais, porque em meados do século xix, pelos padrões britânicos, as cenas estampadas eram pornográficas –, a ideia básica do domínio masculino parecia normal e sensata. E havia até uma certa inveja do distanciamento entre homens e mulheres, que lhes parecia menos contestado do que na Inglaterra.

Na Inglaterra, os valores de gênero estavam em transformação e isso condicionava tanto as possibilidades de reforma na Índia quanto confundia os indianos ao tentar entender o sistema britânico. Na Grã-Bretanha, com a industrialização, oportunidades de trabalho para as mulheres diminuíram, particularmente nos círculos mais respeitáveis. Ainda que algumas ganhassem emprego em fábricas, um grande número perdeu postos de trabalho no comércio e em manufaturas rurais, e a classe média desenvolvia uma forte convicção de que as mulheres respeitáveis não deveriam trabalhar fora de casa. Ao mesmo tempo, no entanto, o poder das mulheres na família aumentava, e sua estatura moral também se aprimorava. Em assuntos essenciais e contra velhos preceitos, agora as mulheres podiam ser vistas como mais morais por natureza do que os homens. Eram consideradas capazes de maior controle sexual (embora, da mesma forma, as que desrespeitassem essa hipótese fossem profundamente deploradas). A educação para as mulheres se ampliou, embora se continuasse a acreditar na menor capacidade racional das mulheres para aproveitar essa educação. Por volta de 1870, outras mudanças tornaram-se visíveis. A taxa de natalidade britânica caía, à medida que as mulheres afirmavam que crianças demais era ruim para elas e para a sociedade. Algumas mulheres corajosas lutavam por novas carreiras em áreas como direito e medicina (e a mesma busca por papéis novos e atuantes encaminhou algumas para a atividade missionária). Mudanças na lei concederam direitos de propriedade para as mulheres e acesso ao divórcio. Surgiu um movimento feminista com várias reivindicações, incluindo, o que já era consenso entre as feministas por volta de 1900, o direito de voto.

Como haveriam de interagir esses vários modelos britânicos na Índia? Havia um modelo doméstico sagrado, um modelo novo e mais assertivo, e uma porção de variantes entre os dois. Como era de se prever, medidas explícitas para intervir nas relações de gênero na Índia eram mais prováveis quando todos os grupos ingleses, tanto os adeptos da beatitude doméstica quanto os da interferência pública nos assuntos do lar, concordavam que algo tinha de ser feito. No entanto, havia muitas áreas de controvérsia para as mulheres indianas relativas a diferentes aspectos do imperialismo britânico – assim como enormes consequências – que as discussões a respeito de gênero não abarcavam com clareza.

O CENÁRIO ECONÔMICO

Para as mulheres, o resultado mais importante da intervenção britânica na Índia dizia respeito à perda de oportunidades, graças à política e concorrência industrial que deixaram em desvantagem a produção indiana a partir da metade do século XVIII até boa parte do século XX. O que estava envolvido com frequência operava sub-repticiamente, mas podia distorcer profundamente os contatos culturais mais evidentes entre as duas sociedades.

Comerciantes e políticos britânicos logo perceberam que a manufatura indiana tinha de ser desestimulada se quisessem que a colônia se tornasse lucrativa para os imperialistas. No século XVIII, as leis britânicas buscaram limitar as importações das mercadorias manufaturadas indianas, especialmente tecidos de algodão, de forma que a indústria britânica incipiente pudesse se desenvolver. Tecidos de algodão, coloridos e de fácil lavagem, tornaram-se rapidamente populares na Grã-Bretanha, embora na Índia fossem um setor industrial antigo. Reduzir a produção indiana era o primeiro passo na rápida expansão e depois mecanização da produção na Inglaterra. O que a Inglaterra queria da Índia, em vez de sua força manufatureira tradicional, era a expansão da produção agrícola, em particular de itens como chás e especiarias, além de um mercado direto para a indústria britânica. A partir de 1760, com a Revolução Industrial na Inglaterra, essa reorientação começou a se acelerar. No início de 1800, dezenas de milhares de trabalhadores de manufaturas indianas, em grande parte mulheres, foram demitidos, pois seus métodos manuais não conseguiam rivalizar com as fábricas britânicas movidas a vapor.

O resultado foi o crescente empobrecimento de famílias indianas e uma redução severa nas possibilidades econômicas para as mulheres. De forma crescente, o serviço doméstico, a mendicância e, sobretudo, a agricultura eram as opções para as mulheres. A miséria afetava os homens também, mas estes em geral encontravam alternativas com mais facilidade. No início do século XX, por exemplo, em Bengala – uma das mais importantes regiões industriais da Índia – cerca de 90% dos empregos nas indústrias modernizadas (têxtil, mineração, metalurgia) estavam preenchidos por homens. O *status* relativo das mulheres e, com frequência, seu poder de negociação dentro das famílias declinaram.

Os funcionários britânicos resistiam em admitir esses desdobramentos. Em primeiro lugar, eles estavam lá para lucrar e não queriam perder vantagens imperialistas econômicas em nome de preocupação humanitária com as mulheres. Além disso, os valores britânicos do século XIX não favoreciam o emprego de mulheres. Ainda que houvesse muitas mulheres trabalhando na indústria britânica, a classe média mostrava-se desfavorável ao trabalho feminino, preocupada com as consequências na moralidade sexual e na vida familiar. A regulamentação do trabalho feminino foi introduzida por volta de 1850 e a porcentagem de mulheres empregadas começou a decrescer. Nesse contexto, a retirada de mulheres da força de trabalho manufatureira na Índia podia ser vista como uma benesse. As medidas coloniais frequentemente restringiam a oferta de trabalho para as mulheres, limitando seu trabalho na mineração, por exemplo, com uma lei de 1928. O processo de reduzir as oportunidades de trabalho das mulheres e piorar sua posição econômica relativa aos homens continuou por meio da combinação de políticas imperialistas explícitas e implícitas. Em Bengala, onde as mulheres se constituíam em 25% da força de trabalho manufatureira e de vendas nos anos 1880, a participação feminina em 1931 diminuiu para 14%. As oportunidades tradicionais encolhiam (fora da agricultura), enquanto os empregos nos setores em crescimento quase não surgiam. Embora os homens se mudassem muito em busca de novos empregos, as mulheres em geral ficavam confinadas às suas aldeias, onde as atividades de trabalho tornavam-se mais e mais marginais.

Nesse contexto, a superioridade do homem sobre a mulher se acentuou de forma evidente. Além do mais, os homens indianos, fustigados pela mudança econômica, com frequência ressentidos com as medidas imperialistas que os reduziam a um *status* subserviente no governo ou no exército, encaravam as vantagens tradicionais ou novas sobre as mulheres como compensação pelas tensões que experimentavam.

As deteriorações nas condições das mulheres, como resultado da intrusão econômica e política britânica, ajudam a explicar por que muitos resultados dos contatos culturais mostraram-se limitados. Também explicam por que as próprias mulheres não se mostraram particularmente ativas em explorar as oportunidades de reforma, pelo menos até o final do século XIX; o foco era no ajuste e sobrevivência, e não em inovações mais radicais. No entanto, houve outros tipos de contato, a princípio algo simbólicos, mas por fim significativos.

O IMPULSO REFORMISTA: DA INGLATERRA E DA ÍNDIA

Era fácil para os britânicos se sentirem chocados perante alguns dos relacionamentos entre homens e mulheres na Índia, em vista dos padrões que pensavam ter em casa. James Mill, dirigente da Companhia das Índias Orientais no século XVIII expressou isso de forma simples: "Nada pode exceder o desprezo habitual com que os hindus tratam suas mulheres". Um missionário, que tentava angariar fundos junto a um grupo de senhoras da igreja em sua cidade, de Liverpool, relatou: "A condição das mulheres indianas" pode ser descrita como "miserável, deseducada, meros animais mantidos para carga ou abate". O poeta Robert Southey assumiu a causa delas, escrevendo sobre o costume do *sati*, em que a viúva se junta à pira funeral do marido e se deixa queimar até a morte:

Oh! Sight of misery!
You cannot hear her cries, – their sound
In that wild dissonance is drowned;
But in their face you see
The supplication and the agony, –
See in her swelling throat the desperate strength
That with vain effort struggles yet for life;
Her arms contracted now in fruitless strife,
Now wildly at full length
Towards the crowd in vain for pity spread:
They force her on, they bind her to the dead.*

Mesmo funcionários do comércio mais severos se retraíam perante algumas práticas indianas, ainda que soubessem não ser uma boa tática política ou comercial interferir. Gradualmente, depois que o governo britânico reforçou seu domínio, algumas mudanças óbvias tiveram de ser implementadas.

O infanticídio de meninas foi de imediato chocante. Um funcionário da Companhia das Índias Orientais em 1789 descobriu que o infanticídio de meninas era uma prática disseminada mesmo em famílias nobres, como forma de limitar demandas de herança e evitar a vergonha de filhas solteiras. Ele conseguiu que um grupo de nobres se pronunciasse a respeito: "isso é um grande crime"; "nós sabemos que embora seja costume entre nós, é um grande crime". Houve um acordo inicial com pequeno impacto, e os britânicos prosseguiram tentando persuadir a população. Gradualmente, o governo colonial registrou sucessos na questão, a partir de meados do século XIX, quando o índice de sobrevivência de crianças foi nivelado entre meninos e meninas. Embora não houvesse consenso entre os funcionários sobre o quanto deveriam pressionar, e se os valores familiares indianos deveriam ser "ocidentalizados" ou simplesmente se adequarem a princípios indianos mais esclarecidos,

---

* N.T.: Oh, cena desgraçada! // Você não pode ouvir os lamentos dela – seu som! // Afogado nessa selvagem dissonância // Mas em sua face você vê // A súplica e a agonia, – // Vê em sua garganta dilatada a força desesperada // Que com vão esforço luta ainda por vida; // Seus braços contraídos agora em contenda inútil, // Agora com selvageria e por inteiro // Contra a multidão pede em vão por piedade ampla: // Eles a forçam, eles a atam aos mortos.

as mudanças foram positivas. Segundo um funcionário: "nós estamos navegando contra a torrente de sangue infantil derramado pelas mãos de pais desnaturados".

A questão do *sati* veio em seguida: de acordo com os valores britânicos, era crime forçar ou mesmo permitir que a esposa se imolasse porque o marido tinha morrido. Essa prática não era datada do início do hinduísmo, mas do período pós-clássico. Não era muito comum, embora sua importância simbólica tenha sobrepujado seu papel real nas vidas das mulheres indianas. Ocorria, em particular, em algumas regiões importantes. O *sati* pretendia enfatizar a desimportância da vida de uma mulher sem o marido, além, é claro, da pouca importância, manifestada no hinduísmo, da vida terrena. O sacrifício era uma forma de adquirir mérito espiritual. Também ajudava a aliviar a carga econômica de manter uma viúva, um assunto constante nas sociedades patriarcais. E sem dúvida era uma ilustração dramática, ainda que atípica, do domínio masculino na sociedade indiana.

Pelo final do século XVIII, funcionários britânicos começaram a agir contra o *sati* (governantes portugueses em Goa já por volta de 1510 condenavam essa prática, e alguns governantes muçulmanos de estados indianos também). A primeira tentativa usou de persuasão: a prática parecia profundamente enraizada no hinduísmo (mais, de fato, do que o infanticídio, que não tinha apoio na religião). De vez em quando, funcionários tentavam dissuadir uma viúva a se sacrificar na pira, embora em geral falhassem diante da obstinação dela em se juntar ao marido morto. Muitos relatos exigiam ação legal, mas o governo protelava. Tentaram-se alguns acordos, exigindo regulamentação estrita do *sati* para assegurar que fosse inteiramente voluntário e que nenhuma mulher grávida pudesse morrer. O governo se preocupava com a resistência indiana, eventuais rebeliões, se uma medida geral fosse imposta, mas afinal, tendo ganho maior controle da administração colonial, os britânicos abandonaram as hesitações e baniram o *sati* oficialmente em 1829. Qualquer auxílio a essa prática passou a ser encarado como homicídio. Houve pouca repercussão. Alguns homens indianos protestaram junto ao governo contra o que viam como interferência em seus direitos, e imolações ocasionais continuaram a ocorrer durante o mandato britânico. Passou-se mais uma década antes que a prática fosse banida, como resultado da pressão britânica, em alguns dos estados ainda governados por príncipes – o último *sati* principesco ocorreu em 1861, mas houve de fato uma mudança.

A mudança foi reforçada por reformadores indianos em campanha, apesar de o hinduísmo parecer sancionar a prática. Essa transição foi mais importante do que a imposição britânica. Vários líderes indianos, expostos às ideias britânicas, persuadiram-se de que a mudança era necessária. Em seu senso de justiça, na questão de gênero, estavam abertos a redefinições e sentiram embaraço com os ataques britânicos a sinais do que era visto como barbárie dos indianos. Rammohun Roy foi o líder indiano reformista do início do século XIX, dedicado a reformular o hinduísmo em inúmeros aspectos. Intelectual, Rammohun insistiu em defender uma cultura indiana separada e expurgada de aspectos que pareciam manter o atraso indiano aos olhos do Ocidente. O primeiro panfleto de Rammohun contra o *sati* apareceu em 1818, no momento em que os funcionários britânicos discutiam qual política adotar e alguns líderes indianos, resistindo à pressão britânica, argumentavam que a preservação do *sati* era vital para a independência religiosa. Contrário ao emprego de restrições legais, que iriam contra os direitos dos indianos, Rammohun demonstrou que o *sati* não se apoiava em textos hindus. Afirmava que a prática menosprezava as mulheres, negando-lhes os "excelentes méritos a que tinham direito por natureza". Rammohun acreditava que uma campanha de educação e persuasão, dirigida contra o *sati* mas envolvendo revisões mais amplas das ideias sobre as mulheres, eliminaria gradualmente a prática; temia as possíveis reações à proibição total. Compartilhava com os britânicos, no entanto, uma crença de que certas práticas indianas eram brutais, embora seu argumento fosse de que o hinduísmo puro e original não apoiava essa nódoa. Assim, quando o édito de 1829 finalmente passou, Rammohun juntou-se ao júbilo britânico. Agradeceu aos ingleses pela proibição, e alegrou-se "de que o hediondo pecado de crueldade para com as mulheres não mais seria cometido", acrescentando, em apoio a sua agenda maior, "que o sistema mais antigo e puro da religião hindu não deveria mais ser arruinado pelos próprios hindus". Apoiou com vigor a rejeição dos britânicos às petições indianas.

A trajetória reformista continuou a atacar aspectos da prática de casamentos dos indianos, à medida que os britânicos prosseguiam pressionando a tradição hindu e estimulando seus líderes a coordenarem e atualizarem as leis religiosas. A tradição hindu há muito proibia as viúvas de se recasarem, principalmente nas classes altas. Mais uma vez o objetivo era enfatizar a ligação com um marido e impedir a dispersão da propriedade do marido. O efeito, no entanto, podia ser devastador, pois as viúvas, sem meios próprios de sobrevivência, podiam cair na miséria, e consumir as posses da família. O problema era complexo quando um casamento tivesse sido arranjado na infância – prática comum nas castas altas – e a viúva não fosse ainda adulta. As perspectivas para o resto da vida dela eram muito áridas. Funcionários britânicos, a partir dos costumes de sua própria sociedade, olhavam com desconfiança para casamentos arranjados na infância, mas evitavam interferir. A questão das viúvas, embora um assunto menor, era muito problemático e chamava a atenção. Uma lei de 1859 legalizou o recasamento das viúvas e legitimou as crianças nascidas dessas uniões. A propriedade do marido morto, no entanto, voltava para seus herdeiros mais próximos; a viúva que se recasava não tinha direito sobre ela, embora a propriedade que ela tivesse levado ao casamento permanecesse intacta. Esse resultado, curiosamente, prejudicou as mulheres que (por sua casta baixa ou pela região em que viviam) não estavam sujeitas à lei hindu estrita – mais um caso em que o contato cultural infligia inesperado dano pela complexidade das tradições envolvidas e pelas limitações dos padrões modernos. A nova lei fez surgir uma porção de casos submetidos às cortes britânico-indianas nas décadas seguintes, principalmente sobre questões de propriedade. Uma lei de 1937 finalmente revisou o édito, permitindo às viúvas compartilhar a propriedade do falecido marido mesmo quando recasavam; as leis mais igualitárias na Índia independente, depois de 1947, permitiram mais igualdade ainda no acesso à propriedade.

Os reformistas britânicos pretendiam, com clareza, melhorar o que viam como aspectos mais danosos da tradição indiana, que pesavam sobre os ombros das mulheres quando julgadas pelos padrões ocidentais. Propuseram mudanças cautelosas. O impacto foi frequentemente limitado e em alguns casos pioraram a situação das mulheres, mas algumas práticas indianas tradicionais foram reconsideradas. De igual importância foi o estímulo para os reformistas indianos repensarem questões de gênero, uma corrente que se ampliou dali para frente.

As medidas reformistas, no entanto, não envolveram as vozes das próprias mulheres. Tanto os líderes britânicos quanto os indianos não consideraram útil consultar as mulheres; as medidas deveriam ser tomadas em seu nome, como parte da benevolência patriarcal. Assim, não é possível saber o que as mulheres pensavam das reformas iniciais, ou quão amplamente isso as tocava. O contato cultural nessas décadas, amortecido pelas condições econômicas em deterioração, foi limitado não só pelas hesitações dos reformadores, mas também por seus preconceitos.

MEMSAHIBS E OUTRAS VOZES FEMININAS

Outra forma de contato cultural desenvolvido durante o primeiro século ou pouco mais de mandato colonial britânico foi a presença de mulheres inglesas na Índia. As consequências também foram limitadas e ambivalentes.

A política britânica inicialmente desencorajava as esposas de acompanhar os maridos à Índia, porque a vida seria difícil e tediosa. Muitos homens se casavam com portuguesas ou mulheres de outra origem. A política da Companhia das Índias Orientais se deslocou, no entanto, no final do século XVIII, para subsidiar mulheres inglesas aventureiras que quisessem ir à Índia em busca de marido. Por volta do século XIX, um notável grupo de esposas inglesas residia na Índia, e as da alta classe eram conhecidas como *memsahibs*. A vida delas girava em torno de dirigir uma equipe de serviçais indianos, cuja língua quase nunca dominavam. A tolerância pela cultura indiana diminuiu no decorrer do século, à medida que a Grã-Bretanha prosperava e construía enclaves isolados nos quais os costumes europeus se acomodavam ligeiramente ao ambiente indiano. O cotidiano concentrava-se em rituais sociais, realçados por jantares em que a comida era uma versão indiana de pratos ingleses, cozinhados por pessoas do lugar em cozinhas de campanha em que a *memsahib* nunca punha os pés. A vida se tornou uma caricatura do ideal doméstico britânico, com mulheres circunspectas, mas inúteis, concentradas em assuntos domésticos e sociais, defendidas da realidade do mundo exterior. As esposas dos funcionários do serviço civil eram descritas como obtusas: "As senhoras civis são em geral muito quietas, sem energia, falam sussurrando, se vestem de maneira simples, quase sempre elegante".

É incerto o impacto que esse grupo europeu teve, apesar das discussões acirradas dos historiadores. Os serviçais indianos evidentemente aprenderam muito sobre as mulheres europeias, mas a ligação foi pouca. Sua aversão não podia ser mostrada abertamente como a das *memsahibs* a respeito da Índia, mas foi sem dúvida bem forte.

No entanto, a situação não estacionou. No final do século XIX, um crescente número de cargos subordinados do serviço civil era preenchido por indianos. Isso determinou uma socialização limitada e muito tímida com mulheres britânicas, e com esse contato, um conhecimento maior dos costumes europeus relativos a gênero. E mais importante: houve mudanças nas próprias mulheres inglesas. O final do século XIX viu crescer o ativismo e a atuação em reformas sociais por parte de mulheres, complementando o ideal doméstico. Começou com a presença de algumas mulheres, para em seguida se estender a grupos maiores, que introduziram um novo leque de opções em suas vidas na Índia. Além disso, cresceu o número de mulheres inglesas em trabalhos missionários.

Algumas mulheres inglesas começaram a pressionar por mudanças em vários aspectos da vida indiana, desde saúde até casamento. A crescente preocupação pelos direitos das mulheres na Inglaterra acaba se traduzindo numa atenção para com as relações de gênero na colônia. Flora Steele, por exemplo, que acompanhava o marido num posto fronteiriço remoto, decidiu imprimir mudanças em sua vida. Aprendeu a língua local e se dedicou tanto a transmitir informações sobre a Índia para outras *memsahibs* quanto a estimular a educação das mulheres – um movimento que se fortalecia na Europa Ocidental e agora era aplicado à colônia. Abriu uma escola de meninas e foi indicada para inspetora de escolas femininas em toda a província. As missionárias também desenvolveram esforços educacionais, começando com uma primeira escola para "meninas nativas" em 1818. Por volta de 1901, com algum apoio do governo, havia 5.628 escolas primárias e 467 escolas secundárias, orientando 44.470 indianas e também capacitando futuras professoras.

Esse tipo de iniciativa cresceu no século xx com a chegada de mulheres britânicas, americanas e de outros países na Índia para aprimorar a saúde e a educação das mulheres. Nessas alturas, as mulheres também levavam um novo estilo de vida, interessando-se por novas modas, cosméticos e tipos de danças e festas. As mulheres se empenharam em capacitar enfermeiras e parteiras indianas na medicina ocidental. Em 1916, foi fundada a Faculdade de Medicina Lady Hadringe, inteiramente constituída de mulheres indianas, e em 1922 foi criada outra escola de medicina para mulheres em Madras.

Muitas iniciativas foram proteladas pela administração colonial e pela oposição de homens indianos, incluindo reformistas que apesar de tudo persistiam em manter as mulheres "no banco de trás". Havia mais do que a supremacia masculina envolvida aqui, pois várias escolas também ensinavam hábitos alimentares e formas de se vestir ocidentais, ao mesmo tempo em que promoviam o cristianismo ou pelo menos neutralidade religiosa. As próprias mulheres indianas podiam colocar objeção a esses aspectos do intercâmbio cultural. Além do mais, pelo tamanho da população indiana, mesmo as iniciativas mais bem-sucedidas só alcançavam uma pequena parte das pessoas, predominantemente das cidades e da classe alta.

Paralelamente às mudanças nos papeis de algumas mulheres ocidentais na Índia, surgia a nova voz das mulheres indianas instruídas. Nos anos 1880, por exemplo, Pandita Ramabai publicou (nos Estados Unidos) uma análise sarcástica da vida das mulheres na Índia, pondo em evidência as altas castas e criticando a negligência dos funcionários britânicos, assim como a tradição hindu. Estimulada pela infelicidade conjugal da irmã, decorrente de um casamento arranjado na infância, do qual a comunidade hindu não lhe permitia se libertar, Ramabai também se viu influenciada pelos padrões familiares bem diversos que encontrou nas viagens para a Inglaterra. Seu alvo era a colônia e o hinduísmo. Denunciou a limitação das leis contra o infanticídio feminino, por exemplo, observando que o censo de 1881 registrava cinco milhões de homens a mais do que mulheres. Descreveu a servidão da maior parte dos casamentos, incluindo frequentes abusos, reclamando que pela lei hindu as mulheres eram classificadas no nível de animais e escravos. Vozes independentes desse tipo eram raras, mas refletiam o impacto sobre as mulheres indianas das ideias ocidentais, recebidas pela instrução ou por viagens.

No início do século xx, surgiram várias revistas femininas na Índia, escritas ou por indianas ou inglesas, nas quais uma avaliação dos costumes matrimoniais indianos figuravam com destaque. Num artigo, por exemplo, uma mulher escreveu:

> Uma jovem, pura como as águas do Ganges, vê-se casada com um velho viúvo de 67 anos que não apenas tem inúmeros filhos e filhas adultos, mas é também avô. Esses casamentos são frequentes na sociedade, e apoiados nessa prática os homens podem tratar as mulheres como descartáveis, e dizer que se o sapato velho está furado, vão usar outro, e não veem por que lavar uma roupa em frangalhos ou lamentar uma mulher.

A essa altura, as mulheres indianas instruídas pressionavam por inovação à sua volta, refletindo a influência ocidental, mas não mais dependendo de modelos ocidentais explícitos.

Nacionalismo e reforma

A ascensão de movimentos em prol de maior autonomia nacional e depois independência refletiu muitas das ambiguidades do intercâmbio da Índia com o Ocidente no final do século xix. Os primeiros movimentos nacionalistas eram liderados por homens. Mostraram-se fortemente influenciados pelos ideais políticos ocidentais – as ideias de nação e lealdade nacional eram importadas –, mas não priorizavam problemas de gênero. O próprio nacionalismo europeu tinha sido um domínio masculino, buscando mudança política e militar, mas mantendo o *status quo* no que dizia respeito às mulheres. O nacionalismo indiano também realçava a validade de vários aspectos da tradição indiana, incluindo o hinduísmo, que potencialmente limitava mudanças nos papéis e relacionamentos de homens e mulheres. No entanto, os nacionalistas perceberam que seriam necessárias algumas alterações no hinduísmo para criar uma nação moderna e respeitável aos olhos de observadores estrangeiros e capaz de forjar novos níveis de unidade.

Muitos movimentos nacionalistas reformadores continuaram a pensar a mulher não como indivíduo, mas como esposa e mãe. Exigiam aprimoramentos na saúde e mesmo na educação das mulheres, mas com o fim de melhorar o atendimento da família.

Muitos realçavam a necessidade de melhores escolas, atacando o regime colonial por fracassar em fornecer padrões consolidados e rigorosos de educação para as mulheres (o que tem grande mérito), mas pressionavam por maior formação religiosa (hindu). Alguns defendiam determinados treinamentos domésticos como complemento. A ideia era de que a educação ajudaria as mulheres a se relacionarem com maridos instruídos e aprimoraria seu talento como mães – não que a instrução promoveria as mulheres como indivíduos ou as prepararia para outros tipos de trabalho. Era uma tensão que também existia nos debates ocidentais sobre a educação das mulheres, mas a discussão na Índia se desviava para um ponto de vista mais tradicionalista:

> O caráter da educação das meninas deveria ser diferente do dos meninos em vários aspectos essenciais [...]. A educação não deve dessexualizar as nossas meninas.

> Apesar de toda a tristeza e dor que um hindu instruído sente pela presente posição feminina na Índia, ele não deixará suas filhas e irmãs saírem pelo mundo em busca de emprego como as meninas europeias, muito menos aceitará outros excessos aos quais estão todas expostas pelas condições de vida.

No entanto, mesmo essa abordagem tímida teve resultados. Indianos de casta alta, tanto o homem como a mulher, aos poucos se acostumaram com a ideia de algum tipo de educação para as mulheres. As mulheres individualmente, operando dentro da órbita dos movimentos nacionalistas reformistas, puderam criar escolas – algumas delas com grande sucesso –, fazendo, entre outras coisas, a capacitação de um número crescente de professoras. Surgiu uma variedade de organizações e clubes femininos a partir dos movimentos reformistas. Ainda que mantendo uma visão bastante tradicional da mulher, os líderes masculinos também pressionaram por outras mudanças, incluindo limitações ao casamento na infância e melhores direitos para as viúvas – vistas como vitais para criar uma atmosfera familiar mais saudável.

Essas tentativas iniciais avançaram para um acolhimento mais nacionalista dos direitos educacionais, políticos e legais das mulheres, a partir do século xx. Gandhi, líder carismático surgido nos anos 1920, pediu explicitamente o apoio das mulheres. Milhares de mulheres, incluindo de casta alta (e instruídas), participaram das manifestações, vivendo pela primeira uma experiência política. A ênfase na não-violência foi crucial para convencer as mulheres a se aventurarem em atividades fora do confinamento doméstico, à medida que o velho costume do *purdah* começou cair em desuso (ver apítulo "O budismo e as mulheres chinesas"). A respeito disso, Gandhi afirmava que "a salvação da Índia depende do sacrifício e da iluminação de suas mulheres... Homem e mulher são um só, seus problemas são iguais em essência. A alma em ambos é igual". Ainda assim havia restrições: "o dever da maternidade, que a vasta maioria de mulheres sempre assumirá, requer qualidades que o homem não precisa possuir. Ela é passiva, ele ativo". Gandhi discretamente reviu o hinduísmo, atribuindo-lhe um papel de equilibrador explícito de almas, e também defendendo uma educação de alta qualidade, mas manteve contato com tradições mais antigas.

Na independência, em 1947, as mulheres ganharam direito de voto, *status* igual de cidadãs e licença para ocupar cargos em qualquer nível para os quais fossem eleitas. Em 1955, a lei matrimonial hindu deu às mulheres o direito ao divórcio e elevou para 15 anos a idade mínima de se casar. Outras medidas deram às meninas direitos iguais aos dos meninos quanto à herança de propriedades. Por volta de 1956-7, 40% das mulheres com direito a se candidatar efetivamente o fizeram e um grande número delas foi eleito para os parlamentos nacional e estadual.

Conclusão

Os resultados do contato cultural para as indianas foram e continuam a ser extremamente complexos. A pressão e o exemplo britânico abriram polêmica sobre inúmeras práticas tradicionais. Contatos coloniais e esforços desenvolvidos por algumas mulheres ocidentais na Índia ajudaram a estimular outras mudanças. O zelo britânico por reformas foi, no entanto, limitado tanto por um interesse imperialista no lucro e na estabilidade quanto pela longa insistência no papel doméstico das mulheres. As reações indianas foram igualmente complexas. A associação das reformas com o Ocidente podia gerar oposição. Aspectos do nacionalismo indiano estavam ligados à reafirmação dos papéis e ideais tradicionais. Toda a questão de contatos estava condicionada por padrões amplamente desfavoráveis de mudança econômica, em particular no que dizia respeito às massas rurais.

Uma consequência do contato foi bem familiar: o impulso em direção ao sincretismo. Poucas mulheres na Índia se converteram ao cristianismo; em vez disso, buscaram mudança ou continuidade dentro de uma das religiões estabelecidas. Muitas mulheres instruídas das cidades, conscientes dos valores ocidentais e ávidas de se defenderem da repressão tradicional, continuavam, no entanto, a aceitar certos costumes, como os casamentos arranjados. Algumas punham em dúvida se a mudança realmente trazia liberdade para as mulheres, em vista das exigências ocidentais com dietas e aparência para atrair os homens. Poucas indianas abraçaram os costumes ocidentais totalmente. Tratava-se de um padrão de contatos entre culturas bem definidas, mas acentuado por constrangimentos e complexidades decorrentes de uma prolongada interação com o Ocidente.

Por fim, a mudança foi desigual (como em todas as sociedades do século xx). A Índia absorveu muitos direitos legais e políticos ao estilo ocidental. No entanto, com o fundamentalismo hindu surgido nos anos 1980, casos ocasionais de *sati* e infanticídio feminino ou negligência de meninas tornaram a acontecer (ainda que contra a lei), enquanto a violência ligada a questões de dote mostrou a persistência de uma determinada visão de casamento por parte de uma minoria masculina extremista. A modernidade no que diz respeito a gênero não se instalou na Índia com unanimidade. Se de um lado as tensões nacionais entre tradição e mudança foram compartilhadas com outras sociedades, inclusive Europa Ocidental e Estados Unidos, aspectos específicos continuaram distintos.

Para saber mais

A experiência de homens e mulheres indianos sob o colonialismo tem sido muito discutida nos últimos anos, graças à atuação e teoria feminista e à reação contra a ideia de equiparação entre influência britânica e progresso: Kumkum Sangari e Sudesh Vaid (eds.), *Recasting Women*. Essays on Indian Colonial History (New Delhi: Kali for Women, 1989; New Brunswick, NJ: Rutgers University Press, 1989); Mary Ann Lind, *The Compassionate Memsahibs*. Welfare Activities of British Women in India (New York: Brenwood Press, 1988); Rita Kranidis, *Imperial Objects*. Essays on Victorian Women's Emigration and the Unauthorized

Imperial Experience (New York: Twayne Publishers, 1998; London: Prentice Hall International, 1998); J. Krishnamurty, *Women in Colonial India*. Essays on Survival, Work and the State (New Delhi e New York: Oxford University Press, 1989). Sobre estudos de homem e Colonialismo na Índia: Anne McClintock, *Imperial Leather*. Race, Gender, and Sexuality in the Colonial Contest (London e New York: Routledge, 1995); Grahan Dawson, *Soldier heroes*: British Adventure, Empire, and the Imaging of Masculinities (London/New York: Routledge, 1994); Mrinalini Sinha, *Colonial Masculinity*: The "Manly Englishman" and the "Effeminate Bengali" in the Late Nineteenth Century (Manchester: Manchester University Press, 1997).

Influências ocidentais e reações regionais: a Polinésia e a África

Os contatos ocidentais com as ilhas do Pacífico ou Oceania e com a África subsaariana intensificaram-se no século XIX. Partes do Pacífico, como a Polinésia – com arquipélagos como os do Taiti e Havaí –, registraram uma penetração significativa no século XVIII, em seguida uma eclosão de atividades comerciais, missionárias e por fim coloniais, a partir de 1820. Essas regiões tinham estado isoladas durante muito tempo de outras partes do mundo, de forma que a chegada de estrangeiros acabou sendo ao mesmo tempo atraente e desagregadora. Na África subsaariana, o imperialismo ocidental irrompeu a partir de 1850/1860. Aqui as sociedades locais tinham tido longo contato com outras partes do mundo, mas a intensidade dessa penetração política, religiosa e comercial feita pelo Ocidente não teve precedentes. Tanto na Polinésia, quanto na África, os ajustes básicos do intercâmbio com o Ocidente – incluindo os Estados Unidos e a Europa Ocidental – estenderam-se pelas primeiras décadas do século XX.

O intercâmbio com a Polinésia e a África teve profundas implicações para a questão de gênero, ainda mais profundas do que as na Índia. Apesar de o contexto colonial ter sido semelhante ao da Índia, as diferenças de tradição, de poder e os modelos apresentados pelo Ocidente tiveram seu papel. Muitos dos resultados mostraram semelhança com a experiência anterior nas Américas, particularmente pelo empenho do cristianismo missionário. Também como nas Américas, a população local reagiu de várias formas aos missionários; alguns, entre os quais grande número de mulheres, sentiram-se muito atraídos, ao passo que outros se ressentiram da interferência na questão de identidade de gênero. O modelo ocidental no século XIX era diferente do apresentado aos índios americanos. Havia um código sexual mais severo e uma insistência numa definição mais respeitável de família, com papéis bem diferentes para o homem e a mulher. Isso era acompanhado de uma exploração econômica muito mais extensa, pois o Ocidente industrial foi mais rápido em penetrar as economias locais do que o Ocidente comercial tinha sido nos séculos XVI e XVII. Esse aspecto se juntou ao impacto do intercâmbio cultural, com maiores resultados do que no caso indiano.

Uma principais diferenças nos padrões da Polinésia e da África com relação à Índia, no século XIX e início do XX, diz respeito ao fato de que as incursões missionárias foram maiores. Como a maior parte dos indianos se manteve ligada ao hinduísmo ou islamismo, as intervenções ocidentais, embora significativas, foram restritas. (As mesmas restrições aplicadas a regiões africanas muçulmanas, que não se viram atraídas pelos apelos missionários cristãos.) Foi também na Polinésia e na África que os imperialistas ocidentais deram maior vazão ao sentido civilizador de sua missão – o chamado "dever do homem branco" – para levar a iluminação aos povos atrasados.

Missionários ocidentais e funcionários da colônia – cujas políticas, como veremos, não eram as mesmas, especialmente na África – sem dúvida pensavam estar melhorando a condição da mulher como parte dos benefícios proporcionados pelos padrões ocidentais. Houve, de fato, algumas mudanças potencialmente positivas, com indícios de que os locais se sentiam atraídos por certos aspectos do modelo ocidental. Mas pesquisas recentes, incluindo avaliações das próprias mulheres, têm enfatizado a desorganização e estrago proporcionados pelas incursões ocidentais. Sistemas tradicionais longamente estabelecidos foram destruídos por bem-intencionadas reformas combinadas com exploração econômica menos bem-intencionada. O resultado, inevitavelmente, não foi a ocidentalização total, pois os locais retiveram importantes elementos do passado e tiveram, além disso, de reagir ao potencial desorganizador. No entanto, houve mudança e novas divisões, à medida que diferentes grupos se ajustaram de várias maneiras. Entre outros resultados, as disputas de gênero acrescentaram elementos às confusões proporcionadas por décadas de contatos.

As interações com modelos culturais externos na Polinésia e na África afetaram a história de regiões importantes do mundo em termos humanos. Ampliaram a longa história do impacto do Ocidente sobre relacionamentos de gênero nos séculos modernos, com toda a sua complexidade. Aqui estava envolvida uma série de aspectos locais, como tabus de gênero que garantiam a confiança, tanto na Polinésia quanto na África, nos relacionamentos da família extensa. Além disso, alguns componentes tinham estado presentes em casos antigos como os das Américas e da Índia, a começar pela distância entre as intenções professadas pelos ocidentais e os reais resultados. Assim como em casos anteriores, os novos padrões justapunham protótipos externos que tinham sistemas de gênero ativos, bem desenvolvidos e em geral muito tradicionais. Repensar os casos antigos permite fazer previsões sobre as linhas principais de troca, antecipando detalhes. O que seria mais atraente nos modelos ocidentais? O que seria mais destrutivo? Os missionários e imperialistas deram pouca atenção às sutilezas históricas, convencidos de sua contribuição aos padrões que consideravam indiscutivelmente civilizados, mas os analistas históricos podem enxergar isso melhor, a partir da análise de casos anteriores.

A Polinésia

Governantes importantes em partes da Polinésia, como o rei Kamehameha no Havaí, ficaram impressionados com os padrões ocidentais, no início: não fosse por outra razão, a superioridade da tecnologia naval ocidental marcava ponto. O interesse em reformas de estilo ocidental, tanto para fortalecer reinos regionais como para simplesmente evitar embaraços aos olhos europeus, surgiu cedo. Ao mesmo tempo, eram tão evidentes os contrastes entre os padrões de gênero ocidentais e as tradições locais, que os relacionamentos entre homens e mulheres imediatamente se tornaram tema de reforma. Foi nesse contexto que, logo após a morte de Kamehameha, seu jovem filho decidiu acabar com um tabu tradicional, o *kapu*, que impedia homens e mulheres de comerem juntos. Num banquete em 1819, ele se juntou à mesa das mulheres, declarando que "os tabus estão no fim... os deuses são uma mentira".

Os missionários chegaram logo depois, tanto da Europa quanto dos Estados Unidos. Encontraram muita coisa aflitiva na situação da mulher, além da ausência do cristianismo. A forma de se vestir e a sexualidade eram temas importantes. A maior parte dos ocidentais supunha que as mulheres fossem profundamente corrompidas em vista da liberdade sexual de que gozavam na juventude; muitos acreditavam que atividade sexual precoce e promíscua era também um sinal da degradação das mulheres. Assim, parecia importante não só para o decoro, como para o interesse das próprias mulheres, fazer pressão por mudanças no vestuário, que cobriria corpos nus, e outras alterações como restrições a danças tradicionais provocativas como a hula. Os missionários também exigiram a interrupção de abortos e infanticídio, usados como forma de controle da natalidade. As restrições sexuais, no ponto de vista do Ocidente contemporâneo, fariam esse controle. O aborto tinha sido tolerado por muito tempo também no Ocidente, mas por volta de 1820, 1830, tornara-se crime para desencorajar excesso de atividade sexual. Os havaianos resistiram a muitas das mudanças, mas no decorrer do tempo se curvaram perante questões como estilos de vestuário. Os missionários e suas esposas não ficaram muito convencidos dos procedimentos tomados, mas por volta dos anos 1840 mencionaram alguns avanços.

A introdução da educação formal para jovens mulheres, e mesmo adultas, foi feita de maneira mais suave. Aparentemente, muitas estavam interessadas, e os professores missionários logo observaram meninas "ansiosas por aprender" ou "que repetiam com prazer suas lições". Embora os missionários estivessem particularmente voltados para converter os homens ao cristianismo, como cabeças da família, muitas mulheres tomaram a liderança. Nesse caso, parecia que os missionários estavam oferecendo novas perspectivas para as mulheres, ainda que as religiões politeístas tradicionais reservassem papéis de liderança significativos para algumas mulheres.

Os missionários também induziram mudanças no trabalho. Ficaram estarrecidos com a quantidade de trabalho das mulheres fora de casa, enquanto os homens pareciam desocupados e as mulheres desproporcionalmente focadas em assuntos domésticos. Do ponto de vista deles, na família respeitável cabia ao homem prover a renda básica, e às mulheres manter a casa limpa e tomar conta das crianças. O trabalho na agricultura era "inadequado para o sexo feminino", "depreciativo para as mulheres e hostil ao aprimoramento moral". Assim, deu-se considerável atenção em promover habilidades femininas como a costura (que trazia o benefício adicional de produzir roupas "decentes"), e empregar os homens nos campos. Um resultado evidente foi uma crescente desigualdade de poder econômico entre homens e mulheres, comparado aos padrões tradicionais polinésios, ampliado pela insistência dos missionários de que as mulheres respeitassem a autoridade dos maridos – como era o padrão corrente na Europa e nos Estados Unidos.

A pressão dos missionários acabou rompendo tradições da família extensa. Aquela considerada adequada era a nuclear, e as tradições familiares antigas, em que muitos adultos diferentes colaboravam no cuidado com as crianças, foram vigorosamente reprovadas.

O resultado da perseverante campanha por mudanças foi a redução de muitos dos controles que as mulheres polinésias mantinham em suas vidas. Tornou-se mais difícil regular o número de nascimentos ou de crianças, dados os esforços de suspender os métodos tradicionais. Os cuidados das crianças ficaram afetos individualmente a mulheres. Ocorreram ganhos educacionais, mas seu impacto foi atenuado pelas restrições às oportunidades de trabalho. Acima de tudo, a consequência do contato com persistentes padrões do Ocidente trouxe confusão e dissensão. Foi difícil abrir mão de inúmeras tradições para assumir uma feição ocidental, mas também foi virtualmente impossível manter os costumes tradicionais sem qualquer modificação. O poder e a autoconfiança dos modelos ocidentais não puderam ser estremecidos e a resistência formal foi quase inexistente. Deixou-se que os homens e as mulheres individualmente dessem sentido às novas combinações possíveis.

Mais tarde, é evidente, os próprios modelos ocidentais mudariam. O advento do turismo do final do século XIX em diante trouxe novos modelos de consumismo e sexualidade. Alguns visitantes ocidentais tentaram se aproveitar dos interesses dos polinésios, reais ou imaginários, no desfrute sexual e de danças sedutoras, e, em consequência, contrastando com as décadas iniciais da interação, desenvolveu-se uma mútua influência. Campanhas feministas também marcaram ponto, exigindo novos tipos de direitos. O processo de ajustes continuou durante o século XX.

Os padrões de interação entre a Europa Ocidental e a Polinésia também se aplicaram à Nova Zelândia, em que a população maori representava um grande grupo de polinésios. (A imigração polinésia para a Nova Zelândia, em particular para a Ilha Norte, ocorreu entre 1150 e 1450.) Como em outros lugares, o contato com o Ocidente primeiro se desenvolveu na forma de comércio disperso, com pouco impacto cultural, mas a colonização foi agilizada depois de 1814, com a atividade missionária católica e protestante seguindo ao encalço.

O impacto europeu foi acelerado por vários fatores conhecidos. As estruturas social e política maoris foram severamente avariadas pela intrusão europeia, incluindo confiscos de larga extensão de terras. As doenças também se espalharam. A população maori decresceu consideravelmente nos anos 1850 (para 56.000), caindo para 42.000, por volta de 1896. Os europeus, incluindo os missionários, impunham seus padrões culturais, mas também seus métodos agrícolas, que evidentemente eram mais produtivos. Ficava difícil resistir inteiramente. Pelos anos 1850, a maior parte dos maoris tinha se tornado, pelo menos oficialmente, cristã.

Houve algumas características especiais. Tradicionalmente, os maoris eram polígamos e fortemente patriarcais, como em outros pontos da Polinésia. As proibições de contato, por exemplo, durante as refeições, eram menos severas. Os europeus criticavam os maoris por subjugarem as mulheres, mas de fato não entendiam as características da religião politeísta que atribuía muito poder a elas, em particular associado à sexualidade. Novamente o impulso dos europeus foi de preceituar uma diferenciação de gênero mais ocidental, com as mulheres confinadas a papéis domésticos, mas muito louvadas por boa conduta. Havia ainda outro aspecto diferencial no contexto da Nova Zelândia: em algumas partes da Ilha Norte, a liderança maori havia muito se encontrava bem organizada, capaz de insuflar rebeliões (ainda que infrutíferas) contra o governo colonial inglês nos anos 1860. As pressões do governo por assimilação foram crescendo e, em 1879, o Estado tomou o controle da educação maori. No entanto, permitiu certa liberdade de preservar alguns costumes – como a extensa tatuagem dos homens – e a sinergia das tradições religiosas com o cristianismo. As mulheres maoris, no século xx, exigiram acesso a profecias e revelações religiosas que pudessem lhes dar considerável voz política. A visão europeia das tradições familiares maoris era especialmente severa, atenuada, no entanto, pelo desejo de manter relações pacíficas de raça. As pressões em prol de assimilação, porém, continuaram, em particular quando alguns maoris começaram a se mudar para cidades maiores e os casamentos mistos aumentaram.

As condições na Nova Zelândia também estimularam inovações bastante precoces em leis a respeito de relacionamento homem-mulher. Como em muitas sociedades coloniais ocidentais, em que as mulheres de origem europeia eram minoria e seu trabalho na agricultura de fronteira excepcionalmente valioso, manifestações por mudanças na questão de gênero emergiram com força na segunda metade do século xix. A Nova Zelândia se tornou a primeira nação, em 1893, a permitir a mulheres adultas votarem, e outras leis garantiram maior igualdade no acesso ao trabalho e ao divórcio. Esses acontecimentos não decorreram diretamente da interação cultural entre europeus e polinésios, mas foram inseridos no processo de assimilação durante o século xx.

ÁFRICA SUBSAARIANA

As questões de gênero não apareceram de forma tão ampla nos contatos ocidentais na África, a partir da metade do século xix, como na Polinésia. Grandes rivalidades de poder, acontecimentos econômicos turbulentos e ataques à escravidão africana eram problemas considerados mais importantes. A interação europeia com a África também foi complicada por dissensões entre missionários cristãos e funcionários coloniais. Os missionários logo desenvolveram um programa parecido com o da Polinésia, tentando inculcar ideais de família no estilo ocidental num contexto tradicional bem diferente. Os funcionários coloniais, no entanto, não queriam se arriscar a choques com os africanos, pois seu objetivo era a estabilidade política. Assim, mostravam-se lentos em regulamentar os comportamentos que os missionários achavam necessários.

As questões de gênero variavam nas diferentes partes do enorme subcontinente ao sul do Saara, e em geral as mulheres tinham mantido várias formas de poder antes do contato colonial. Com frequência, trabalhavam em diversas tarefas na agricultura e assumiam responsabilidades significativas no comércio de mercadorias. Algumas eram chefes, uma vez que o poder político não se confinava aos homens; outras detinham funções religiosas. As mulheres em geral criaram associações e conquistaram voz política informal; existia uma forte tradição de participação feminina em protestos. Muitos grupos obedeciam a descendência matrilinear na organização familiar.

Isso não fazia sentido para os padrões europeus ocidentais contemporâneos. Funcionários coloniais e missionários estavam interessados em promover o trabalho dos homens, como fonte de mão de obra nas minas e em propriedades rurais voltadas para a agricultura comercial e funcionando como uma base para novos sistemas de arrecadação de impostos. Os papéis tradicionais de trabalho para as mulheres pareciam pesados, além de as impedir de dedicar a atenção adequada a suas famílias. Assim, uma lei de 1929, na região que hoje é Gana, levou à prisão mulheres comerciantes junto com prostitutas. Houve grande pressão para confinar as mulheres a um pequeno número de tarefas, em geral bastante relacionadas com atividades domésticas, enquanto aumentava-se o distanciamento entre os papéis econômicos masculino e feminino. E quando as pressões comerciais estimularam os homens a deixar as famílias para trabalhar nas minas ou nas indústrias urbanas, a distância aumentou ainda mais. As mulheres africanas se tornaram mais dependentes economicamente, e os missionários as estimularam a se tornar dóceis cuidadoras do lar. Foram desenvolvidos numerosos programas visando a transformá-las em "companheiras civilizadas" ou "esposas mais suaves e melhores mães".

Os direitos políticos das mulheres também foram restringidos. As políticas coloniais britânicas reprovaram conselhos locais que tinham participação de mulheres, e manifestações que contavam com a presença das africanas, por exemplo contra novos impostos, eram enérgica e, às vezes, brutalmente reprimidas. Segundo a visão colonial, as mulheres não deveriam ter papéis políticos, e as restrições cuidadosas serviram para a reforma na questão de gênero e para a proteção da ordem pública. Alguns oficiais ocidentais chamavam os homens africanos de "maridos mansos", quando suas mulheres exerciam em funções públicas.

Com a ajuda dos missionários, uma variedade de tradições de família foi condenada, e gradualmente algumas das condenações inspiraram leis coloniais. Como na Polinésia, o objetivo claro era promover a família nuclear. Os casamentos arranjados, em particular quando as meninas eram muito novas, foram contestados em nome da liberdade de escolha. Regulamentos coloniais franceses gradualmente se voltaram contra o casamento infantil, ao mesmo tempo que exigiam o consentimento de ambas as partes em caso de casamento adulto. A oposição à poligamia foi forte. Os costumes que permitiam à mulher retornar à família paterna se o casamento se dissolvesse ou que davam a viúva em casamento ao irmão do falecido marido, como forma de solidariedade familiar e apoio, também foram contestados, inclusive com promulgação de leis.

O modelo ocidental também promoveu a educação formal das mulheres, embora por vezes com o objetivo de ensinar habilidades domésticas, como costura etc. Abriram-se escolas para meninas em várias partes da África, no início do século xx, com implementos de "moral, educação literária e industrial". Muitas alunas aspiravam a tornar-se professoras ou enfermeiras, mas por volta de 1930 um bom número de mulheres se aventurou mais longe. Uma mulher nigeriana se formou na Oxford University em 1934, enquanto a primeira advogada começou a atuar na Nigéria em 1935.

A instrução também podia desencadear novos tipos de atividade econômica, apesar da pressão ocidental por domesticidade, e também novos tipos de organizações femininas. Foi formada uma Liga Feminina em Lagos, na Nigéria, nos anos 1920, que buscou apoio governamental para promover educação e saúde pública e impedir a prostituição feminina.

Grande parte da atenção voltou-se para a sexualidade. Crenças europeias racistas tendiam a enfatizar o que era visto como excessiva sexualidade africana. Havia grande desconforto com relação à presença de mulheres europeias na África, pelo "risco" sexual. Parte dessa preocupação se traduziu em tentativas de regular o comportamento feminino, em particular nas cidades. Precisamente por causa das novas limitações em atividades econômicas, algumas mulheres africanas tornaram-se prostitutas urbanas, e eram alvo de grande preocupação. Foi nesse contexto que algumas administrações coloniais aprovaram leis contra o adultério feminino, deixando o comportamento masculino intocado. Muitos africanos cristãos, tanto homens quanto mulheres, juntaram-se às tentativas de controlar o comportamento sexual, como questão de convicção religiosa. Também foram desenvolvidas campanhas entre homens africanos das cidades, ainda mais amplas. Aqui, a religião e o desejo de respeitabilidade eram suplementados por tentativas de reforçar a autoridade masculina sobre mulheres e filhas potencialmente teimosas. Muitos homens africanos sentiram uma profunda insegurança econômica e sujeição a empresas comerciais ocidentais para as quais trabalhavam em cargos subordinados e geralmente segregados. Assegurar o domínio das mulheres, nesse cenário, era uma evidente compensação. Nesse contexto, os movimentos reformistas tinham espaço para atacar não só as prostitutas, mas também outras mulheres que imitavam uma série de padrões ocidentais usando roupas europeias provocantes e cosméticos. Assim, um grupo de homens da Rodésia do Sul (hoje Zimbábue) insurgiu-se contra mulheres "com lábios e faces pintados" e exigiu que fossem presas.

> Antigamente, as meninas eram protegidas por seus pais até estarem bem maduras, mas hoje em dia parece que são autorizadas a fazer exatamente o que querem... Não deveria ser assim, ela pensa que porque é adulta está livre do controle dos pais. A sedução da vida de cidade toma conta dela e logo ela se torna imoral.

As reações africanas aos modelos de gênero ocidentais variaram. Alguns abraçaram novas oportunidades no cristianismo e em novas formas de educação. Outros, é evidente, sentiram-se atraídos pelos padrões de consumo. A maior parte das mudanças, no entanto, pouco ou nada compensou as perdas evidentes. As mulheres buscaram instrução e algumas vezes novos tipos de trabalho, em parte como reação às privações de atividades econômicas mais tradicionais. Novas associações, que algumas vezes incorporavam algumas das reivindicações das feministas ocidentais, raramente igualavam os poderes políticos detidos pelas mulheres antes da era colonial. Os homens africanos, também sujeitos às pressões econômicas e culturais de fontes ocidentais, ganharam maior poder econômico dentro das famílias, incluindo controle sobre a propriedade, graças à importação colonial das leis ocidentais sobre propriedade individual. Por outro lado, algumas africanas começaram a exigir reformas a partir dos novos papéis domésticos ao estilo ocidental. Em Zâmbia, por exemplo, elas passaram a denunciar negligência e agressão, apelando para valores morais e legais das autoridades coloniais para conseguir melhorias na vida familiar, à medida que suas posições tradicionais se desgastavam. Outras mulheres insistiram publicamente na "responsabilidade dos maridos" para manter de modo adequado a família, definindo respeitabilidade (conforme um grupo de mulheres de classe média na África do Sul sustentou em 1913) em termos do "seu direito de permanecer em casa como donas de casa". Não é preciso dizer que muitos africanos discordavam sobre a proporção de mudança e tradição que deveria definir as relações entre homens e mulheres, e muitos estavam confusos sobre que padrões adotar.

As questões de gênero acabaram contaminando os movimentos nacionalistas africanos iniciados nas primeiras décadas do século xx. Para alguns nacionalistas, a causa da nação serviria para fazer avanços nos gêneros, e proclamações altissonantes procuraram mostrar isso. Foi grande a participação nas manifestações nacionalistas de mulheres africanas, que acreditavam que a independência do controle colonial lhes traria melhorias. No entanto, nem sempre ficou claro como seriam esses aprimoramentos: seria uma volta para condições antigas, nem sempre claramente recordadas, ou o advento de direitos de um tipo mais feminista? Nacionalistas homens, para quem as questões de gênero não eram prioridade, por vezes defenderam padrões de gênero tradicionais a que algumas mulheres africanas agora se opunham. Assim, a poligamia foi apoiada como expressão da cultura tradicional africana e proteção para as mulheres em situações em que não houvesse homens suficientes por ali. O grande líder nacionalista queniano, Jomo Kenyatta, também defendia a circuncisão feminina (uma "simples mutilação corporal"), não porque restringisse a sexualidade feminina, mas porque era parte integrante da solidariedade familiar e tribal – essencial para as instituições com "enormes implicações educacionais, sociais, morais e religiosas". O nacionalismo, em outras palavras, não conseguiu resolver as pressões sobre questões de gênero, promovidas pelo modelo ocidental na África moderna.

Conclusão

Os modelos ocidentais, combinados com pressões econômicas, mudaram muito as condições de gênero na Polinésia e na África, solapando as tradições de muitos grupos. Ao mesmo tempo, foram poucos os polinésios e africanos que aceitaram integralmente as normas ocidentais, e os próprios padrões não eram inteiramente consistentes. A maior parte dos estudiosos acredita hoje que as mulheres perderam mais do que ganharam no processo, em particular em questões como poder econômico relativo e papéis políticos informais. Ao mesmo tempo, os padrões ocidentais puderam apontar caminhos de melhorias, à medida que as mulheres aprendiam novos usos da educação e da associação e ganhavam novas perspectivas em práticas de família que podem não ter sido de seu interesse. A situação foi ainda mais complicada pelas pressões culturais e econômicas sobre os homens, cuja masculinidade, frequentemente criticada pelos observadores ocidentais, buscou novas formas de se expressar.

Para saber mais

Sobre a Polinésia: Patrícia Grimshaw, *Paths of Duty*. American Missionary Wives in Nineteenth-Century Hawaii (Honolulu: University of Hawaii Press, 1989); Victoria S. Lockwood, *Tahitian Transformation*: Gender and Capitalist Development in a Rural Society (Boulder, Colo.: Lynne Rienner Publishers, 1993); Alan Moorehead, *The Fatal Impact*: The Invasion of the South Pacific, 1767-1840 (New York: Harper and Row, 1987). Sobre a Nova Zelândia: Geoffrey Rice (ed.), *The Oxford History of New Zealand* (Auckland e New York: Oxford University Press, 1992); Barbara Griffiths, *Petticoat Pioneers*: South Island Women of the Colonial Era (Wellington: Reed, 1980). Sobre a África: Elizabeth Isichei, *A History of Christianity in Africa*, from Antiquity to the Present (Grand Rapids, Mich.: Eerdmans, 1995); Ellen Charlton, Jana Evertt e Kathleen Staudt (eds.), *Women, the State, and Development* (Albany: State University of New York Press, 1989); Wunyabari Maloba, *Mau Mau and Kenya*: An Analysis of a Peasant Revolt (Bloomington: Indiana University Press, 1993); A. D. Roberts (ed.), *The Cambridge History of Africa*, 7, 1905-1940 (Cambridge e New York: Cambridge University Press, 1986); Ifi Amadiume, *Male Daughters, Female Husbands*. Gender and Sex in an African Society (London: Zed Books, 1987); Margaret Strobel, *Muslim Women in Mombasa, 1890-1975* (New Haven: Yale University Press, 1979).

Ocidentalização e gênero:
além dos modelos coloniais

Este capítulo lida com um tipo diferente – embora não totalmente contrastante – de contato com o Ocidente, um contato que se estendeu do final do século XVII até os nossos dias. Sociedades que não eram colônias (ou, como no caso do Egito e da Coreia, que ainda não haviam sido tomadas como colônias), decididas a manter a independência, optaram por mudança a partir da assimilação de elementos pinçados seletivamente de modelos do Ocidente. Programas de ocidentalização invariavelmente envolveram a questão de gênero em algum grau e às vezes as mudanças no *status* das mulheres mereceu considerável prioridade. Os casos de ocidentalização que começaram a tomar forma antes de 1900 podem ser examinados em termos de impacto colonial: será que a habilidade de manter um controle maior sobre o processo de mudança atenuou alguns dos aspectos negativos do impacto ocidental?

Algumas sociedades que não foram colonizadas diretamente pela Europa Ocidental adotaram reformas ao estilo ocidental durante os séculos XVIII e XIX. Este capítulo examina dois dos casos mais importantes de ocidentalização – Rússia e Japão –, além de observar outras duas instâncias no Egito e na Coreia. Nenhuma das sociedades envolvidas se concentrou fundamentalmente em assuntos de gênero no seu processo de reforma, mas suas políticas inevitavelmente afetaram os papéis masculino e feminino e com frequência tiveram alguns efeitos colaterais que se estenderam e complicaram esses resultados.

A ocidentalização variou de caso para caso. A Rússia começou um processo de imitação da Europa Ocidental, deliberada, mas muito seletiva, na regência de Pedro, o Grande, no final do século XVII. Os objetivos iniciais estavam voltados para a tecnologia e os estilos políticos que fortalecessem o Estado e o exército russos, mas houve também certa apropriação cultural por parte da classe alta. Os contatos continuaram e, em geral, ampliaram-se nos séculos XVIII e XIX. O governo russo se afastou, por ocasiões, da ocidentalização – entre 1825 e os anos 1850, por exemplo –, mas as pressões reformistas continuaram e o número de viagens da e para a Rússia, o mútuo intercâmbio cultural e a atividade comercial aumentaram sistematicamente.

O Japão, há muito tempo isolado, foi exposto à influência estrangeira quando uma esquadra americana visitou em 1853 a baía de Edo e insistiu no intercâmbio comercial. Depois de um período confuso com mais pressões por parte dos americanos e europeus e com a proximidade de uma guerra civil entre facções da elite japonesa, foi deslanchado um processo de reforma mais consistente em 1868. Durante o período seguinte, da dinastia Meiji – cujo nome vem de "o iluminado" –, o Japão aboliu o feudalismo, estabeleceu um governo parlamentar, apressou mudanças econômicas e um início de industrialização, impulsionou um grande programa de saúde pública e instituiu um novo sistema de educação de massas. Visitas à Europa Ocidental e Estados Unidos e emprego de especialistas ocidentais como orientadores constituíram uma parte importante desse processo, designado deliberadamente a tornar o Japão poderoso o suficiente para manter o controle sobre a interferência ocidental e, por fim, para competir com o Ocidente.

Os programas de ocidentalização foram muito variados. O "Ocidente" que era copiado dependia da época em que isso se dava. A ocidentalização da Rússia começou quando as vantagens do Ocidente pareciam enfatizar a ciência e a monarquia absoluta, junto com amplo comércio que a Rússia, de fato, estava relutante em imitar. A ocidentalização japonesa envolveu imitar uma revolução industrial completa, assim como a monarquia constitucional. A ocidentalização também dependia muito da sociedade que praticava a imitação: o cristianismo ortodoxo tradicional russo e uma sociedade substancialmente camponesa representavam uma base muito diferente da do confucionismo japonês e seu comércio mais ativo. Para a Rússia, o Ocidente era diferente, mas não inteiramente estrangeiro, entre outras coisas pelo compromisso com o cristianismo que compartilhavam. No Japão, os contatos com o Ocidente surgiram depois de séculos de grande isolamento, e o Ocidente parecia uma sociedade, embora poderosa, de estranha barbárie. Diferenças dessa espécie haveriam de afetar de forma significativa o impacto da imitação no que se refere a gênero. Veremos que as interpretações, japonesa e russa, e os usos do que viram no Ocidente, no que diz respeito a gênero, diferiram enormemente.

Outros exemplos de ocidentalização, embora muito menos extensivos do que os da Rússia e Japão, ilustram nitidamente a variedade potencial das reações. No Egito, a ocidentalização iniciou-se no começo do século xix, sob Mohamed Ali. Desejoso de fortalecer a economia e o governo egípcio, após ser ocupado pela França em 1798 e em meio à crescente influência econômica ocidental, ele se concentrou em questões de poder. O governo enviou estudantes do sexo masculino para serem capacitados técnica e militarmente na Europa. Programas curtos e intensivos de treinamento no país buscaram expandir a capacitação técnica e estimular exportações agrícolas e tecelagens. Nesse contexto, e numa situação em que os princípios islâmicos continuavam a fornecer alguns benefícios para as mulheres – por exemplo, na posse de propriedades –, os esforços de ocidentalização não se concentravam na questão de gênero, embora as consequências indiretas nessa questão fossem consideráveis. Novas políticas econômicas aumentaram as pressões para que as mulheres trabalhassem arduamente. O Estado exigiu explicitamente o trabalho feminino, por exemplo, na construção do canal, apesar de o trabalho ser tão árduo; só nos anos 1850 essas políticas foram afrouxadas. Nas fábricas, as mulheres podiam trabalhar ao lado dos homens, numa notável inovação, mas em geral a segregação continuou. No começo, os novos níveis de contato ocidental apenas pressionaram pelo aumento da exploração.

Os primeiros passos do reformismo ocidental na Coreia, no entanto, que foi desenvolvido mais tarde e com maior energia pelos missionários cristãos do Ocidente, tiveram diferentes implicações. Os padrões ocidentais, no contexto de um antigo patriarcalismo estrito com fortes elementos confucionistas, reconsideraram, de uma forma geral, o *status* das mulheres. As pressões por reformas inspiradas no Ocidente na monarquia Yi, muito conservadora, nos anos 1880, levaram a medidas destinadas a proteger as mulheres contra os piores abusos de casamentos arranjados, estabelecendo a idade mínima de 16 anos; as novas leis também permitiam às viúvas se recasarem. Os reformistas emitiram instruções exigindo respeito pelas mulheres e condenando o "tratamento bárbaro" dado a elas sob o confucionismo. Ao mesmo tempo em que advertiam contra a militância feminista, grupos como a Sociedade de Independência de 1890 fizeram pressão por oportunidades educacionais modernas e alguns tipos de igualdade. Tanto os missionários protestantes quanto um novo grupo coreano feminino, o Chanyanghoe, estabeleceram escolas para mulheres, espalhadas pelo país. Uma nova geração de mulheres escritoras, com frequência convertidas ao cristianismo (a Coreia tornou-se o único cenário asiático, além das Filipinas, em que ocorreram amplas conversões), viram nas novas ideias sobre direitos das mulheres uma maneira de desenvolver a personalidade. Yi Kwang-su, por exemplo, escreveu que a frequência em serviços religiosos com os homens lhe deu "a concepção de que homens e mulheres são filhos e filhas de Deus da mesma forma". Comparando as experiências iniciais egípcia e coreana, fica evidente que dependendo da época e do contexto, a reforma de estilo ocidental podia ter resultados virtualmente opostos para as mulheres. A constante mais evidente era uma pressão por mudança à luz dos modelos ocidentais e no nível do poder ocidental.

Apesar de todas as diferenças, no entanto, as ocidentalizações voluntárias – isto é, programas de reforma baseados na imitação de ideias e instituições ocidentais sem controle colonial pleno –

tinham algumas características comuns. Eram sempre seletivas. As sociedades em questão queriam preservar a independência e as tradições culturais importantes. Não queriam se tornar inteiramente ocidentalizadas. Isso significava também que uma parte substancial dos programas de ocidentalização se preocupava com questões de poder – fortalecendo governos, força militar e economia. Isso tinha implicações de gênero, com frequência favorecendo a assertividade masculina. Ao mesmo tempo, a ocidentalização continha um componente cultural, com novas imitações da arte e cultura popular do Ocidente. Isso refletia a superioridade do Ocidente e contaminava a questão de poder. Havia um desejo de evitar embaraço aos olhos dos ocidentais. Eram diversificadas as implicações nos relacionamentos entre homens e mulheres e havia um empenho por parte das sociedades em não passar vexame perante os observadores ocidentais pelo tratamento dado às mulheres. Esses fatores – seletividade, ênfase no poder, preocupação em passar vexame – não se organizaram de forma metódica, isto é, a ocidentalização inevitavelmente produziu resultados complexos na questão de gênero, que não se concretizaram de forma suave nem rápida.

Os programas de ocidentalização envolveram contatos culturais profundos, com sociedades buscando aprender mais sobre o Ocidente, enviando alunos ao Ocidente para estudar, convidando visitantes do Ocidente. Como comparar os resultados com os de casos de colonialismo ocidental? Será que o voluntarismo maior – o fato de o padrão ocidental, embora poderoso, ter sido convidado em vez de imposto pela força – reduziu ou ampliou as implicações de mudanças na questão de relações de gênero?

O CASO RUSSO

O início da ocidentalização da Rússia fornece um caso claro e característico do impacto do contado cultural: a condição das mulheres melhorou. Com ressalvas, no entanto – relativamente poucas mulheres foram afetadas, pois as reformas iniciais na Rússia voltaram-se para a classe alta, e houve alguns recuos, talvez pouco percebidos pelas mulheres envolvidas. No final, o programa de ocidentalização desencadeado por Pedro, o Grande, provocou resistências entre conservadores russos, incluindo clérigos, e isso de certa forma retardou o ritmo da mudança. Os conservadores em geral não se detinham em questões de gênero, mas sua resistência à mudança incluiu dar apoio a uma maior tradição patriarcal. Com isso, o contato com o Ocidente até o século xx, e em certo sentido até depois da revolução comunista, teve um sentido de libertação para as mulheres. Isso valeu mesmo quando as condições da Europa Ocidental impuseram inúmeras restrições sobre as mulheres (pelos padrões de nossos dias), e mesmo quando, em termos das próprias tradições do Ocidente, ocorreu alguma piora.

Os costumes russos eram altamente patriarcais. E, como na maior parte das sociedades patriarcais, a diferença entre homens e mulheres era maior nas classes altas. Os casamentos eram arranjados pelos pais. Quando o acordo de parceria era concluído entre os pais, os noivos conheciam um ao outro. Com frequência, no próprio casamento, o pai da noiva dava uma chicotada simbólica na filha, entregando o chicote em seguida ao noivo, como se transferisse a ele o poder: "Se você não se comportar como deve para com seu marido, ele, com meu consentimento, vai adverti-la com o chicote". Mulheres da classe alta eram isoladas, confinadas a partes da casa chamadas de *terem*; quando em público, em geral usavam véu. Era grande a ênfase na virgindade antes do casamento, e depois na fidelidade sexual. O cristianismo ortodoxo russo permitia ao homem, duas vezes na vida, mandar uma esposa que não fosse satisfatória para um convento. Lá ela estaria morta para o mundo exterior; e o homem poderia se casar novamente. Os deveres das mulheres giravam ao redor da maternidade e dos serviços domésticos. Chamar um homem de mulher, ou *baba*, era um grande insulto.

As reformas implementadas por Pedro, o Grande, intervieram nesse padrão. Ele tinha um duplo objetivo. Primeiro, esperava tornar a aristocracia uma fonte mais efetiva de burocratas leais. Para tanto, queria reduzir o isolamento individual, a hierarquia familiar, fornecendo às mulheres oportunidades de aprimorarem a capacidade de dar uma boa educação aos filhos. Em segundo lugar, tornar a cultura russa menos atrasada aos olhos do Ocidente, abrindo às mulheres da classe alta oportunidades de participar em eventos públicos, como concertos e danças, como acontecia na Europa Ocidental. De certa forma, ao menos, Pedro, como os reformadores russos posteriores, percebeu que a mudança na Rússia teria de mexer na estrutura da família.

Em 1718, Pedro ordenou que as mulheres da aristocracia abandonassem o costume do *terem* e participassem de eventos culturais e sociais em público. Também aboliu a prática dos casamentos arranjados. Um decreto de 1702 determinou que todas as decisões relativas a casamento deveriam ser voluntárias, que futuros parceiros deveriam se conhecer pelo menos seis semanas antes do compromisso e estar livres para rejeitarem o outro, e substituiu o açoite matrimonial simbólico por um beijo. Seu programa de ocidentalização exigiu mudanças no vestuário, tanto dos homens quanto das mulheres na classe alta, e a isso as mulheres reagiram muito melhor. Enxergaram aí a possibilidade de usufruir cores mais claras e modas mais variadas vindas da França, enquanto os homens encararam as novas exigências de vestuário à moda ocidental como subjugação às ordens tsaristas. Mulheres da aristocracia, incluindo as próprias filhas de Pedro, tiveram acesso à educação formal e ao aprendizado de línguas do Ocidente, entre outras aquisições desejáveis. Como no Ocidente, mulheres da classe alta começaram a ler obras de filósofos iluministas. Embora as mudanças na condição das mulheres não fossem o objetivo maior do projeto de Pedro, grande parte dos historiadores sugere que os efeitos libertadores foram maiores nessa questão do que em qualquer outra. (De fato, muitos outros aspectos das reformas de Pedro pioraram as condições existentes, por exemplo, para as massas de servos, colocados ainda com maior rigor sob o controle dos senhores.) Ao mesmo tempo em que a crescente exigência de beleza para as mulheres causou um novo constrangimento, pelo menos por uma certa ótica feminista, a principal limitação das iniciativas de Pedro – que sem dúvida eram imensas – foi seu pequeno leque de impactos. As mulheres da nobreza provinciana e as vastas massas de camponesas não experimentaram qualquer mudança.

Após a morte de Pedro, o impulso de ocidentalização foi esporádico. Catarina, a Grande, enriqueceu as reformas do antecessor, estabelecendo o Instituto Smolnyi para Meninas Bem-Nascidas em 1764, assim como escolas públicas em que pequeno número de meninas de origem mais humilde podia obter educação. Outra ironia aqui. A educação na Rússia deu às mulheres (ainda que só a uma minoria) acesso a textos dos iluministas, quando o próprio Iluminismo, no contexto ocidental, depreciava de várias formas o *status* das mulheres, dando novas liberdades aos homens. As determinações de Catarina eliminavam as diferenças educacionais entre homens e mulheres, mas depois houve um recuo, estabelecendo-se que "a intenção e objetivo da educação de meninas deveria consistir principalmente em torná-las boas donas de casa, esposas fiéis e mães carinhosas". No entanto, a busca de independência intelectual persistiu – e, de acordo com um projeto, as meninas não deveriam ser apenas alfabetizadas, mas também "ter uma mente iluminada pela variedade de conhecimentos úteis para a vida cívica". Enfim, havia nuances: das crianças que frequentaram a escola entre 1782 e 1800, só 7% eram meninas.

No início do século XIX, à medida que a política na Rússia se tornou mais resistente à ocidentalização em nome do conservadorismo, o exemplo ocidental teve dois impactos importantes. O primeiro é que muitos escritores russos, inspirados em correntes ocidentais como o romantismo, começaram a idealizar as mulheres. Poetas como Pushkin escreveram sobre a beleza e o refinamento feminino. Muitos homens radicais, conscientes de que uma verdadeira reforma teria de envolver a família, julgavam que a idealização das mulheres substituiria a hierarquia tradicional. O próprio contexto ocidental contemporâneo mostrava as limitações dessa abordagem, que determinava um novo tipo de isolamento das mulheres da vida pública em nome da pureza feminina; mas no caso da Rússia, a associação com modelos ocidentais e mudanças libertadoras persistiu. Em segundo lugar, munidas das ideias ocidentais de liberdade, certas mulheres desafiavam os limites convencionais, participando de movimentos radicais. Algumas escritoras começaram a condenar a submissão das mulheres da classe alta. Em 1807, uma mulher da nobreza, Nadezhda Durova, usou roupas de homens e entrou na cavalaria russa, servindo com distinção, e mais tarde publicou seus diários. Quando o espírito da reforma voltou ao cenário da Rússia, sob Alexandre II (1855-81), mulheres de vários estratos sociais começaram a imitar as irmãs ocidentais, estudando medicina e direito. Artigos sobre a "questão da mulher" escritos por homens e mulheres emergiram no cenário gerado pela emancipação dos servos (1861). Um cirurgião escreveu sobre a necessidade de dar mais instrução às mulheres, em parte para torná-las melhores esposas e mães, mas também para lhes dar outras funções, como a de enfermeira. Nos anos 1870, o governo foi autorizando gradualmente a abertura de cursos para as mulheres, como o de medicina, e finalmente estabeleceu uma universidade para elas. Surgiu um movimento feminista forte, seguindo o exemplo ocidental. Grande número de mulheres começou a participar de movimentos como o anarquista e o nihilista. Nesses movimentos foram muito bem-aceitas pelos homens não só porque eles apoiavam a libertação da mulher, mas também porque percebiam que mulheres com bombas terroristas atrairiam menos a atenção da polícia. As mulheres ativistas tinham objetivos feministas em mente, como suas irmãs ocidentais, mas contavam com menos recursos legais para fazer avançar a causa. O ímpeto por mudanças nas condições da mulher se enraizou profundamente na política e educação russa, não dependendo mais do contato com o Ocidente.

Quando a revolução finalmente chegou à Rússia, em 1917, trouxe o triunfo da ideologia marxista, que era um produto do Ocidente. Para os marxistas, a questão de gênero não era prioritária, mas se supunha que o fim do capitalismo liberaria as mulheres em meio a outras mudanças desejáveis. O novo regime soviético, embora conservador em termos da família, emitia sinais de libertação feminina, incluindo educação massiva e total, embora desigual, e participação na força de trabalho. Os lideres revolucionários asseguravam que a Rússia tinha superado o Ocidente, onde ainda havia mais empecilhos para mulheres abraçarem a vida profissional. Essa linha de argumentação refletia, de forma retrógrada, a antiga associação entre Ocidente e aprimoramento da mulher – se não qual o sentido de se vangloriar da nova superioridade russa?

Enfim, por mais de dois séculos, a partir de Pedro, o Grande, os crescentes contatos com o Ocidente ajudaram a fornecer novos modelos e oportunidades para as mulheres, numa sociedade fortemente patriarcal. No final, e de fato porque a imitação recorrente do Ocidente se estendeu por tão longo período, o resultado levou a reais mudanças, por exemplo em termos de educação e oportunidade de trabalho, e também estimulou esforços por maiores reformas. Os modelos culturais do Ocidente, incluindo o marxismo, junto com padrões educacionais e de família, forneceram alternativas às condições russas e encorajaram fortes movimentos por mudança. A atitude de imitação continuou seletiva, mesmo ao lado do fato vital de que a maioria das mulheres não estava diretamente envolvida pelas mudanças de estilo ocidental antes de 1917. Não houve um grande movimento para remover as mulheres da força de trabalho, apesar do impulso romântico de idealização feminina. Nesse sentido, o contato com o Ocidente funcionou para diferenciar a experiência russa. Antes da emancipação dos servos, os senhores russos aumentaram o rigor do trabalho rural, incluindo trabalho em propriedades aristocráticas com o objetivo de fornecer mercadorias agrícolas para exportação que pudessem pagar pela importação de bens de luxo do Ocidente. Isso recaiu sobre os ombros de homens e mulheres igualmente. Depois, no final do século xix, quando a Rússia começou a imitar a industrialização do Ocidente, o trabalho das mulheres novamente se tornou vital, como força de trabalho fabril. Nesse contexto, o impulso ocidental do século xix para exigir um papel puramente doméstico para as mulheres respeitáveis teve pouco eco na Rússia. E tornando tudo mais complexo, o Ocidente continuou a ser fonte de inspiração que nem sempre foi compatível com o ímpeto de ganhar novas liberdades. As lojas de departamento russas, abertas a partir de 1850, imitando a Europa Ocidental, procuraram atrair mulheres que se consideravam modernas, e foram condenadas pelos conservadores por essa inclinação "estrangeira". Mesmo no período comunista, as críticas ao desleixo das mulheres russas serviram de reparos à nova sociedade, em particular por estrangeiros, mas também por mulheres russas. O modelo ocidental não tinha uniformidade.

O caso do Japão

O contato com o Ocidente no Japão, a partir do período Meiji, teve aspectos comuns com o caso da Rússia, embora durante um tempo menor. Também aqui as tradições davam grande ênfase à hierarquia patriarcal, embora com características diferentes. Os reformadores, incluindo mulheres, encontravam no Ocidente exemplos importantes de novas e atraentes liberdades para as mulheres, a começar pelos movimentos feministas que emergiam nessa época nos Estados Unidos e na Europa Ocidental. Como o Japão introduziu mudanças mais rápidas do que a Rússia, pelo menos antes de 1917, abriu perspectivas para uma reformulação dos papéis de gênero. Um tema presente foi a educação: tanto a Rússia quanto o Japão se empenharam na educação em massa no final do século XIX, para as meninas e para os meninos, mas o Japão foi muito mais ágil, determinando que a distância na questão da alfabetização entre os dois sexos desaparecesse mais rapidamente. A ligação entre o contato com o Ocidente e a reforma na questão de gênero foi mais complexa no caso japonês, por três razões. Em primeiro lugar, muito mais do que na Rússia, o Ocidente significava mais modismo do que liberdade. A experiência do Japão com o Ocidente tomou forma quando este expandia seu lado consumidor, assimilando uma porção de novos produtos para mulheres, como cosméticos. As mulheres no Ocidente hesitavam entre adotar novos estilos de vida – como usar batom ou fumar – e abraçar posições mais propriamente feministas, como exigir direito a voto. Não é, portanto, de se surpreender que muitas mulheres japonesas de cidade, que viam no Ocidente um farol de mudança, tivessem as mesmas dúvidas. Por volta dos anos 1920, grupos de japonesas elegantes – conhecidas por "garotas modernas" – surgiram nas cidades, ávidas por se manterem atualizadas com o cinema, as roupas e as danças ocidentais.

Em segundo lugar, a imitação do Ocidente logo envolveu vigorosos e por fim bem-sucedidos esforços de introduzir a industrialização nos moldes ocidentais. Como na Rússia, isso significou de início uma grande adesão a novas formas de trabalho feminino, que eram com frequência tão exigentes quanto humilhantes. Por algum tempo, novos constrangimentos no trabalho se juntaram a outras mudanças para configurar a vida das mulheres, num momento em que as exigências do trabalho formal para elas no Ocidente diminuíam. Como aconteceu com frequência, imitar economicamente o Ocidente podia significar diferir dele no que diz respeito à mulher. Essa complexidade ocorreu também na Rússia, mas precedida por uma associação muito mais clara do modelo ocidental com novas oportunidades intelectuais e familiares.

Em terceiro lugar – e mais importante –, o contato japonês com o Ocidente foi tolhido virtualmente desde o início por uma clara percepção de que as condições de gênero no Ocidente eram muito diferentes das do Japão e que essas condições eram indesejáveis. Orientados por homens relativamente conservadores, incluindo funcionários do governo, a ocidentalização japonesa buscou evitar algumas das aberturas para as mulheres, discernidas no Ocidente. A manutenção de papéis de família mais tradicionais e maior deferência asseguraram que a identidade e a estabilidade política japonesa persistissem ao meio de grande mudança. Houve uma seleção mais radical nas mudanças relativas à mulher do que a ocorrida na Rússia. Isso refletiu maior hesitação na adoção do modelo ocidental. Refletiu também o fato de as massas no Japão, e não só a minoria da elite, terem sido sugadas pelas transformações desde o início. A Rússia evitou ficar explicitamente na defensiva, em parte porque as reformas foram lentas e limitadas. O Japão, em contraste, se lançou sobre o processo de reformas de modo intenso, quando decidiu fazer mudanças, mas ao mesmo tempo procurou ativamente usar gênero para contrabalançar o caos. Abordagens tradicionais com respeito à mulher, preservadas em meio à grande mudança, não só ofereceram contato com identidades mais antigas, como também forneceram aos homens japoneses, engolfados pela mudança e com frequência humilhados como afeminados por observadores ocidentais informais, a oportunidade de se compensarem do estresse.

As reações japonesas aos novos contatos ocidentais, a partir de 1860, combinaram quatro componentes. Em primeiro lugar, havia um sentimento de desprezo, a sensação de que essa não era uma área que se devia imitar. Em segundo lugar, no entanto, havia a imitação, que tomava várias direções. Em terceiro lugar, sombreada pela imitação, havia a necessidade de alterar a absorção econômica das mulheres como base para o início da industrialização. Em quarto lugar, mais importante a longo prazo, e mais complexo, havia uma política que misturava componentes ocidentais bem seletivos com elementos confucianos, para produzir uma abordagem distinta e sincrética das mulheres, coisa que continua a afetar o Japão até os dias de hoje.

O sentimento de desprezo era evidente. Antes desse intercâmbio, o Japão era uma sociedade patriarcal, fortemente influenciada pelo confucionismo, como visto no capítulo "A influência chinesa". As relações de gênero ocidentais pareciam estranhas e perigosas aos padrões japoneses. Os primeiros viajantes que foram para a Europa Ocidental e os Estados Unidos, ávidos em geral de implementarem reformas à moda ocidental na ciência, tecnologia e mesmo na política, ficaram estarrecidos com a independência e franqueza da mulher ocidental. As mulheres pareciam ter o tipo de voz nas questões de família que na visão japonesa deveria pertencer aos mais velhos, e isso era simplesmente virar as coisas de cabeça para baixo. O fato de as mulheres ocidentais estarem perdendo poder econômico, à medida que seu papel na força de trabalho se reduzia, e sendo excluídas do processo político, não foi registrado como perda de direitos sociais informais. Como no caso da Rússia, então, o Ocidente parecia representar maiores liberdades para as mulheres do que a tradição local permitia, mas com a óbvia diferença de que isso aparentava ser, para os funcionários mais importantes, muito mais uma piora do que uma melhora. Ao longo do tempo, à medida que os hábitos de consumo do Ocidente ganharam influência no Japão, levando a novos interesses femininos com relação a trajes e ao lazer público, esse julgamento seria confirmado pelo menos entre os homens mais conservadores. Numa época em que a imitação do Ocidente prosseguiu rapidamente nas esferas de poder da vida militar e industrial, a questão de gênero era um ponto vital de diferenciação que ajudaria o Japão a se manter japonês enquanto assegurava estabilidade e hierarquia em meio à mudança.

No entanto, era impossível não imitar. Como vimos, as próprias mulheres, à medida que a urbanização e a industrialização cresceram, mostraram interesse em alguns aspectos do consumo do Ocidente, e isso não podia ser totalmente evitado. Algumas mulheres também tiveram acesso a novas oportunidades a partir dos contatos com o Ocidente. Por exemplo, mulheres artistas, que tinham sido ainda menos proeminentes no Japão tradicional do que na Europa Ocidental tradicional, muito se beneficiaram. Havia mais oportunidades para as mulheres estudarem fora agora. Yamashita Rin, por exemplo, nascida em 1857, estudou na Rússia (e foi uma das primeiras mulheres a sair do país, aproveitando a chance de ser *baby-sitter* para um diplomata russo viajante) e mais tarde fez importantes pinturas de ícones para igrejas ortodoxas russas no Japão. Ragusa Tama casou-se com um artista italiano, convidado a ser instrutor visitante do governo japonês em sua nova academia de arte. Ela desenvolveu uma carreira notável na arte de estilo ocidental (embora seu trabalho tenha permanecido desconhecido por muito tempo no Japão). Outras mulheres tiveram destaque como escritoras (renovando uma velha tradição japonesa) e mesmo como militantes feministas, em contato próximo com acontecimentos do feminismo ocidental.

Houve uma imitação mais sistemática também. O Japão se comprometeu com a educação primária universal em 1872; o novo Código da Educação estipulou especificamente que "a aprendizagem não deve mais pertencer apenas à classe alta, mas deve ser igualmente herança de... homens e mulheres". De repente, o Japão decidia imitar padrões que vinham sendo desenvolvidos no Ocidente por um longo tempo, incluindo oportunidades de alfabetização para as mulheres. O significado da educação para a participação das mulheres na força de trabalho e para o cumprimento de seus deveres de família passou por cima de hierarquias mais tradicionais – embora, como veremos (e como era no Ocidente nessa época), importantes distinções de gênero se mantivessem. A expansão da educação primária foi seguida por ofertas mais limitadas de escolas secundárias para meninas (em 1908, havia 159 escolas secundárias para meninas, contra 300 para meninos), pela abertura de escolas de medicina (1900), de uma universidade só para mulheres (1901) e mesmo pela permissão de acesso limitado para algumas outras universidades. A educação contribuiu para uma nova gama de oportunidades para mulheres individualmente; o acesso à docência se expandiu (principalmente para trabalhar em escolas de meninas), e dessas escolas emergiam algumas escritoras feministas de liderança.

A imitação também se aplicou à questão da sexualidade, com implicações mais ambíguas. As autoridades japonesas se empenharam em evitar críticas ocidentais aos hábitos populares que parecessem, pelos padrões correntes ocidentais, incivilizados. Tentaram introduzir vigorosas regulamentações em duas questões novas. O homossexualismo nunca fora grande problema na cultura japonesa, mas em 1873, no ápice das reformas de ocidentalização, o governo passou uma lei impondo prisão de noventa dias a quem participasse de atividades homossexuais. A medida foi logo relaxada, quando os entusiasmos pelo Ocidente se atenuaram; o crime foi abolido em 1883 e substituído por uma vaga discriminação de "atitude indecente" e as manifestações públicas de afeto entre homens foram mais uma vez toleradas. Os esforços para impor novos controles da família sobre a sexualidade foram mais sérios. Enquanto os códigos sexuais da classe alta sempre tinham sido estritos, o comportamento popular, tanto urbano quanto rural, era mais espontâneo, com considerável atividade sexual antes do casamento. (Curiosamente, o xintoísmo tinha deusas com vários parceiros sexuais.) Com a reforma, a classe alta tradicional, a moralidade confuciana e o exemplo da era vitoriana no Ocidente, com suas condenações oficiais a qualquer liberdade sexual se combinaram para produzir um novo código sexual, em parte para evitar comentários ocidentais embaraçosos sobre a moral japonesa. Os pais foram estimulados a controlar suas filhas.

Junto com a bizarra, mas muito real, combinação de desprezo com imitação, os esforços japoneses na industrialização, também modelados a partir do Ocidente, introduziram mudanças vitais nas vidas de muitas mulheres. Ainda que o Japão tenha tomado a industrialização ocidental como modelo, usou métodos diferentes. Era um país pobre, sem grandes recursos naturais, e tinha de acumular capital e atrair moeda estrangeira para importar os materiais e o maquinário necessários para continuar o desen-volvimento industrial. Mão de obra barata era essencial nesse processo, tanto para as inúmeras novas fábricas, como para as oficinas destinadas à manufatura da seda, que logo se tornou o maior produto de exportação do país. A força de trabalho das fábricas japonesas era 62% feminina, em contraste com 43% na França no mesmo estágio industrial. (Por volta de 1900, 12% da força de trabalho britânica era feminina, 27% da francesa, comparada com 62% da japonesa). A maior parte dessas mulheres, em geral jovens e solteiras, eram trazidas de vilarejos rurais distantes, entregues por um pai ou um irmão a um regime implantado na indústria, próximo à escravidão. Viviam em dormitórios, completamente controladas pelo patrão. Trabalhavam pelo menos 12 horas por dia, enquanto as fábricas controlavam seus salários ostensivamente, em seu próprio interesse, alegando ser para que não gastassem em frivolidades. Um grande número de mulheres trabalhadoras adoecia. Muitas não tinham condições de estabelecer relações familiares estáveis; os níveis de prostituição e divórcio aumentaram rapidamente. Esses aspectos do início da vida industrial eram radicalizações de situações que a Europa Ocidental havia enfrentado durante sua própria industrialização – exageros que refletiam a maior dependência do Japão da força de trabalho barata das mulheres. Os resultados, é evidente, intensificaram as reações contra o Ocidente, com frequência contradizendo outros impulsos como o controle da sexualidade.

Por fim, em meio a questões conflitantes, o governo japonês se encaminhou para um consenso, que usaria elementos ocidentais misturados com loas à tradição, para produzir um amálgama característico. A chave foi uma ênfase crescente no refrão "boa esposa, mãe sábia" que surgiu nos anos 1880 e 1890 como estrutura para a vida das mulheres. As mulheres, independentemente da classe social, deveriam promover a coesão familiar, praticar a frugalidade a fim de contribuir com a poupança para o desenvolvimento industrial, e, de uma maneira geral, fazer da família o primeiro elo de uma sociedade política estável. O Código Civil Meiji, de 1898, reforçou a autoridade do pai de família. As mulheres precisavam do consentimento dos maridos para assinarem um contrato legal. No divórcio, os maridos ficavam com a custódia das crianças. O adultério de uma esposa (e não o do marido) constituía base de divórcio e de processo criminal. O consentimento do pai para o casamento era necessário para uma mulher até 25 anos, e para o homem até 30 anos. As mulheres eram proibidas de participar de encontros públicos ou ingressar em organizações políticas; só em 1922, a pressão feminista haveria de afrouxar a proibição de participar de encontros, embora continuassem não podendo ser membros de organizações. As publicações do governo não se cansavam de divulgar a imagem idealizada de mulheres, cuja devoção e auto-sacrifício permitiram às famílias sobreviverem. A política de "boa esposa, sábia mãe" não excluía o trabalho; de fato, algumas das mulheres idealizadas tiveram de assumir empregos para manter as famílias. (Era notável, no entanto, que o número de mulheres empreendedoras declinasse, como aconteceu no início da industrialização do Ocidente.) A política também não impediu certos tipos de atividades públicas; as mulheres foram encorajadas a formar grupos de poupança ou de campanhas de moralização locais, e puderam ajudar o governo durante épocas de crise como em guerras.

É óbvio que novas políticas rapidamente definiram as diferenças de gênero na educação. As escolas secundárias, em particular, apontavam as obrigações apropriadas às mulheres. Publicações de 1937 clamavam que "a vida doméstica ocupa, e ocupou ao longo do tempo, a esfera mais importante da vida da mulher japonesa. Isso será assim amanhã, e por toda a vida". Os currículos enfatizavam assuntos domésticos, mas também conhecimentos como caligrafia artística considerados funções femininas. Aulas de ética ("bastante impopulares entre as meninas" segundo observação de uma mulher) insistiam na lealdade ao imperador, pais e ancestrais como obrigação moral primária, enquanto o pensamento independente era bastante desencorajado. Comportamentos rígidos completavam o treinamento. Por seu lado, as escolas para meninos tinham um código diferente, que incluía maiores resultados acadêmicos e tipos de companheirismo relevantes para a vida industrial e militar.

A política de "boa esposa, sábia mãe" atacava expressamente intrusões ocidentais como o feminismo individualista. Destinava-se, entre outras coisas, a restringir grupos como o movimento de "Direitos Humanos" de 1880, que se insurgia contra a família patriarcal e o Estado autoritário. Mas era também uma nova política. Estendia os princípios do neoconfucionismo a todas as mulheres, não só as da classe alta. Gênero, de fato, tornou-se uma categoria mais importante do que classe, e isso era novidade. A política deu nova importância às mulheres, ainda que limitasse seu leque de atividades. Fazia eco a alguns aspectos das convicções ocidentais da metade do século XIX, como a profunda importância doméstica das mulheres, mas é óbvio que se afastava extensa e deliberadamente das tendências contemporâneas ocidentais, que se moviam em direção a maior igualdade legal e novos direitos políticos. A política também era acompanhada de rápido crescimento populacional no Japão, que criava novos deveres de família para muitas mulheres.

A política não teve sucesso em organizar todas as facetas de relacionamentos de gênero japonesas num todo coerente. Em particular, não impediu muitas mulheres de se tornarem paulatinamente mais interessadas em consumismo ao estilo ocidental. Nem impediu escritos e manifestações feministas. Ajustou-se, no entanto, à nova ênfase em respeitabilidade sexual. E ajudou a administrar as novas e importantes iniciativas em educação. É claro que abarcou uma reação de desprezo pelos modos ocidentais. A política, junto com o desenvolvimento industrial, também reduziu aos poucos a exploração das mulheres trabalhadoras e a instabilidade familiar que isso provocava. A porcentagem de mulheres na força de trabalho diminuiu sistematicamente e, no final do século XX, as mulheres japonesas estavam muito menos empregadas do que suas irmãs na Europa Ocidental ou nos Estados Unidos (e também, é óbvio, na Rússia) – a diferença entre os salários de mulheres e homens no Japão era também maior.

A mistura de reações ao contato com o Ocidente que emergiu na era Meiji e prosseguiu pelos anos 1920 e 1930 não permaneceu, é claro, imutável. Outra rodada de contatos com o Ocidente ocorreu depois de 1945, sob a ocupação americana. Estimuladas em parte por esses contatos, as mulheres japonesas conseguiram direito a voto e total igualdade perante a lei. As restrições sexuais diminuíram, à medida que o comportamento sexual voltou a ser mais uma questão pessoal. A taxa de natalidade começou a cair. Mesmo com esses novos desdobramentos e com um consumismo maior, uma tônica caracteristicamente japonesa permaneceu. O Japão era uma sociedade muito mais consciente da questão de gênero do que o Ocidente, no final do século xx, e as preocupações dos homens a respeito de sua masculinidade eram maiores. As diferenças em padrões de trabalho tinham eco na família, em que os homens e as mulheres compartilhavam menos as tarefas do que no Ocidente.

Conclusão

As reações aos novos contatos com a Europa Ocidental produziram importantes mudanças no Japão, assim como haviam produzido na Rússia. De fato, como as mudanças logo se estenderam para a maioria das mulheres, não ficando só com as da elite, os resultados no Japão foram mais substanciais, pelo menos até 1917. Em ambos os casos, os padrões de gênero do Ocidente (incluindo as implicações do consumismo feminino) eram vistos como libertadores, embora em ambos os casos essa reação fosse mais complicada pelas condições de trabalho mais rigorosas impostas às mulheres, na tentativa de emparelhar economicamente com o Ocidente. As reações principais à percepção do liberalismo ocidental, no entanto, diferiram dramaticamente. A Rússia voltou-se, de forma hesitante, para um modelo mais ocidental; até a revolução comunista, pelo menos, nenhuma alternativa inteiramente articulada com o modelo ocidental surgiu, além de um puro tradicionalismo. O Japão, após um breve flerte com uma imitação em grande escala, gerou uma alternativa que envolvia mudança sem uma real ocidentalização. A abordagem da questão de gênero não foi só um microcosmo, mas um ingrediente vital no programa japonês mais amplo de criar uma sociedade moderna e industrial, que era também definitivamente japonesa.

No nível global, os contatos que expandiram a influência do Ocidente de 1600 a 1900 ocorreram em dois cenários diferentes (na verdade, três, se as sociedades que conseguiram ignorar uma influência significativa, como a Ásia Oriental até o século XIX, forem incluídas). O primeiro cenário foi colonial, com certo grau de imposição do impacto ocidental sobre a sociedade em pauta. Isso produziu uma porção de resultados diferentes, dependendo do período, mas sempre contaminou os modelos de relações de gênero ocidentais com sua associação com a dominação colonial. Muitas pessoas, incluindo mulheres, podiam apegar-se a padrões tradicionais de gênero, precisamente porque pareciam ser parte de uma identidade nacional que lhes era cara. O segundo cenário, mais raro, mas extremamente importante, envolveu processos seletivos de ocidentalização que ocorreram como escolha (embora num contexto de crescente rivalidade e interferência ocidental); o Japão e a Rússia fornecem os exemplos mais significativos anteriores à primeira metade do século XX. Aqui também, como demonstram esses exemplos, os resultados foram diversificados e complexos. Além do mais, alguns dos mesmos temas também se prestaram ao caso das sociedades coloniais. O trabalho das mulheres podia ser mais integralmente explorado como mão de obra barata (como no Egito e no início da industrialização do Japão) ou pressões comerciais podiam criar novas desigualdades de oportunidades de trabalho para homens e mulheres (como ocorreu na Índia, África e Japão). A sensibilidade para com as críticas ocidentais às práticas consideradas "incivilizadas" foi a mesma nos cenários coloniais e nos cenários que se ocidentalizaram.

O que diferia era se as reformas tinham sido consentidas ou impostas. Os modelos ocidentais de relações de gênero podiam aparecer mais francamente como uma força de libertação (tanto para melhor quanto pior), se não fossem tingidos pelo colonialismo. O Ocidente era visto pelos reformadores russos, coreanos e japoneses em termos de direitos educacionais para as mulheres, maior independência no casamento, novas oportunidades de consumo, novas oportunidades para participar de eventos públicos etc. Alguns desses elementos surgiram entre as propostas dos reformadores em cenários coloniais como a Índia, mas eram acompanhados de maior ressentimento para com as críticas e controles ocidentais e também se misturavam a políticas coloniais que buscavam manter estáveis as relações de gênero como um modo de evitar protestos. Do mesmo modo, as reformas relativas a gênero em lugares como a Rússia e o Japão eram menos associadas com nacionalismo do que nas áreas coloniais; de fato, nacionalistas conservadores pareciam se sentir desconfortáveis com os ganhos femininos. Essas diferenças também podiam colorir os contatos com o movimento feminista mais tarde. O contato com o Ocidente foi uma força de mudança em ambos os cenários. Gerou complexidade e mesmo contradições em ambos, mas certos tipos de mudança – por exemplo, avanços educacionais – ocorreram mais rapidamente em casos não coloniais, e envolveram mais rapidamente um maior número de mulheres. Isso foi válido mesmo para o Japão, em que o contato com o Ocidente produziu a tentativa explícita de criar um modelo nacional diferente para as mulheres como parte do processo de adaptação.

Para saber mais

Sobre a Coreia e o Japão: Joyce Gelb e Marian Palley (eds.), *Women of Japan and Korea*: Continuity and Change (Philadelphia: Temple University Press, 1994); Robert Oliver, *A History of the Korean People in Modern Times* (Newark: University of Delaware Press, 1993; London: Associated University Presses, 1993); Gail Lee Bernstein (ed.), *Recreating Japanese Women*, 1600-1945 (Berkeley: University of California Press, 1991); Sumiko Iwao, *The Japanese Woman, Traditional Image and Changing Reality* (New York: Free Press, 1993). Kumiko Fujimara-Fanselow e Atsuko Kameda, *Japanese Women*: New Feminist Perspectives on the Past, Present and Future (New York: Feminist Press, 1995). Sobre o Egito: Judith Tucker, *Women in Nineteenth-century Egypt* (Cambridge e New York: Cambridge University Press, 1985); Margot Badran, *Feminists, Islam and Nation; Gender and the Making of Modern Egypt* (Princeton: Princeton University Press, 1995). Sobre a Rússia: Barbara Clements, Barbara Engel e Christine Worobec (eds.), *Russia's Women, Accomodation, Resistance, Transformation* (Berkeley: University of California Press, 1991); Barbara Engel, *Mothers and Daughters, Women of the Intelligentsia in Nineteenth-century Russia* (Cambridge e New York: Cambridge University Press, 1983); Marc Raeff (ed.), *Catherine the Great, A Profile* (New York: Hill e Wang, 1972); Robert Massie, *Peter the Great, His Life and World* (New York: Knopf, 1980).

O SÉCULO XX

O SÉCULO XX

Muitos tipos de contatos culturais conhecidos prosseguiram no século xx, ao lado de muitas configurações tradicionais de gênero. O interesse pela ocidentalização se estendeu para algumas novas sociedades, como a moderna nação da Turquia, tendo semelhanças com os primeiros esforços de ocidentalização de uma maneira geral e suas implicações para os relacionamentos homem–mulher. As atividades missionárias e coloniais ocidentais continuaram. Vimos que o impacto colonial na África, que só começou de fato seriamente no final do século xix, deu ensejo a uma série de reações complexas que adentraram o século xx, refletindo-se na atitude de líderes nacionalistas. A atividade missionária cristã e islâmica se acelerou na África. Uma onda de fundamentalismo cristão ganhou terreno a partir de 1970 na América Latina e em partes da Europa Oriental, assim como nos Estados Unidos, novamente com implicações importantes e já conhecidas para as relações de gênero. É vital lembrar a persistência de padrões e precedentes anteriores ao lidar com nossa época.

O século xx é um novo período na história mundial, no entanto, e isso se aplica à natureza dos contatos culturais e suas implicações para a questão de gênero. Acima de tudo, o século xx configura um declínio do poder relativo do Ocidente, manifestado em grandes movimentos de descolonização e no surgimento de novas nações. Novas tecnologias aceleraram muito o ritmo do transporte e da comunicação, com a criação de novos contatos culturais internacionais. O surgimento de corporações multinacionais envolveu ligações ao redor do globo também. O crescimento populacional massivo foi sem precedentes na história mundial, com enormes implicações nas vidas de homens e mulheres, ao passo que duas guerras mundiais testemunharam as conexões globais e o terrível potencial da tecnologia moderna.

Os contatos culturais imprimiram mudanças na questão de gênero de duas maneiras fundamentais, embora sem subverter importantes continuidades do passado. Em primeiro lugar, os contatos internacionais se aceleraram e diversificaram. Em segundo lugar, alguns elementos novos e vitais foram introduzidos nas mensagens disponíveis a respeito dos papéis masculino e feminino.

Um maior número de pessoas pode conhecer os padrões de gênero de outras sociedades do que antes – e com frequência, de sociedades muito distantes –, graças ao aumento do comércio e das viagens e acima de tudo às novas mídias como cinema e televisão. Os missionários e os representantes do colonialismo deixaram de ser os únicos intermediários. E ainda que pequenos e acidentais núcleos de isolamento deliberado continuassem a existir, a possibilidade de estar fora do entrecruzamento de conexões diminuiu de forma extraordinária.

Essa não foi a única mudança nos contatos. A liderança da Europa Ocidental e dos Estados Unidos em apresentar alternativas de modelos culturais persistiu, mas agora acompanhada de outras fontes. O aparecimento do Japão no cenário internacional, com muita presença na televisão, disseminou novos modelos de gênero. E mais importante que a intervenção japonesa foi o impacto, durante boa parte do século XX, do marxismo russo e depois chinês. Aqui havia uma religião secular ávida de disseminar internacionalmente ideias pronunciadas sobre mudança nos padrões de gênero tradicionais. Embora o marxismo fosse originado no Ocidente, sua influência internacional no século XX foi tirada de outras fontes. Muitas regiões – como a África e o Oriente Médio – estavam recebendo modelos culturais internacionais de vários centros, incluindo do Ocidente, mas não apenas dele.

Com a mudança nas fontes, uma série de caminhos de imigração aceleraram o intercâmbio de pessoas. O movimento da Europa para outras partes do mundo continuou, em particular nos primeiros anos do século XX. Os deslocamentos mais dramáticos foram imigrações da Ásia, Oriente Médio/Norte da África, África e América Latina/Caribe, um verdadeiro jato de regiões ainda não inteiramente industrializadas em direção a centros mundiais industrializados. Esse movimento se acelerou na primeira metade do século, intensificando-se ainda mais após a Segunda Guerra Mundial. Houve aqui nova fonte de contatos culturais, tanto para os imigrantes e as sociedades ao seu redor, quanto para as pessoas que haviam permanecido na terra de origem e mantinham contato com os que haviam imigrado.

Por fim, uma variedade de influências internacionais surgiu, em grande parte novamente vindas do Ocidente. As corporações internacionais disseminaram cultura, vendendo cinema, parques de diversões, programas de televisão por todo o mundo. A Liga das Nações e mais ainda as Nações Unidas buscaram ter voz na questão da mulher.

As mudanças nas fontes de contatos internacionais envolveram tecnologia, geografia e organização. Eram diversificadas. Num primeiro momento, a influência ocidental teve de compartilhar espaço com influências vindas de outras regiões. Num segundo momento, ela se ampliou pelo interesse desproporcional de imigrantes pela Europa Ocidental e pelos Estados Unidos e pelas novas corporações internacionais centralizadas no Ocidente que vendiam cultura em bases globais. De ponta a ponta, enquanto a possibilidade de permanecer livre da influência exterior diminuía significativamente, a disponibilidade de diferentes fontes e modelos crescia.

A segunda grande mudança envolveu os modelos culturais disponíveis, embora aqui também houvesse complexidade. Antes do século XX, muito da história dos contatos internacionais que afetavam gênero diziam respeito ao papel da religião ou de sistemas filosóficos, como o confucionismo. A maior parte desses sistemas, por sua vez, refletia estruturas patriarcais de gênero, com diferentes ênfases. Esse padrão persistiu no século XX, como vimos. Com a expansão das religiões, no entanto, três novos modelos se desenvolveram. O mais explícito foi o feminismo. Movimentos feministas tinham variadas definições, mas todos buscavam sérias modificações nas desigualdades decorrentes do patriarcado, e a maior parte tentou subverter totalmente as estruturas patriarcais. O acréscimo do feminismo à lista de influências culturais internacionais foi uma inovação vital, embora não tenha conseguido varrer todo o passado. O marxismo foi a segunda influência nova. Semelhante a padrões mais antigos de ser uma ideologia geral com implicações de gênero, diferia das religiões mais importantes e do confucionismo em seu alvo explícito de remover os arranjos econômicos e sociais existentes. Por último, a questão do consumismo, com lançamento de novos produtos, frequentes mudanças na moda, constantes buscas de novas formas de entretenimento, representou a terceira força cultural com impacto potencial em gênero.

Os três novos modelos culturais não se encaixaram de forma nítida. Marxistas e feministas podiam concordar sobre a importância de liberarem pessoas dos grilhões do passado, mas não concordavam necessariamente na definição de liberação ou sobre as prioridades que questões de gênero deveriam merecer. As influências do consumismo, embora desafiassem seriamente os costumes tradicionais, pelo menos num nível superficial, podiam ou não ser compatíveis com empenhos feministas. Controvérsias sobre que caminho tomar, em outras palavras, foram uma configuração importante da história do gênero no século xx. Isso se somou ao debate sobre se havia necessidade de escolher um novo caminho ou manter os arranjos tradicionais.

Os próximos capítulos traçam a teia de influências culturais de várias formas. Um capítulo examina uma região particularmente complexa, o Oriente Médio, interagindo com influências externas. É um estudo de caso semelhante a outros estudos de caso regionais vistos no início deste livro. Os outros três capítulos lidam mais diretamente com alguns dos novos formatos do século, tratando de imigração, organizações internacionais, incluindo marxismo e culturas de consumo. Nesses capítulos, regiões específicas, como a China e a África, merecem exame, assim como as implicações de alguns dos padrões mais amplos. A grande pergunta é: as mudanças significativas do século xx na natureza dos contatos internacionais relativos a gênero conduziram a mudanças comparáveis nos relacionamentos homem–mulher? Se não, por quê?

Imigração como contato cultural

Os índices e a diversidade das fontes de imigração aumentaram sistematicamente no século xx, fornecendo uma forma importante de contato entre culturas, com grande efeito na questão de gênero. Taxas diferenciais de aumento populacional e expansão econômica estão na base desse fenômeno: apesar dos fortes laços com o lugar de origem e, em geral, a enorme discriminação que encontravam no mundo industrial, muitas pessoas se locomoveram. Este capítulo examina algumas das configurações mais importantes da interação de imigrantes com a cultura nacional dominante nos Estados Unidos no início do século, como exemplo do fenômeno mais amplo. O modelo apresenta muitos aspectos conhecidos de outros casos de contato cultural: duas visões contrastantes do comportamento de homens e mulheres encontram-se, a visão do dominante busca alterações importantes nos padrões da cultura subordinada e acabam surgindo alguns compromissos de sincretismo. A imigração, porém, em suas formas usuais do século xx, era um contato cultural com uma diferença vital: as culturas dos imigrantes tinham raízes no lugar de origem e, assim, poucas defesas contra as mudanças nos padrões. Na verdade, as comunidades de imigrantes em geral se fechavam em grupos e às vezes criavam organizações protetoras; no entanto, cercadas pelas instituições da maioria – de mídia a escolas e a éditos governamentais –, a resistência ficava mais difícil, resultando, como tendência, a adoção dos padrões da maioria.

A imigração não era uma novidade do século XX. Grupos minoritários se mudaram para áreas culturais estabelecidas de forma recorrente ao longo da história, em ritmo que se acelerou no século XIX. Três traços do século XIX e do século XX, no entanto, foram notáveis. Primeiro, os números continuaram a crescer. Os índices na virada do século nos Estados Unidos, Canadá, Argentina e em outros lugares não tiveram precedentes. Houve um certo afrouxamento na metade do século, particularmente devido à depressão e à guerra, mas a onda retornou depois da Segunda Guerra Mundial. Índices de imigração para os Estados Unidos desde os anos 1960 têm sido os maiores na história da nação. Nesse momento, também a Europa Ocidental se tornou alvo de imigração. Em segundo lugar, a diversidade de fontes de imigração aumentou. Ocorreram mais imigrações a longa distância. Os tipos de imigração no século XIX – irlandesa e alemã através do Atlântico, por exemplo – tinham sido muito difíceis. Agora, no entanto, muito mais asiáticos, africanos e latino-americanos participavam das locomoções, que ampliaram o leque de encontros culturais. Por fim, a imigração do final do século XIX em diante mais e mais envolveu movimento em direção a centros urbanos e para culturas agressivamente nacionais, em que os imigrantes tinham dificuldade de se adaptar. As experiências anteriores de imigração tinham às vezes sido atenuadas por locomoção para zonas rurais (como os alemães para o meio oeste americano), em que velhos hábitos, incluindo idioma, podiam ser preservados em comunidades rurais relativamente isoladas. Mesmo em algumas cidades pré-modernas, grupos minoritários podiam ser autorizados a formar enclaves separados, que seriam vistos com certa suspeita pela maioria, mas não sofreriam interferência ativa. Nas cidades, e sob governos que queriam garantir que todos os residentes mantivessem certos padrões nacionais, essa capacidade de se isolar era reduzida. Novamente, o resultado acabou sendo um tipo de contato cultural mais rápido e algumas vezes mais desorientador.

Cada experiência de imigração tem suas próprias características, mesmo no século XX, que é assimilacionista. Os próprios exemplos norte-americanos deste capítulo são diferentes entre si, com deferentes tipos de reações (mais racistas quando envolveram imigrantes chineses do que italianos) e acima de tudo dependendo da cultura e das condições presentes entre os imigrantes. Outros casos importantes incluíram deslocamentos em direção à América Latina, Canadá e Austrália; deslocamentos mais recentes em direção à Europa; além de ajustes asiáticos, por exemplo na contínua imigração de chineses para a Tailândia. No entanto, apenas com uma amostra da experiência nacional é possível perceber a amplitude do leque dos contatos culturais no século xx. Os padrões de gênero dos imigrantes por vezes mudaram rapidamente. Os resultados tiveram consequências mais amplas à medida que os imigrantes retornavam às terras de origem, para permanecer ou para visitar. Em ambos os casos, a imigração ajudou a disseminar alguns modelos dominantes de como se esperava que homens e mulheres viessem a ser.

Posturas e intervenções americanas

Duas configurações das interações culturais envolvidas na imigração moderna sem dúvida a distinguiram de contatos culturais mais convencionais, e ambas intensificaram os resultados do relativo isolamento dos imigrantes na sociedade anfitriã. Em primeiro lugar, uma série de intervenções era possível. No início do século xx, os imigrantes nos Estados Unidos eram obrigados a ir para a escola, e ainda que algumas instituições educativas separadas tenham sido criadas, em particular para católicos relutantes em aceitar a tônica protestante dominante nas escolas públicas, a maior parte das crianças foi para instituições subvencionadas pelo Estado que realçavam os valores dominantes. Muitos imigrantes urbanos receberam visitas de assistentes sociais com a intenção de corrigir problemas de família. Essas visitas eram acionadas pela vizinhança, inclinada a auxiliar a integração dos imigrantes com a sociedade maior. A publicidade também divulgava mensagens importantes, por exemplo, sobre formas "modernas" de higiene e sobre a responsabilidade das mulheres em implantá-las em seus lares. Alguns empregadores – como a Ford, com seu programa de americanização – também procuraram regularizar os costumes dos imigrantes, construindo uma força de trabalho mais eficiente e estável. Em suma, os sinais culturais eram inescapáveis. Nem todos eram seguidos, mas com certeza se tornaram familiares. É evidente que esses vários pontos de contato eram muito mais extensos do que em outros intercâmbios culturais que envolviam sociedades separadas e desiguais.

Em segundo lugar, os contatos logo se tornaram muito pessoais. Os observadores americanos foram muito críticos com os costumes reais ou imaginários dos grupos imigrantes. Não achavam suficiente mostrar a necessidade de educação ou de determinados comportamentos no trabalho. Queriam golpear fundo e interferir também na vida privada. Com variações, é claro. Muitos assistentes sociais e funcionários do sistema de habitação passaram a ter um certo conhecimento e dispensar certa simpatia pelos valores dos imigrantes, e não achavam que tinham de americanizá-los completamente. Havia tensões nos próprios valores dominantes. A maioria dos observadores entendia que o ideal seria a mulher não trabalhar fora de casa, pelo menos depois do casamento. Por outro lado, também se preocupavam com a ociosidade, por isso passavam boa parte do tempo capacitando as mulheres para o trabalho. Advertências com relação à conduta sexual coexistiram com propaganda com implicações sexuais, por exemplo no uso de cosméticos. Ainda assim, alguns temas estiveram na base dos vários esforços feitos para aculturar os imigrantes e rever suas definições de gênero.

Muitas das suspeitas alimentadas pelos americanos nativos com relação aos imigrantes europeus orientais e do sul e asiáticos focalizavam diretamente a questão de gênero. Os imigrantes homens eram considerados suspeitos por seus hábitos de trabalho, sua sexualidade e seu potencial de radicalismo. As imigrantes mulheres enfrentavam uma lista maior. Podiam ser acusadas de falta de asseio. Muitas eram vistas como supersexualizadas, numa sociedade que ainda acreditava que as mulheres tinham uma responsabilidade especial pelo controle sexual. Um observador, explicando sua denúncia de que muitas mulheres judias eram prostitutas, disse que

> como na Europa o sentimento sobre imoralidade sexual é muito menos pronunciado do que nos Estados Unidos, as mulheres presumivelmente em muitas instâncias não têm a consciência de degradação de sua condição de decaídas que [...] causa aguda dor à garota americana.

Também se acusava a imigrante de não ter habilidade para a maternidade: a mulher tinha um número irresponsável de filhos (culpa dela e do marido) e não cuidava direito deles, permitindo-lhes, entre outras coisas, trabalhar ainda muito jovens.

Atitudes desse tipo subscreveram programas radicais de reforma, para a criação de novas normas de gênero, adequadas para um novo tipo de família. E não era de se surpreender que muitos imigrantes tivessem se insurgido contra os objetivos desses programas. Tirar as crianças do trabalho, por exemplo, não fazia sentido em termos de sobrevivência econômica e das tradições de longa data. A proteção da cultura trazida do país de origem, incluindo religião, era um objetivo familiar vital dos imigrantes, pelo qual as mulheres com frequência se sentiam particularmente responsáveis, e isso não estava presente na lista dos reformadores. Os imigrantes tinham algumas possibilidades de defesa cultural. Sua área de habitação separada e seus centros religiosos podiam ser suplementados, como logo aconteceu com os judeus, por exemplo, por associações étnicas e religiosas, propiciando uma vida social diferenciada. Alguns grupos – com os italianos à frente – lutaram com sucesso para manter a maioria das mulheres trabalhando em casa, para que não fossem expostas a pessoas de fora. Por exemplo, os italianos diferiam dos imigrantes eslavos, pois impediam em geral que as mulheres se empregassem como domésticas, ficando assim expostas ao choque entre diferentes valores domésticos. As mulheres que chegavam já casadas com frequência evitavam se assimilar, mantendo a língua nativa e ficando em casa e na vizinhança. Podiam ficar muito desorientadas, e mesmo perturbadas, mas sua exposição à mudança era limitada. Mulheres solteiras e filhas de imigrantes tinham menor resistência. As filhas foram trabalhar fora muito mais do que as mães, e sua exposição à língua inglesa e aos novos hábitos foi grande. Isso adicionava um certo choque e sentimento de culpa à experiência da imigração. Comentário de uma mulher imigrante: "E foi para isso que cruzamos o mundo?"

Entre pressões e atitudes defensivas, ocorreram rapidamente ajustes básicos, refletindo importantes mudanças de valores. As taxas de natalidade caíram, o que levou a novas ideias sobre crianças e paternidade/maternidade. As taxas de natalidade entre os judeus logo acompanharam a média nacional em decréscimo, e a taxa entre ítalo-americanos caíram um pouco mais devagar. Mesmo entre os ítalo-americanos, que como católicos sofriam a restrição da igreja ao uso de controles de natalidade artificiais, a mudança foi muito mais rápida do que a adoção de novos métodos por parte dos principais grupos de imigrantes do século xix, como os alemães. Os italianos falavam em cortar a taxa de natalidade "dormindo do jeito americano", isto é, em camas e mesmo em quartos separados. Gradualmente, no entanto, as mulheres adquiriram informações sobre outros métodos de controle, incluindo artefatos como diafragmas e preservativos. As várias fontes de contato cultural se intensificaram claramente. Ideias sobre escolaridade e trabalho infantil também mudaram, com crescente reconhecimento de que as crianças precisavam de ênfase em educação, pelo menos na escola primária, e as mães deveriam estar disponíveis para facilitar a organização doméstica. Curiosamente, filhas de imigrantes frequentavam a escola em geral por mais tempo do que os filhos, porque havia menos empregos disponíveis para garotas adolescentes, beneficiando-se assim de uma educação que podia prepará-las para cargos de colarinho-branco. As ideias sobre casamento mudaram. Os índices de divórcio entre imigrantes ficavam atrás dos índices de divórcio entre os americanos nativos, mas as crenças de que o casamento deveria ser escolhido com liberdade, baseado em amor e a salvo da violência doméstica se espalharam rapidamente. Em decorrência, as mulheres imigrantes começaram a se casar mais tarde do que suas mães, reflexo dos novos padrões de trabalho, mas também de novas expectativas sobre como levar um casamento.

Essas mudanças de valores pessoais não significaram um amálgama completo com o cadinho nacional que não tinha traços característicos. A maior parte dos imigrantes manteve ligações religiosas e étnicas trazidas de suas terras; poucos se converteram ao protestantismo. Alguns dos valores de família que lhes foram impostos tinham a ver com seus padrões tradicionais. Alguns historiadores verificaram que os imigrantes escolhiam os produtos de consumo, a despeito da propaganda nacional, a partir de seus hábitos e preferências étnicas. O casal italiano que dormia em quartos separados com frequência dormia com uma criança do mesmo sexo, o que não era o padrão americano. Os casamentos em geral se consumavam entre pessoas da mesma origem étnica, mesmo quando as ideias sobre casamento tinham mudado. Apesar das pressões intensas da experiência de imigração, ocorreram combinações culturais criativas.

Imigrantes chineses

Um dos grupos sujeitos a pressões de gênero mais intensas da cultura americana era o de mulheres imigrantes chinesas, e, por intermédio delas, o dos homens. A imigração chinesa para os Estados Unidos começou em meados do século xix, como resultado das necessidades de trabalho americanas, em particular com o desenvolvimento da estrada de ferro para o oeste dos Estados Unidos e o aumento da população chinesa. A maior parte dos imigrantes eram homens que desde cedo se depararam com intenso preconceito racial, incluindo o medo da classe trabalhadora americana diante da concorrência. Chegaram algumas mulheres também, para casamentos arranjados ou para a prostituição. Algumas tinham sido vendidas pelas próprias famílias, outras seduzidas por promessas de casamento que não se materializaram.

Havia aqui um amplo campo para esforços de conversão cultural. Além de tentar banir a imigração – leis restritivas foram aprovadas na Califórnia nos anos 1880 – alguns dos reformadores americanos quiseram socorrer as mulheres envolvidas. Esse esforço teve início nos anos 1870, mas se intensificou no início do século xx. A classe média protestante ficava consternada com o que via nas estruturas patriarcais dos chineses, incluindo o enfaixe dos pés das mulheres. A subordinação radical das mulheres não se coadunava com as convicções americanas em que a mulher era a referência moral do lar. No caso das próprias imigrantes, muitas das quais haviam aceitado arranjos dúbios em decorrência de seus votos de obediência, as convicções confucianas eram misturadas com questões de sexo, o que levava a uma exploração sexual incontestável. Muitos homens imigrantes chineses estavam irritados com a discriminação sofrida nos Estados Unidos, que mexia com sua masculinidade. Quando os empregos na construção da estrada de ferro terminaram, muitos tiveram de assumir trabalho em lavanderias, que tradicionalmente era trabalho feminino, o que foi razão de tormento. Da parte dos americanos, a exploração sexual de imigrantes – muitas zonas de meretrício se formaram ao redor dos prostíbulos chineses – ameaçou o recato da tendência cultural, que buscava restringir a sexualidade ao casamento e também limitar a atividade sexual. O choque resultante transformou-se em ataques racistas contra os chineses ou pressões por reformas.

Ativistas protestantes, como os envolvidos no Presbyterian Mission Home [Lar Missionário Presbiteriano] de S. Francisco (1874-1939), forneceram uma forte alternativa à tradição chinesa e às circunstâncias especiais das mulheres imigrantes. As mulheres que entraram no Lar foram protegidas dos homens. Ali eram vigorosamente doutrinadas pelo cristianismo, que muitas aceitavam, e inculcadas de ideais da família americana, a saber: domínio masculino mas também influência moral feminina baseada na pureza. A organização do lar "sobre princípios cristãos" era vista pelos reformadores como "o primeiro passo para uma evolução do paganismo para a civilização". Rigorosas rotinas de trabalho eram encaradas como úteis e como suporte de controle sexual. Casamentos arranjados com sino-americanos bem-estabelecidos, e se possível cristãos, eram bem-vindos. Curiosamente, para o desconforto dos eclesiásticos protestantes, as atividades reformistas continuavam depois do casamento também. Precisamente pelas novas expectativas que tinham formado, as esposas chinesas eram ávidas de relatar a insatisfação no casamento, principalmente em caso de abuso físico. Nesse sentido, os esforços missionários se voltaram diretamente para os homens, buscando dissuadi-los do sentimento de superioridade herdado do confucionismo. Casos pungentes incluíam mulheres que não conseguiam ter filhos: os maridos com frequência tomavam uma concubina ou mais uma esposa, de acordo com o sistema tradicional chinês, mas as mulheres, imbuídas dos valores de família americanos, passaram a se opor a isso energicamente.

Os empenhos dos reformadores não tiveram sucesso uniforme, mesmo entre as mulheres. Algumas que podiam entrar em refúgios, se recusaram a isso. Sabiam quão estrito era o regime e quão estranho era, a seus valores, e optaram por continuar sozinhas. Algumas entraram com a intenção de manipular: encontrar uma pausa para a exploração sexual que sofriam, mas sem se entregar a um novo conjunto de crenças. Uma constante dos contatos culturais envolve diversidade de reações. Outra constante refere-se à capacidade, mesmo de pessoas sem qualquer poder, de dar nova forma a sistemas culturais dominantes adequando-os à sua conveniência, sem "comprar" o pacote todo. Além do mais, mesmo a mulher que se converteu inteiramente não se encaixou de forma total na tendência cultural americana. O racismo impediu isso – a insistência em se casar com homens chineses confinou a maioria das mulheres a determinados setores econômicos e residenciais na sociedade americana, já estando o século xx bem avançado. No entanto, houve sim conversões, ao menos até um certo grau, e em alguns casos ela foi notavelmente rápida. Em resumo, um grau dramático de diferença cultural, um conjunto especial de problemas com frequência angustiante que deixou algumas mulheres particularmente abertas à mudança e um grupo autoconfiante de reformadores americanos juntaram-se para produzir um caso notável de intercâmbio no universo da imigração.

Conclusão

A experiência do contato cultural dos imigrantes foi uma configuração vital da história mundial do século xx. Merece ser comparada com casos mais conhecidos de contato cultural. Por exemplo, as influências externas mais difusas sobre práticas de gênero na própria China, tema do capítulo "Novas influências internacionais", contrastam obviamente com o intenso intercâmbio de alguns sino-americanos.

A variada experiência de imigração nos Estados Unidos no início do século xx teve algumas características especiais. A tolerância dos reformadores para com valores alternativos não duraria para sempre. Por volta de 1930, por exemplo, os lares missionários para mulheres sino-americanas começaram a diminuir, em parte porque as convicções sobre restrições sexuais estavam se desfazendo. A mensagem moral se tornou menos clara. (Curiosamente, aumentaram os esforços de assimilação por parte dos sino-americanos, produzindo, entre outras coisas, desfiles de beleza destinados a mostrar conexões com a tendência consumista.) Comparado com situações de imigração fora dos Estados Unidos, o zelo americano em reformar culturas foi singularmente intenso. O zelo resultava tanto do medo do excesso de diversidade, numa sociedade altamente imigrante, e de crenças digamos modestamente otimistas de que os imigrantes fossem capazes de se aprimorar. Outras sociedades podem ter se preocupado menos com a assimilação, ou desejado que os imigrantes ficassem permanentemente segregados, sob a premissa de que sua inferioridade era irremediável. Por isso, os exemplos americanos não devem ser tomados como modelos gerais. Ainda assim, a importância da experiência de imigração – para os próprios imigrantes, para o povo da sociedade hospedeira e para o povo do país de origem que recebia a volta dos imigrantes, ou ouvia suas notícias, ou pensava no processo – desempenha um papel vital no panorama em mudança dos contatos culturais no período mais recente da história mundial.

Para saber mais

Judy Yung, Unbound Feet. *A Social History of Chinese Women in San Francisco* (Berkeley: University of California Press, 1995); Doris Weatherford, *Foreign and Female*: Immigrant Women in America, 1840-1930, 2. ed. (New York: Facts on File, 1995); Kathie Friedman-Kasaba, *Memories of Migration*: Gender, Ethnicity, and Work in the Lives of Jewish and Italian Women in New York, 1870-1924 (Albany: State University Of New York Press, 1996); Ronald Takaki, *Strangers from a Different Shore*: A History of Asian Americans, 2. ed. (Boston: Little, Brown, 1989).

Contato e retraimento:
o Oriente Médio no século xx

O caso do Oriente Médio é um dos mais fascinantes do século xx, no que diz respeito à crescente interação com ideias e imagens do exterior que afetam os relacionamentos homem-mulher. As questões ligadas a gênero foram centrais na polêmica que juntou influência ocidental e internacional, de um lado, e a tradição islâmica, de outro. O quadro foi inevitavelmente complexo. A própria tradição islâmica, como vimos no capítulo "Padrões islâmicos extremos à região central: mudanças e continuidades na Índia e na África subsaariana", era fonte de controvérsias: ao mesmo tempo em que protegia muitos direitos das mulheres, insistia na sua inferioridade, e os muçulmanos contemporâneos continuaram a discussão sobre quais elementos deveriam predominar. Os modelos do exterior não eram consistentes. Estando perto geograficamente da Europa e sujeitas a uma série de exemplos e influências, muitas regiões do Oriente Médio começaram a tomar de empréstimo novos elementos no começo do século xx. O fato é que a influência europeia emitiu sinais confusos, acenando por um lado com legislações que realçavam a domesticidade da mulher e a liderança doméstica masculina e, de outro lado, novas correntes feministas, novas oportunidades educacionais e modismos inovadores. Mais tarde, sociedades que continuaram voltadas para os modelos europeu e americano receberam novos elementos advindos de diferentes padrões de gênero, que refletiam as mudanças nos papéis de trabalho e o feminismo. Com uma herança ambivalente e em meio a padrões do exterior também ambivalentes, não é de se admirar que a mudança ocorresse de forma intermitente.

Como em outras áreas, o exemplo cultural ocidental viu-se restringido por mudanças econômicas. Tentativas de imitar o desenvolvimento industrial ocidental, que chegaram à região com as invasões comerciais ocidentais, com frequência reduziram as opções econômicas das mulheres. Para os homens o acesso a novos trabalhos nas cidades foi desproporcional, enquanto a atividade das mulheres, inclusive no campo, viu-se reduzida pela introdução de maquinários. Nesse contexto, a inspiração cultural do Ocidente caiu por vezes em solo infértil ou provocou resistências, por causa dos evidentes conflitos com a realidade econômica.

O Oriente Médio ficou sob a influência do exterior no século xx, numa situação de desordem política fora do comum. O ex-poderoso Império Otomano, que unificara grande parte da região, declinou em consequência da Primeira Guerra Mundial. Uma rede de pequenas nações, em geral rivais, surgiu com pouca resistência à intervenção econômica e por vezes diplomática do Ocidente. Era um cenário no qual as ideias estrangeiras sobre gênero poderiam parecer particularmente envenenadas por complicarem identidades nacionais frágeis e serem associadas com poder exterior – o que os povos do Oriente Médio sempre encararam, justificadamente, como um imperialismo anacrônico.

Esses fatores geraram uma discussão singularmente forte e polêmica sobre o que se poderia aceitar como mudança – se é que se poderia – na questão de relacionamentos de gênero. Os modelos oferecidos pelo Ocidente diferiam dos da tradição regional, e o poder do Ocidente era incontestável; conforme o grupo, a tendência era imitar ou resistir. Surgiram polêmicas em todos os países sobre o quanto a ocidentalização era aceitável, ou sobre quais seriam as alternativas à mudança substancial. No final do século, enquanto as discussões prosseguiam por toda parte, os resultados variavam de lugar para lugar. Este capítulo examina dois casos – o da Turquia e o do Irã –, nos quais o exemplo do Ocidente desde cedo esteve presente, com reações muito diversas. Ocorreram mudanças em ambos os casos, variando de um secularismo insistente a uma reafirmação religiosa.

Turquia

O contato com o Ocidente ajudou a promover consideráveis mudanças nas condições das mulheres turcas, apesar dos resultados irregulares. As mudanças começaram, de fato, antes do surgimento da moderna nação turca, nos anos 1920, com reformas de influência ocidental promovidas pelo Império Otomano. Por exemplo, em 1863, uma faculdade para a capacitação de professoras foi aberta em Istambul, seguida pelo estabelecimento de escolas primárias para meninas. Um novo período de reforma otomana, depois de 1908, estimulou ainda mais a educação de mulheres e a criação de associações femininas em algumas cidades. As mulheres também conquistaram novos empregos, em fábricas e escritórios, em particular durante a Primeira Guerra Mundial, mas os decretos governamentais continuaram a regulamentar o comprimento das saias para as trabalhadoras, e foi necessário um decreto imperial específico para abolir a obrigatoriedade do uso do véu no trabalho de escritório.

A parte turca do Império Otomano nesse ponto foi marcada pelos contatos com o Ocidente. Os negócios com o Ocidente operavam ativamente. Conselheiros ocidentais influenciavam a escola militar e mesmo escolas mais especializadas, como centros de engenharia. Os reformadores turcos, embora predominantemente homens, consideraram a ideia de tornar a Turquia mais Ocidental – como forma de preservar a independência. Quando a nova república turca se formou em 1923, essa orientação se tornou política oficial. O novo líder, Kemal Ataturk, estava determinado a tornar a Turquia respeitável aos olhos do Ocidente, e nesse sentido as mudanças na questão de gênero eram um quesito fundamental. Ataturk deixou isso claro, em um discurso de 1923:

Nossos inimigos afirmam que a Turquia não pode ser considerada nação civilizada porque consiste de duas partes separadas: homens e mulheres. Será que podemos fechar os olhos para uma porção de um grupo, enquanto avançamos em outro, e assim mesmo levar o progresso para o grupo todo? O caminho do progresso precisa ser trilhado por ambos os sexos, marchando juntos, de mãos dadas.

O objetivo era duplo, e não dirigido explicitamente à emancipação da mulher. Em primeiro lugar, o fator de embaraço tinha grande importância: a Turquia precisava parecer mais com o Ocidente, e isso significava atacar de frente as tradições islâmicas. De acordo com Ataturk, tomar medidas como promover a igualdade e outras reformas na lei da família seria um vigoroso símbolo da determinação turca de "alcançar um nível de civilização contemporânea" – definida pelos padrões ocidentais. Em segundo lugar, as mudanças para as mulheres eram vistas como pré-condições para novos tipos de atividade econômica e política, pelo papel socializante vital desempenhado pelas mães. Em suma, se as mães não mudassem, seus rebentos, tanto do sexo masculino quanto feminino, não mudariam o suficiente para construir uma nação mais forte. Diz Ataturk:

> Se se achar que é suficiente que apenas um dos dois sexos que compõem a sociedade seja equipado com as necessidades contemporâneas, metade da sociedade continuará fraca. [...] Portanto, se o conhecimento e a tecnologia são necessários para nossa sociedade, tanto homens quanto mulheres devem ter acesso a eles.

Assim, a educação tornou-se obrigatória em 1923 para ambos os sexos e, embora as escolas de fato tenham se espalhado lentamente, a educação primária para as mulheres avançou apenas um pouco mais lentamente do que a dos homens. Outra arena vital implicou legislação e política. Em 1926, Ataturk impôs a um hesitante Parlamento uma versão modificada do código legal suíço. As novas leis asseguravam na teoria igualdade legal para as mulheres, introduzindo a monogamia e a paridade de direitos ao divórcio – vistos como "princípios necessários para um mundo civilizado". Um segundo conjunto de medidas permitiu que as mulheres votassem nas eleições municipais de 1931, e depois votassem e fossem eleitas nas eleições gerais de 1934 – 14 anos antes que as mulheres ganhassem esses direitos em lugares como França e Itália. Em 1935, 18 mulheres conseguiram vagas de deputado no parlamento. Inspiradas nas lutas pró-sufrágio do Ocidente, organizações femininas, como a Liga Feminina Turca, pressionaram por reformas. Mesmo assim, havia um enorme número de líderes do sexo masculino, incluindo o próprio Ataturk, responsáveis pelas mudanças, que a maioria dos turcos, tanto mulheres como homens, desaprovava.

Ataturk também atacou a tradição de vestuário feminino, adotando aqui a persuasão no lugar de ações legais. As leis forçaram mudanças no vestuário dos homens, procurando torná-los mais parecidos com o dos ocidentais, mas a questão do véu e do manto tradicional (xador) para as mulheres era importante demais para soluções tão simplistas. A retórica era forte:

> Em alguns lugares eu vejo mulheres que escondem o rosto e os olhos jogando um pedaço de pano, um cachecol, ou algo assim sobre a cabeça, e quando cruzam com um homem, viram as costas pra ele. [...] Qual é o sentido e a explicação desse comportamento? Senhores, será que as mães e irmãs de uma nação civilizada teriam um comportamento assim tão absurdo e vulgar? Essa é uma situação que põe nossa nação no ridículo. Tem de ser corrigida imediatamente.

Muitas mulheres turcas das cidades adotaram estilos ocidentais de vestuário assim como de cosméticos. A divisão visível entre as mulheres tradicionais e modernas da Turquia foi um dos sinais da complexidade das reações aos modelos ocidentais.

A reforma fez mais do que dividir os turcos: também revelou as grandes ambiguidades dos próprios reformadores. O código de leis suíço que a Turquia adotou era um dos mais conservadores da Europa, insistindo no lugar do homem como cabeça da família. Introduziu importantes mudanças na legislação da família islâmica, mas continha várias manifestações de desigualdade como: "O homem é a cabeça da união do casamento" e "O direito e responsabilidade de decidir o lugar de morada pertence ao marido". Homens e mulheres recebiam punições diferentes em caso de adultério. Os homens também levavam vantagem no caso de disputa sobre a guarda das crianças. Além disso, quando se tratava de questões de vestuário, Ataturk e seus colegas advertiam as mulheres turcas a evitar os estilos "promíscuos" que estavam ganhando terreno no Ocidente numa época tumultuada. Elas não deveriam mostrar demais seus corpos e deveriam assumir "uma atitude virtuosa". Durante os anos 1930, as mulheres também foram mantidas fora da administração pública, e Ataturk fez *lobby* junto às organizações feministas para não irem longe demais com suas demandas, no interesse na unidade nacional. A educação foi outra área difícil. Por volta de 1926, havia 54 escolas secundárias para homens e só 15 para mulheres. Escolas vocacionais, quase sempre segregacionistas em termos de gênero, enfatizavam a economia doméstica e cuidados infantis para as mulheres, "para treiná-las na questão de higiene, ordem, organização de um lar econômico e de bom gosto, permitindo-lhes manter casamentos alegres e felizes, e assim, levando-as a contribuir para o desenvolvimento social do país". E ainda que essa abordagem e sua retórica pudessem ser facilmente encontradas também no Ocidente nesse período, o impacto no contexto turco era muito intenso. Fortes remanescentes da tradição indicaram o rumo da reforma, e, ao mesmo tempo, o exemplo ocidental foi bastante variado para permitir certa seleção na abordagem adotada – como, por exemplo, a escolha da legislação suíça em vez da escandinava.

No entanto, apesar de todas as dúvidas, aquilo que os estudiosos chamaram de um feminismo patrocinado pelo Estado produziu uma verdadeira mudança, tornando a Turquia realmente singular entre os países islâmicos, mesmo no final do século xx. O programa de ocidentalização de Ataturk foi bem mais longe do que o de Pedro, o Grande, na Rússia, em alterar as relações de gênero, possivelmente porque o próprio modelo ocidental havia mudado muito. Um grande número de mulheres turcas começou a ingressar em campos como medicina e direito, com uma presença muitas vezes maior do que na Europa Ocidental. Mulheres instruídas das cidades mantiveram ligações econômicas e culturais íntimas com suas colegas do Ocidente.

O processo de mudança se deu num crescendo, por causa da pressão de grupos femininos e como resultado da força cinética. Por volta do final dos anos 1930, diminuíram-se as diferenças de gênero no currículo da escola, pré-condição para o crescimento profissional das mulheres. Por volta dos anos 1970, as forças internas da reforma somadas a contatos adicionais com o Ocidente e o crescimento do feminismo internacional estimularam novos desenvolvimentos. Muitos turcos imigraram para trabalhar algum tempo na Europa Ocidental, e enquanto uma parte permaneceu na Europa e foi alvo, com frequência, de grande discriminação, outra parte retornou às raízes em suas cidades e aldeias natais. A participação ativa da Turquia na Otan trouxe ao país enclaves militares ocidentais, particularmente americanos, e o turismo do Ocidente aumentou de forma intensa. A profusão de filmes e modismos ocidentais ampliou o interesse geral pela cultura ocidental. Nesse contexto, novos grupos de mulheres e publicações surgiram, em particular a partir dos anos 1980, defendendo uma ocidentalização maior na questão de gênero na Turquia. Em 1986, uma coalizão encaminhou petição destinada a implementar a Convenção pela Eliminação de Qualquer tipo de Discriminação Contra as Mulheres da ONU, que a Turquia assinara, no entanto a ignorava amplamente. Uma nova revista – *Feminista* – surgiu em 1987, atacando formas de autoridade patriarcal tais como abuso doméstico e assédio sexual. Manifestações públicas determinaram algumas mudanças na legislação, como revogação de um artigo que exigia o consentimento do marido para a mulher trabalhar fora de casa.

As dissensões persistiram. Com as mudanças na economia do país, muitas mulheres tornaram-se mais dependentes economicamente do casamento; a identidade fornecida pela tradição islâmica tornou-se um forte atrativo para ambos os gêneros. Um movimento fundamentalista islâmico significativo surgiu nos anos 1990, logo ganhando poder político, e tendo como alvo as tendências de secularização dos reformistas, incluindo as feministas. Na prática, no entanto, não houve grande esforço para restaurar as antigas tradições, no que diz respeito a gênero. Além do mais, surgiu um importante movimento pelos direitos da mulher entre os muçulmanos, que buscava, nos referenciais islâmicos, elementos para maior igualdade; esse movimento tinha a esperança de encontrar uma via intermediária de construir relacionamentos que não fossem nem ocidentais nem puramente tradicionais. Esse esforço de sincretismo foi talvez o sinal mais evidente do complexo impacto produzido por várias gerações de intercâmbio com modelos ocidentais.

Irã

De uma maneira geral, o Irã desenvolveu as mesmas tendências reformistas que a Turquia no século xx, a partir do modelo ocidental, num contexto em que, como na Turquia, a legislação islâmica tinha há muito definido as relações básicas entre homens e mulheres. Os resultados, no entanto, foram diferentes. Na revolução de 1978-9, os iranianos se desfizeram dos modelos ocidentais, tendo muitas mulheres se juntado aos homens para buscar um modelo diferente, mais tradicional na questão de gênero. Não se deve superestimar a diferenciação: os turcos, também, continuaram a se debater entre o tradicional e a inclinação à ocidentalização, enquanto os iranianos não estiveram imunes à influência internacional mesmo depois da grande revolução. O que foi diferente, é claro, foi o equilíbrio alcançado.

O Irã manteve alguns dos mesmos tipos de contatos comerciais que o Império Otomano tinha com o Ocidente – de fato, o governo acolhia bem os investimentos estrangeiros –, mas o intercâmbio cultural era menos intenso. Só em 1907 foi criada uma escola de ensino fundamental para mulheres. Em 1906, uma nova constituição nacional reconfirmou princípios islâmicos, definindo legalmente as mulheres como sendo esposas e filhas dependentes de lares encabeçados por homens. No entanto, logo depois, um novo monarca, o xá Reza começou a disputar o controle religioso, propondo uma série de modernizações, reformas seculares que gradualmente haveriam de imprimir mudanças no *status* das mulheres. Em 1937, por exemplo, o xá emitiu um decreto banindo o véu e o xador, que recobre todo o corpo da mulher; as mulheres tinham de aparecer em público com roupas no estilo ocidental.

Escolas, incluindo a nova Universidade de Teerã, foram abertas para as mulheres. Como na Turquia, as mulheres, no papel de mães, eram vistas como vitais no processo de modernização. Como na Turquia, também, no entanto, a mudança era desequilibrada, tanto por causa de uma difundida resistência quanto porque os próprios reformadores homens vacilavam diante dos modelos mais radicais do Ocidente. Assim, a nova legislação, em 1932, pouco fez para mudar o código da família islâmico, apenas subindo a idade do casamento para as meninas para 15 anos. Um novo código criminal, em 1940, foi além, abolindo a antiga lei islâmica, que considerava o testemunho de um homem equivalente ao de duas mulheres. No entanto, esse mesmo código deu aos homens o direito de matar a mulher adúltera, enquanto a mulher não gozava do mesmo direito com relação ao marido infiel.

Por volta de 1960, depois que os Estados Unidos ajudaram a destituir um governo islâmico desfavorável aos interesses ocidentais, a reforma corrente se expandiu. Os contatos com o Ocidente agora incluíam colaboração militar ativa, como parte da rede de alianças que os Estados Unidos patrocinavam na Guerra Fria, e atividades ocidentais mais extensas na indústria do petróleo e no desenvolvimento econômico. Muitos estudantes iranianos foram estudar fora. Um número substancial de comunidades ocidentais se desenvolveu no país, tendo, com frequência, suas próprias áreas de lazer, fornecendo exemplos de comportamentos femininos livres em público e, mais tarde, no vestuário (e na praia, a quase nudez). A importação de produtos de consumo e filmes e assemelhados ampliou as influências culturais, principalmente nas cidades. Um movimento de mulheres iniciante surgiu, pressionando por mais mudanças, com frequência por meio de manifestações significativas; de sua parte, o próprio governo se mostrava entusiasmado em se compromissar com padrões ocidentais. Nesse cenário, as mulheres ganharam direito a voto em 1963, e logo assumiram cargos como juíza, deputada, ministra e palestrantes universitárias. Um conjunto de leis promulgadas entre 1967 e 1975 aboliu a poligamia e reduziu a desigualdade de direitos perante o divórcio; as mulheres estavam à beira da igualdade legal.

Então veio a reação, decorrente da rejeição ao movimento de reforma e da influência ocidental em geral, elegendo as mudanças nas relações de gênero e a erosão das tradições familiares como símbolos-chave do que deveria ser rechaçado. Muitos homens aderiram à reação, tanto por compromissos com antigos valores como pela ameaça das mudanças econômicas a formas tradicionais de subsistência, tornando tentador recuperar certa autoridade masculina como compensação. O fato é que também muitas mulheres participaram. Os modelos ocidentais haviam se tornado símbolos da maldade e do engano. Segundo o aiatolá Khomeini, líder da revolução:

> As mulheres em alguns países ocidentais desviaram-se dos limites naturais de suas personalidades em formação e foram além de suas condições sociais e naturais. Isso trouxe sofrimento e destruição às próprias mulheres e à sociedade como um todo. [...] Em nome da libertação das mulheres, gerações inteiras de crianças foram abandonadas sem cuidados e sem proteção. Elas se tornaram pessoas sem alma, seres mecânicos destituídos de sensibilidade humana.

Um problema fundamental era a natureza dos modelos ocidentais disponíveis no Irã dos anos 1970, que davam ênfase ao consumismo. Embora algumas mulheres das cidades abraçassem com determinação os modismos mais recentes, outras se sentiam consternadas; líderes do renascimento islâmico lamentavam que "a mulher que deveria ser a preservadora da tradição, da família [...] tenha sido atraída para as ruas. Ela foi levada a vagar, se expondo; comportando-se de forma solta e descontrolada". Todo o processo enfatizava as divisões ocorridas na sociedade iraniana, com saias curtas, discotecas e hotéis de luxo ao lado de mesquitas e choupanas. Ainda mais do que na Turquia, muitas iranianas começavam a enfrentar privações econômicas, à medida que os homens monopolizavam os empregos melhores das cidades; a religião tradicional oferecia um conforto e uma identidade que a cultura de consumo ocidental, de qualquer maneira fora de alcance, não podia prometer. Mesmo entre muçulmanos cultos, cresceu a crítica ao que era chamado de "intoxicação ocidental" – isto é, cair sob a influência da cultura tóxica do Ocidente. As reformas inspiradas no Ocidente na questão de gênero foram igualadas às influências econômicas imperialistas, e eram criticadas da mesma forma. O modelo ocidental também era censurado por levar ao divórcio, à pobreza de um grande número de mulheres solteiras e à criação de uma geração de crianças sem perspectiva – e deixara de parecer emancipatório. Ataques ao regime pró-Ocidente mas autocrático do xá envolviam invocações explícitas a normas mais tradicionais; as mulheres presentes nas manifestações usavam xadores de propósito.

Quando a revolução aconteceu, era inevitável que os modismos ocidentais fossem atacados pela lei. As mulheres foram forçadas a retomar o véu e o xador (sendo punidas com 69 açoites se se recusassem) e seus papéis no espaço público e no trabalho foram muito restringidos. Mães de crianças pequenas não podiam mais trabalhar em tempo integral. Os direitos legais foram erodidos, por exemplo restabelecendo-se direitos masculinos como o de optar pela poligamia e se divorciar a seu bel-prazer. As oportunidades na educação também retrocederam.

A complexidade do quadro, no entanto, manteve-se, em particular quando o ímpeto revolucionário foi atenuado. As influências internacionais continuaram atuando. Em 1989, uma enquete de rádio sobre quem seria um exemplo a ser seguido escolheu em primeiro lugar Oshin, a heroína ativista de um seriado de televisão japonês, popular no Irã. O exemplo ocidental ainda estava presente. Zahra Mustafavi, filha de Khomeini, deliberadamente se inspirou numa organização feminista, criando uma nova Associação de Mulheres Muçulmanas em 1989 e patrocinando palestras internacionais de mulheres. Na mesma época, surgiu uma manifestação de base islâmica por direitos mais amplos e explícitos, contestando as interpretações conservadoras e patriarcais da lei de família. Como na Turquia, a polêmica não foi encerrada.

Conclusão

Os modelos culturais do Ocidente foram fundamentais tanto para as mudanças mais importantes nos relacionamentos de gênero no Oriente Médio – em educação, direito e vestuário – quanto para manobras de resistência. Em polêmicas difusas e em geral cáusticas, diferentes regiões escolheram caminhos diversos. A reforma prevaleceu na Turquia porque começou antes do que no Irã – no século xix e não no xx –, pois foi patrocinada por uma liderança extremamente efetiva, incluindo ativo desempenho do próprio Ataturk, e porque a independência da Turquia, uma vez estabelecida, não foi seriamente ameaçada, o que reduziu a necessidade de associar a ocidentalização com o imperialismo. As condições no Irã refletiram a existência de uma maioria de muçulmanos conservadores (xiitas), e os excessos consumistas de visitantes ocidentais e mulheres iranianas da cidade, nos anos 1960 e 1970. Na Turquia, os modelos ocidentais há muito tinham mais a ver com a lei e a educação do que com comportamentos pessoais, que não estavam abertos a mudanças tão drásticas.

Partes distintas do Oriente Médio muçulmano e do norte da África muçulmana desembocaram em diferentes estágios do espectro de reforma-resistência. Depois da Segunda Guerra Mundial, a Arábia Saudita era uma fortaleza conservadora muçulmana acessível à crescente influência ocidental. As conexões comerciais, militares e diplomáticas com o Ocidente se multiplicaram. Muitas mulheres sauditas viajaram para o exterior. O governo se comprometeu com algumas mudanças de inspiração ocidental, como novo acesso à educação, mas até o final do século não ocorreu nada como uma ocidentalização. Mulheres que fora do país guiavam carros não tinham permissão de pegar no volante quando na Arábia Saudita. Predominou a lei de família muçulmana, com punições dramáticas por atos de adultério. O Egito, onde as interferências reformistas começaram mais cedo (ver capítulo "Ocidentalização e gênero: além dos modelos coloniais"), optou por um modelo mais mesclado, com influências ocidentais afetando os direitos legais e com oportunidades de mudança no vestuário e no trabalho. Em todos os lugares, no entanto, havia grande polêmica. O Egito, como a Turquia, viu um renascimento muçulmano clamoroso contra a mudança. A Arábia Saudita enfrentou pressões recorrentes para se abrir a maiores mudanças. Se esboços de um modelo explicitamente muçulmano, mas não inteiramente tradicionalista, surgiu em vários lugares, o conflito sobre como lidar com os padrões ocidentais – abraçá-los ou rejeitá-los – não foi uma questão resolvida.

Para saber mais

Nikki Keddie e Beth Baron (eds.), *Women in Middle Eastern History*: Shifting Boundaries in Sex and Gender (New Haven: Yale University Press, 1991); Nira Yuval-Davis e Flya Antlias (eds.), *Woman – Nation – State* (New York: St. Martin's Press, 1989); Martin Marty e R.S. Appleby (eds.), *Fundamentalisms and Society, Reclaiming the Sciences, The Family and Education* (Chicago: University of Chicago Press, 1993); Valentine Moghadam (ed.), *Gender and National Identity*: Women and Politics in Muslim Societies (London: Zed Books, 1994; Karachi: Oxford University Press, 1994); Fatma Mugu Gocek e Shiva Balaghi (eds.), *Reconstructing Gender in the Middle East:* Tradition, Identity and Power (New York: Columbia University Press, 1994); Elizabeth Warnock Fernea (ed.), *Women and the Family in the Middle East, New Voices of Change* (Austin: University of Texas Press, 1985).

Novas influências internacionais

No século XX, ocorre uma nova configuração no contato entre sociedades com a emergência de novas instituições e movimentos internacionais que influenciam de forma intensa, intencionalmente ou não, os relacionamentos entre homens e mulheres. Algumas dessas instituições não têm precedentes na história mundial. A tentativa de criar fóruns governamentais internacionais – a Liga das Nações entre as duas grandes guerras, e a Organização das Nações Unidas, depois da Segunda Guerra Mundial – foi um novo empreendimento. As Nações Unidas, em particular, procuraram estabelecer padrões de tratamento para com as mulheres a serem atingidos a partir do estudo de influências externas culturais e políticas nas questões de gênero dentro de cada sociedade.

A emergência de corporações multinacionais também é essencialmente uma novidade. As multinacionais tinham tido precedentes no século XIX, com as indústrias que estabeleceram sedes em diferentes países, mas a verdadeira multinacional, com instalações espalhadas pelo mundo, é uma criação do século XX, e tem seu próprio papel a desempenhar na questão de gênero. Com as corporações multinacionais, surgiram novas ligações na cultura comercial internacional. A partir de 1920, o cinema começou a ser distribuído mundo afora. Programas de televisão foram permutados amplamente a partir dos anos 1950. Eventos esportivos internacionais contaram com as maiores audiências jamais vistas na história mundial. Empresas como Disney e Club Med começaram a estabelecer centros turísticos ou agências, literalmente por todo o mundo; o Mickey Mouse se tornou um roedor global

O marxismo, outro movimento basicamente do século xx fora da Europa, é em definitivo uma ideologia moderna. No entanto, seu papel pode ser comparado com o das igrejas de períodos anteriores, que buscavam disseminar crenças para todas as sociedades a partir de uma forte convicção da verdade. O fenômeno de um movimento ideológico internacional, em outras palavras, é menos novo na história mundial, embora o marxismo, inclinado à reforma radical e puramente secular, sem dúvida difira dos primeiros movimentos religiosos (e os marxistas são, em princípio, extremamente hostis às religiões).

Por fim, o feminismo – voltado expressamente a mudanças nos relacionamentos homem-mulher – emergiu como uma força internacional, embora na maioria dos países não tenha atingido as organizações de massa periodicamente criadas na Europa Ocidental e nos Estados Unidos. O feminismo teve origem no século xix (embora ideias iluministas sobre liberdade e igualdade tenham inspirado escritos feministas no final do século xviii). Surgiu primeiro na Grã-Bretanha e nos Estados Unidos. O feminismo organizado refletiu novas ideias, avanços na educação de mulheres e também a percepção de que os direitos e o poder econômico dos homens estavam sobrepujando os das mulheres. No século xix, muitas feministas abraçavam convicções vitorianas no poder moral especial das mulheres. As questões feministas eram variadas, mas por volta de 1900 apoiavam-se em esforços para terem acesso ao voto e igualdade de direitos. Conquistado o direito ao voto na Escandinávia, Austrália, Estados Unidos, Alemanha e outros lugares, o feminismo recuou um pouco durante a primeira metade do século xx, para reemergir nos anos 1960, fazendo um novo conjunto de exigências, incluindo maior igualdade no ambiente de trabalho. Desde o início, no Ocidente, as feministas de vários países mantiveram contatos entre si. As inglesas e as americanas mantiveram-se em contato estreito no século xix, por exemplo.

O feminismo americano do final do século xx foi despertado em parte pela influente escritora francesa Simone de Beauvoir e seu poderoso livro *O segundo sexo*. No início do século xx, as ações feministas começaram a se voltar para as condições da mulher fora do Ocidente, na China, por exemplo. A influência feminista tornou-se bem presente em organizações internacionais, em particular a partir de 1970, quando se manifestaram sobre questões de gênero. Uma organização feminista internacional ainda estava por surgir, mas a influência feminista pode ser vista como uma das novas formas de contato no século xx.

As influências multinacionais no século xx foram variadas, com resultados previsivelmente diversificados. Nesse sentido, estamos ainda lidando com os tipos de tensão e contradição que emergiram tão frequentemente ao se acessar implicações de gênero dos contatos internacionais. As influências multinacionais tiveram também outro aspecto, que, ao contrário do que parecia à primeira vista, permite comparação com outros casos de contato cultural: embora multinacionais, as forças provêm desproporcionalmente de determinadas sociedades poderosas do século xx. Houve pouca influência em questões de gênero na direção inversa, da África ou Oriente Médio, por exemplo, para as nações industriais. As corporações multinacionais têm bases em literalmente todos os continentes habitados, e na maioria da ilhas, mas seu poder central fica nos Estados Unidos, Europa Ocidental e Japão. Assim, elas são a última versão do relacionamento de poder entre sociedades dominantes e sociedades dominadas, com implicações sobre a questão da mulher igualmente conhecidas. Isso também se aplica a grandes pontos de divulgação cultural.

Hollywood tornou-se a capital mundial do cinema nos anos 1920. Por volta dos anos 1980, as exportações culturais eram a segunda mercadoria mais importante na lista de exportações (só ficando atrás da aviação). A cultura popular internacional tinha essencialmente temperos americanos e europeus. O marxismo internacional teve origem na Europa Ocidental, e depois de 1917 foi irradiado pela União Soviética. Sua profissão de fé internacional era franca, mas as fontes de influência não se distribuíram de maneira uniforme. O feminismo obviamente tinha raízes no Ocidente mesmo no final do século xx, embora houvesse vozes feministas importantes fora dele, com ramificações a elas relacionadas. Por fim – e isso é uma questão mais complicada –, organizações internacionais como as Nações Unidas, embora abertas a uma variedade de influências, com frequência adotaram uma linha surpreendentemente ocidental em termos de gênero. Esse aspecto precisa ser bem ilustrado e explicado. O ponto geral, no entanto, deveria ser claro desde o começo. O mundo do século xx conheceu extraordinárias, e excepcionalmente intensas, formas de intercâmbio e influência internacional. Muitas dessas formas, entretanto, continuaram a corporificar contatos entre sociedades particularmente poderosas e sociedades mais influenciáveis. Essa configuração gera resultados complexos, nos quais as sociedades recipientes enfrentam pressões inevitáveis, mas também buscam escolher a dedo o que incorporar e como resistir.

Este capítulo e o seguinte delineiam os contatos no novo contexto de internacionalização cultural. Este capítulo analisa dois casos, envolvendo principalmente combinações de marxismo, feminismo e atuações das organizações internacionais. O objetivo é examinar as principais influências internacionais aplicadas a determinadas sociedades, em que a ideia de novos contatos se ajusta à história mais ampla de experiências de contato. Os casos são variados. A China no século xx recebeu influências do feminismo internacional e, é claro, do marxismo. A história aqui mostra como essas influências (acrescidas de um impacto missionário inicial) ajudaram a construir um forte conjunto de forças nacionais de mudança. A África, desde a descolonização (isto é, desde os anos 1960), é um bom estudo de caso para as atividades de grupos e modelos internacionais, incluindo o alcance das Nações Unidas.

E um último ponto introdutório: os principais movimentos internacionais considerados neste capítulo buscaram explicita e honestamente aprimorar as condições das mulheres em lugares como China e África. (Enfocaremos no próximo capítulo outras influências – como a cultura comercial internacional – menos explicitamente comprometidas com reforma.) As questões da mulher não foram o objetivo primeiro dos marxistas, mas à medida que se debruçavam sobre a questão de gênero buscavam remover as opressões tradicionais. As Nações Unidas e, é evidente, os esforços feministas estavam voltados expressamente para o aprimoramento dessa questão. Os primeiros tipos de contatos discutidos neste livro não tinham um programa explícito no que diz respeito a questões de gênero, embora tenhamos visto que alguns movimentos missionários e mesmo algumas intervenções coloniais pensassem em termos de reforma. O quanto é importante explicitar-se a questão? Ter boas intenções não é o mesmo que ser eficaz; e as boas intenções podem estar tão amarradas à cultura, tão dependentes de hipóteses alheias sobre o que é melhor para o homem e a mulher, que falham em contextos específicos. A esse respeito, há outras questões a serem consideradas com relação a essa flexão contemporânea do contato cultural.

O CASO DA CHINA:
MISSIONÁRIOS, FEMINISTAS E MARXISTAS

A China sob o confucionismo foi, durante muito tempo, uma sociedade patriarcal clássica. Em princípio, o confucionismo oferecia importantes papéis para as mulheres, consideradas vitais, embora inferiores; e, ideologia à parte, o trabalho das mulheres era muito necessário na economia agrícola. Mas não havia dúvida de que a maior parte das mulheres levava grande desvantagem no sistema chinês. Também vimos que a situação piorou ao longo do tempo, em particular com a instituição de práticas como o enfaixamento dos pés.

A China foi um pouco lenta em se adaptar aos novos tipos de contatos internacionais, impostos ao país a partir de 1830. O país tinha orgulho não só de sua tradição de independência política, só raramente interrompida depois do período clássico, mas também de seu considerável isolamento cultural e econômico. Há muito participava do comércio internacional, mas não dependia dele, tendo uma base diversificada de produção e comércio interno. Essas tradições dificultaram os ajustes às mudanças. Os novos contatos com a Europa Ocidental foram introduzidos por coerção, como na primeira Guerra do Ópio de 1839, que levou a maior abertura de mercado. Por volta do final do século XIX, houve uma crescente interferência econômica por parte de comerciantes europeus e americanos que se combinou com confisco territorial, na forma de longos contratos de arrendamento, em particular ao redor de cidades portuárias. Inglaterra, França, Alemanha e Rússia participaram dessa disputa e, depois de vencer a China em 1894, o Japão se juntou ao grupo. Esses acontecimentos aumentaram em muito as oportunidades para contatos internacionais, desejáveis ou não. A política oficial, no entanto, tentou minimizar a necessidade de mudança, buscando apenas pequenos ajustes nos procedimentos do governo e nas estruturas militares. Só nos anos 1890 emergiu um movimento mais completo que enviou estudantes para fora e abriu caminho para outros tipos de mudança.

Foi nesse ponto que os contatos internacionais começaram a afetar os relacionamentos de gênero. Como na Coreia e em outras regiões um pouco antes, as ideias ocidentais sobre gênero eram vistas como libertação. Os missionários cristãos desempenharam um papel importante em ajustes iniciais, criticando práticas como o enfaixamento dos pés das meninas e criando escolas para elas. Os protestantes também patrocinaram a ida de uma pequena mas contínua corrente de alunas para universidades europeias e americanas. Esses acontecimentos importantes já eram familiares. Rara foi a velocidade com que pressões maiores por reforma, e mesmo um movimento feminista, desabrocharam na China, refletindo um ímpeto contido de mudança, o papel crucial que as questões de gênero desempenharam nessa corrente maior e o fato de que o exemplo ocidental por essa época incluía a óbvia emergência de uma investida em prol dos direitos das mulheres.

Intelectuais radicais nos anos 1890 logo tomaram a questão da mulher como parte do pacote de reformas necessário para conduzir a China a um papel efetivamente moderno. O enfaixamento dos pés, que é um item diferencial visível e excepcionalmente rigoroso, pode ajudar a explicar esse foco. O líder reformista Kang Yuwei observou como o enfaixamento fazia a China parecer atrasada aos observadores ocidentais (um fator de embaraço, que agora adentrava a história mundial): "Não há nada que nos torne mais objetos de ridículo do que o enfaixamento dos pés... Eu olho para os europeus e americanos, tão fortes e vigorosos porque suas mães não enfaixaram os pés e portanto tiveram filhos fortes". Os ataques a esse costume proliferaram em jornais e em petições ao governo. Sociedades constituídas de intelectuais se empenharam em persuadir os camponeses a interromper a prática; muitas delas importavam sapatos femininos do Ocidente para dramatizar sua causa. A educação das mulheres era um segundo foco de reformas, inspiradas em exemplos conhecidos do Ocidente e em escolas missionárias que se estabeleciam na China. Ainda que ensinassem comportamentos contidos e condutas femininas consideradas apropriadas, as escolas missionárias condenavam o velho *status* e estimulavam as mulheres a se prepararem para vidas ativas em medicina, docência ou mesmo como esposas. Isso era complementado com bolsas de estudo em escolas fora do país. Revistas femininas surgiram com as novas escolas, propagando a defesa de mudanças na tradição de gênero. Assim, fruto das condições chinesas em contato com modelos ocidentais, emergiu um feminismo explícito surpreendente. Este texto foi publicado numa das primeiras edições da *Revista Feminina de Pequim*:

> Oh duzentos milhões de chinesas, nossas irmãs, escutai! Na China diz-se que o homem é superior e as mulheres inferiores; que o homem é nobre e as mulheres, desprezíveis, que os homens devem comandar e as mulheres obedecer... Mas não estamos sob o domínio dos homens. A natureza dos homens e das mulheres é o senso universal do céu. Então como alguém pode fazer distinções e dizer que a natureza do homem é de um tipo e da mulher de outro?

Ou nas palavras de Jiu Jin, uma professora de Xangai, em 1907:

> Homens e mulheres nasceram iguais
> Por que devemos deixar os homens manter o controle?
> Nós vamos nos levantar e nos salvar
> Livrando a nação de toda sua vergonha.

Grupos de mulheres começaram a se formar, focalizando todos os tipos de assuntos, incluindo o problema do consumo de ópio. As mulheres também desempenharam um papel ativo na criação de sociedades revolucionárias e, num grau menor, nos eventos da revolução de 1911, que derrotou a dinastia imperial – entre outras coisas, portando armas e conseguindo o envio de armas do exterior. Depois da revolução, campanhas importantes em prol do sufrágio foram desencadeadas, em contato estreito com modelos ocidentais. Um visitante americano notou que a primeira pergunta que as mulheres lhe faziam era "Fale-nos sobre as sufragistas na Inglaterra", e a Sociedade Sufragista Chinesa se espelhava diretamente na equivalente inglesa. Muitas líderes feministas começaram a se vestir em estilo ocidental, ou no estilo dos homens chineses, e ambas as alternativas eram vistas como libertadoras. Não há dúvida de que o alcance desses movimentos era limitado, com pequeno impacto nas massas rurais. Para muitas mulheres, a propagação de fábricas de propriedade de estrangeiros, que explorava a mão de obra barata, com trabalho árduo, era uma mudança muito mais importante do que qualquer feminismo inspirado no exemplo cultural ocidental. O governo, além disso, mesmo depois da revolução, não era particularmente simpático à causa das mulheres.

As manifestações feministas continuaram, no entanto, e os anos 1920 intensificaram a adoção de modelos feministas ocidentais. Artigos de cunho reformista citavam os exemplos ocidentais – a interação social entre homens e mulheres, o avanço das mulheres em profissões como direito e medicina – como contraste explícito das desigualdades produzidas pelo confucionismo. Artigos feministas ingleses eram com frequência traduzidos na imprensa feminina que crescia. Os reformadores começaram a ampliar seu domínio, pressionando, por exemplo, por igualdade e liberdade de escolha na contratação de casamento. Como as feministas do Ocidente, eles também estimularam ataques à prostituição, o aprimoramento das condições de trabalho em fábrica para as mulheres e a defesa de leis mais liberais de divórcio. Estudantes mulheres começaram a usar roupas ocidentais e a pentear os cabelos em estilos modernos, além de participar ativamente de organizações políticas e feministas. Modelados em padrões americanos, os clubes de mulheres surgiram em inúmeras cidades, dando algum apoio às feministas que enfrentavam árdua batalha contra tradições arraigadas e, com frequência, a visão das próprias mães.

O final dos anos 1920, no entanto, viu um distanciamento dos modelos puramente ocidentais. A luta pelo voto parecia irrealista ou irrelevante nas condições chinesas, de acordo com muitos radicais. Os missionários cristãos agora eram vistos como tímidos demais, demasiado devotados às orações e trabalhos sociais; seu relacionamento mesmo para o feminismo era suspeito. Os observadores ocidentais não pareciam corretos e suas visões em geral apoiavam interesses comerciais ocidentais. Nesse contexto, e diante das dificuldades correntes em se entender com o governo chinês, muitas líderes se voltaram para outro modelo estrangeiro, o da nova União Soviética. As condições russas pareciam prometer mudança mais sistemática, tanto para as mulheres como para outros grupos, e isso significava afastar a atenção de preocupações limitadas com casamento ou sufrágio, voltando-se para ataques mais radicais às condições socioeconômicas que mantinham as mulheres dependentes.

O marxismo, como foi desenvolvido no Ocidente e na Rússia, ofereceu sinais misturados no que diz respeito a gênero. Muitos líderes marxistas, ávidos do avanço da classe trabalhadora, admitiram que o domínio dos trabalhadores homens sobre suas mulheres e filhas era um fenômeno normal; mudanças no equilíbrio entre os gêneros simplesmente não faziam parte da agenda. Os líderes russos, embora defendendo os direitos das mulheres em princípio, por fim (no final dos anos 1920) voltaram-se para uma abordagem conservadora da política da família. No entanto, o marxismo lutou por mudança, pois em princípio se deveria buscar liberdade da opressão para todos. Os líderes russos falavam da importância dos direitos da mulher ao trabalho e ao voto, e cuidadosamente colocavam as mulheres em posições visíveis, ainda que com frequência simbólicas, de liderança. Os comunistas chineses, em estreita cooperação com os colegas russos, tomaram essas ideias, e também aproveitando o ímpeto do movimento feminino na China, desenvolveram objetivos reformistas próprios para a questão de gênero. O Encontro do Partido Comunista Chinês em Moscou, em 1928, assim, desfraldou como parte da plataforma: "Concretizar o *slogan* da libertação da mulher".

Como com os movimentos comunistas em outros lugares, os líderes comunistas chineses tinham alguma dificuldade em contrabalançar atenção às demandas das mulheres com uma agenda mais ampla para a libertação da classe operária e dos camponeses. Criticavam a estrita agitação feminista, divorciada de objetivos revolucionários maiores. No entanto, liderados por Mao Tsé-tung, os comunistas insistiram na importância de mobilizarem as mulheres e os trabalhadores para a reestruturação radical das relações de gênero, e paulatinamente foram tomando a liderança do movimento das mulheres na China. Assim, logo os comunistas passaram a defender o direito ao divórcio, fazer oposição ao casamento de meninas, à poligamia e aos casamentos impostos, e a advogar os direitos das mulheres à herança. Mao observou que, enquanto todos os membros das massas chinesas eram dominados por autoridades injustas, às mulheres cabia ainda a sobrecarga de serem "dominadas pelos homens". Por volta de 1929, ao lado da organização de grupos constituídos de mulheres, o partido defendeu "a inteira emancipação das mulheres [...] para permitir às mulheres obter gradualmente a base material necessária para sua emancipação dos grilhões do trabalho doméstico e para lhes dar a possibilidade de participar da vida social, econômica, política e cultural de toda a sociedade".

As mulheres foram efetivamente recrutadas como membros e representantes do Partido, sendo pelo menos 25% da força atuante em todas as organizações locais. Artigos e aulas para camponeses e operários misturavam reivindicações da classe trabalhadora com reivindicações das mulheres. Entre estas, havia ataques explícitos ao confucionismo, com injunções específicas de poder "cortar o cabelo e deixar de enfaixar os pés" e "lutar pela liberdade de casamento". As mulheres foram estimuladas a assumir novos tipos de empregos e participar diretamente das guerras contra o governo nacionalista e contra os invasores japoneses. Peças de teatro populares dramatizavam mulheres heroicas que permaneceram firmes contra pais e maridos opressores. Em regiões sob o controle comunista por volta de 1930, grupos de mulheres pressionaram os homens a mudar a maneira de agir – por exemplo, suspendendo a violência contra as mulheres – com bons resultados. Por volta de 1943, havia mais de dois milhões de membros na seção feminina do Partido.

Com a vitória comunista em 1949, uma nova constituição proclamou total igualdade entre mulheres e homens. "As mulheres devem gozar de direitos iguais aos homens na vida política, econômica, cultural, educacional e social." Continuou-se a recrutar mulheres para o comando de comitês locais, e a participação feminina subiu para 48% em alguns casos, por volta de meados de 1950. Uma lei de 1950, baseada em doutrinas e experiências marxistas na União Soviética insistiu na livre escolha do parceiro de casamento, na monogamia e na proteção dos direitos das mulheres. O divórcio era aceito quando ambas as partes o quisessem, e negociável quando uma das partes resistia. Não apenas panfletos, mas também pôsteres para os analfabetos divulgaram a nova lei. A expansão da educação atingiu ativamente as mulheres, e elas também foram encorajadas a assumir empregos em fábricas e outros setores que as tirassem de casa (e ampliasse a produção nacional). Embora a política comunista mudasse periodicamente, os esforços de controle da natalidade também foram apoiados, e facilidades para cuidados infantis procuraram reduzir a carga sobre as mulheres. Aqui, novamente, o exemplo soviético inspirou o estabelecimento de novos programas.

Inevitavelmente, a oposição cresceu. Muitos homens e algumas mulheres mais velhas opunham-se às mudanças na estrutura do casamento. Algumas mulheres mais velhas, por exemplo, argumentavam que bater nas mulheres era aceitável, desde que quem batesse fosse a sogra. O Partido titubeou, algumas vezes se opondo a elas por excesso de radicalismo; seu grupo de liderança incluía mulheres, no melhor dos casos, de forma simbólica. E talvez o mais impressionante eram – quando a política do governo mudou depois de 1978, limitando estritamente o número de crianças que cada família podia ter – os relatos de que o infanticídio de meninas voltara a crescer na zona rural, para assegurar que a família pudesse ter um filho homem. Velhas fórmulas são difíceis de eliminar. No entanto, os papéis designados para as mulheres e as possibilidades de mudança mesmo nos relacionamentos familiares ampliaram-se regularmente. Uma mistura de diferentes exemplos e movimentos estrangeiros, incluindo feminismo e marxismo, produziu uma forte pressão interna por uma mudança substancial, associada a uma revolução fundamental. Apesar dos remanescentes curiosos ou problemáticos, a China não era mais um bastião do patriarcado inalterado no fim do século xx.

A África e o papel das organizações internacionais e da legislação internacional

A África subsaariana, vasto e variado subcontinente, recebeu dois tipos de contato internacional relevantes relacionados a gênero, antes dos movimentos nacionais de independência. Primeiro, como vimos no capítulo "Influências ocidentais e reações regionais: a Polinésia e a África", a atividade missionária e, num grau menor, alguns éditos coloniais visaram a aspectos seletivos de relacionamentos tradicionais entre homens e mulheres. Os missionários buscavam certas mudanças nas práticas de casamento africanas, enquanto promoviam novas formas de educação para as mulheres. Funcionários da colonização mostravam-se relutantes em interferir com os costumes locais, pois a resistência poderia complicar a estabilidade política. Tentaram, no entanto, instalar leis ao estilo ocidental que encorajavam a propriedade privada e reconheciam os homens como o cabeça do lar, enquanto intervinham ocasionalmente contra práticas como circuncisão feminina, que pareciam particularmente imorais aos padrões ocidentais. A segunda influência veio de operações da economia colonial na África, à medida que ela avançava durante a primeira metade do século xx. Tanto as minas quanto os trabalhos urbanos recrutavam de maneira desproporcional os homens, deixando grande parte das mulheres nas aldeias, com menos acesso a atividades econômicas do que tradicionalmente tinham. As famílias eram também com frequência desestabilizadas, numa cultura que costumava valorizar a coesão. Esse padrão continuou na África no final do século xx.

O avanço do nacionalismo durante o século xx foi uma faca de dois gumes no que diz respeito às mulheres. Elas participavam dos movimentos nacionalistas, muitas com esperança de que a independência nacional levaria a mudanças na questão de gênero. Juntaram-se a marchas de protesto, por exemplo, buscando sensibilizar as autoridades da colônia a libertar os líderes nacionalistas da prisão. Entre as mulheres cultas da cidade, desenvolveu-se um novo nível de consciência política. Muitos líderes nacionalistas, por seu lado, fizeram pronunciamentos sobre o fim da poligamia e a favor de estender os direitos de sufrágio às mulheres. No entanto, a maioria dos líderes nacionalistas eram homens. Como estabilizar uma nação recém-independente era tarefa hercúlea, as questões ligadas à mulher poderiam ser postergadas. De certa forma, essas questões poderiam ser uma distração perigosa. Além do mais, como todos os nacionalismos, o nacionalismo africano incluía um forte elemento de tradicionalismo, e costumes de gênero, no entender dos líderes, deveriam ser preservados como símbolo de identidade nacional e masculina.

Na Costa do Marfim, antiga colônia francesa, por exemplo, uma combinação de forças surgiu depois da independência em 1960. O governo promulgou uma constituição garantindo direitos iguais a todos os cidadãos, independente de gênero. No entanto, em 1964, estabeleceu um código de família muito mais patriarcal do que antes (embora não tradicional, que entre outras coisas exigia monogamia e também valorizava a família nuclear dominada pelo homem em detrimento da costumeira família extensa, que com frequência protegia as esposas): o marido era reconhecido como o indiscutível cabeça da casa, enquanto os direitos de propriedade das viúvas ficavam restritos à metade da herança total. Os maridos obtiveram grande poder sobre o gerenciamento da propriedade familiar, incluindo o trabalho e os ganhos da esposa. Crianças ilegítimas foram reconhecidas legalmente, o que constituía um reconhecimento indireto de que o homem podia e seria adúltero. Ao apresentar a nova lei, o ministro da Justiça explicitamente estabeleceu que não havia igualdade entre os sexos no que dizia respeito à família. Aqui houve uma complexa e típica mistura pós-colonial, combinando declaração a favor da igualdade, empenho em reforçar elementos da tradição familiar cristã (por isso a ênfase na família nuclear e no poder do marido) e costumes africanos.

Em suma: nos anos 1970, as relações de gênero na África apresentavam inúmeras contradições e complexidades. Não eram mais tradicionais, mas também não tinham evoluído numa direção consistente. Tratava-se de um contexto em que as pressões internacionais, algumas especialmente adequadas à África, podiam ter um poder fora do comum.

Foi nos anos 1970 que as organizações internacionais aumentaram a atenção sobre questões de gênero. Tinha havido precedentes. Em 1919, as feministas francesas tinham realizado uma conferência internacional para influenciar a conferência de paz pós-Primeira Guerra Mundial. O resultado foi tímido: pouco mais do que uma referência às mulheres na Organização Internacional do Trabalho, agência da Liga das Nações. Uma variedade de grupos internacionais de mulheres surgiu (inicialmente dominados pelo Ocidente), entre eles a Associação Cristã de Moças, Federação Internacional de Mulheres Universitárias e a Federação Internacional de Mulheres de Negócios e Profissionais. As feministas americanas viajaram para a América Latina nos anos 1920, para ajudar a promover direitos políticos relevantes, e a União Pan-americana estabeleceu uma Comissão Interamericana sobre a Mulher. Membros dessa comissão ajudaram a inserir a frase "sem distinção de sexo" na Carta das Nações Unidas, na seção de direitos humanos. Em 1947, novamente por pressão das feministas das Américas e da Europa, incluindo Eleanor Roosevelt, as Nações Unidas estabeleceram uma Comissão para o Status da Mulher. Essa comissão produziu uma série de relatórios, incluindo o da "Convenção para a Eliminação de Todas as Formas de Discriminação Contra a Mulher". Nos princípios enunciados pela Comissão havia provisões para igualdade no casamento, na posse de propriedade, salários, oportunidades de emprego e educação, assim como direitos políticos e legais. Dedicou-se particular atenção às regiões em "desenvolvimento", como a África não-industrializada.

Em 1975, quando a nova onda de feminismo avançou no mundo ocidental, as Nações Unidas proclamaram a Década para o Avanço das Mulheres, e realizaram a primeira Conferência Mundial da Mulher, na cidade do México. Conferências subsequentes foram realizadas na Dinamarca, no Quênia (em 1985) e depois na China (em 1995). Cada conferência recebeu delegadas de todas as nações e relatórios de cada nação sobre a situação de gênero, que por si só era um estímulo potencial de mudança. Novos tratados internacionais, elaborados nas conferências, reenfatizavam a proibição de discriminação contras as mulheres em todas as facetas da vida social, política e econômica, e a maioria das nações (incluindo as da África) ratificaram esses tratados. A conferência de 1980 também desferiu fortes golpes sobre a violência doméstica contra mulheres. Uma rede de estudiosos das nações em desenvolvimento se associou com a conferência de Nairóbi de 1985, enquanto uma feminista americana, Bella Abzug, um pouco depois instigou a criação da Organização das Mulheres para o Meio Ambiente e o Desenvolvimento (WEDO). Outras atividades das Nações Unidas envolveram crescente pressão na Organização Mundial da Saúde, outra agência para tratar de questões de saúde da mulher, incluindo problemas decorrentes de abusos. A realização de importante conferência em 1994 no Egito, sobre população mundial, desencadeou veementes debates sobre a necessidade de novos níveis de controle da natalidade e recomendou maior atenção governamental ao assunto, principalmente promovendo a educação das mulheres, considerada o fator mais importante no ambiente social para atingir maior controle da natalidade.

Esse crescimento da atividade internacional teve implicações em todas as partes do mundo. Conferências e agências colocaram em circulação inúmeras recomendações, e vários governos, incluindo os de estados americanos como a Pensilvânia, seguiram atrás, com declarações de apoio. Era difícil deixar de se associar a esses padrões internacionais amplamente proclamados sem correr o risco de a região ou nação ser vista como atrasada. Milhares de pessoas, oriundas de todas as partes do mundo, participaram dos encontros, e o resultado foi tanto esclarecedor quanto estimulante, à medida que as delegadas iam retornando às suas regiões e informando as organizações e grupos femininos locais.

As nações africanas inevitavelmente foram afetadas pela emergência de padrões e deliberações internacionais. A maior parte das nações, como a Costa do Marfim, na época da independência tinha feito declaração de princípios a favor da igualdade; não havia uma alternativa africana aos novos padrões, inteiramente articulada, por isso foi natural se juntar à onda de novas adesões. (Em contraste, países como a China, com uma visão marxista, eram mais céticos quanto a endossar resoluções internacionais, e os Estados Unidos, desconfiando das organizações internacionais de forma geral, com frequência deixavam de assinar tratados relevantes.) Os impactos revelaram-se em três áreas: uma prudente nova onda de agitação de grupos femininos, por vezes estimulada por recentes manifestações nacionais; um tipo fascinante de atividade legal, fundado em princípios internacionais; e indícios de novos níveis de consciência, em parte relacionados ao dinamismo de informação gerada internacionalmente.

A Costa do Marfim é um exemplo claro das novas atividades políticas. Na época da declaração das Nações Unidas sobre a Década da Mulher, o presidente do país já promovia esforços nessa área. Em 1975, proclamou o Ano da Mulher, e estabeleceu um Ministério da Condição Feminina e para a Promoção da Mulher, indicando uma comissão para lidar com assuntos de igualdade perante a lei, a educação e o emprego. Mulheres instruídas começaram a fazer pressões por mudança na lei de família de 1964. Seu foco era a injustiça de a mulher não ter controle sobre seus ganhos. Em vista disso, em 1983, uma nova comissão recomendou limitações à autoridade do marido e reconhecimento da autonomia econômica das mulheres, mais exigências de colaboração nos trabalhos domésticos. As mulheres da elite trabalharam ativamente nos bastidores para convencer membros do partido governista; a Assembleia Nacional aprovou novas leis (em meio a forte oposição que defendia o domínio masculino e a poligamia). As mulheres podiam agora, por conta própria, escolher os empregos, controlar seus salários e propriedades pessoais e lidar com bancos, tendo conta neles. Para muitos observadores, essas mudanças haveriam de estimular mais ações políticas por parte das mulheres, em particular à medida que a educação se espalhasse; de fato, novos grupos femininos surgiram em 1990, tirando vantagem do recente pluralismo político, e seu direito de voto, para exigir um novo conjunto de políticas governamentais.

Em 1981, a adoção, por parte da Organização da Unidade Africana (OUA), da Carta Africana dos Direitos Humanos e dos Povos colocou em uso princípios legais internacionais. Uma de suas disposições recomendava "padrões internacionais de aplicação geral destinados à proteção dos direitos das mulheres", estabelecidos por uma das conferências internacionais em 1979. A (OUA) reconhecia sua responsabilidade, como entidade regional, para com a Carta das Nações. A nova Carta confirmava que:

> o Estado deve assegurar a eliminação de qualquer discriminação contra as mulheres e também garantir a proteção dos direitos da mulher e da criança como estipulado nas declarações e convenções internacionais.

Além disso:

> Dado o progresso corrente nos padrões dos direitos humanos, é simplesmente inaceitável sujeitar as mulheres a tratamentos de subjugação que as escravizam ao homem. Os direitos humanos dizem respeito a condutas e comportamentos civilizados e regularizados para todos os seres humanos [...]. Na África, a subordinação das mulheres aos homens se apoia em certas práticas tradicionais que não podem permanecer ignoradas pelos modelos de direitos humanos.

Uma série de processos legais buscou aplicar essa retumbante declaração a problemas específicos. Na Tanzânia, uma mulher fez uma petição à Suprema Corte para revogar decisão de uma corte inferior que apoiara seu sobrinho, o qual se opunha a seu direito de vender terras que ela tinha herdado do pai, sob a justificativa de que, de acordo com a lei tribal tradicional, só os homens tinham direito de vender terras da família. A Corte aprovou seu pedido, e o juiz argumentou que "as mulheres de toda a Tanzânia podem finalmente levantar a cabeça e se considerar iguais aos homens no que diz respeito à herança. É parte de uma longa estrada para a libertação das mulheres. No entanto, não é razão de euforia, pois há muito que fazer em outras esferas". Outro caso, em Botsuana, tratou de uma decisão judicial que afirmara que filho de mãe botsuana e pai americano não era cidadão de Botsuana, porque os direitos decorrem da linhagem paterna. A mulher argumentou que, embora isso fosse enraizado na tradição local, a Constituição Nacional, decorrente da Carta Africana, garantia direitos a todos, independente do gênero. Aqui também a corte decidiu em favor da igualdade legal, e um dos juízes observou que "agora, mais do que nunca, o mundo todo percebeu que a discriminação por razões de sexo, assim como [...] a escravidão, não pode mais ser aceita ou mesmo tolerada". Outros processos, por exemplo em Uganda, apoiaram pedidos de mulheres de compartilhar a propriedade da família (com frequência desconsiderando decisões de cortes inferiores, que defenderam definições mais tradicionais) e direitos de viúvas ou filhas de herdarem a terra, mesmo quando (como é comum em sociedades que acreditam ser mau presságio fazer um testamento) não havia disposição específica.

Por fim, declarações internacionais, somadas à frequente ausência do homem e à difusão da educação, ajudaram a persuadir muitas mulheres africanas que certos tipos de mudanças eram essenciais. Nos anos 1970 e 1980, mulheres da África Oriental manifestaram-se em entrevistas a favor de escolaridade e do controle da natalidade – "No entanto, primeiro, as mulheres têm de adquirir educação [...]. As meninas e os meninos devem ser educados da mesma forma". Autoridades das povoações, junto com médicos (alguns patrocinados pelas Nações Unidas) e outros "estrangeiros", tiveram um papel crescente no ensino do controle da natalidade a mulheres africanas e, embora as taxas de natalidade continuassem mais altas na África do que na maior parte do globo, elas começaram a cair por volta dos anos 1990. Os objetivos, em parte, continuaram tradicionais: as mesmas mulheres que enfatizavam a necessidade de educação e de iniciativas econômicas voltadas para as mulheres falavam em garantir que a família as amparasse na velhice e na necessidade de evitar o individualismo e a solidão. Havia, apesar de tudo, pelo menos uma mudança na forma de realizar os objetivos.

Certas agências internacionais atacaram problemas mais específicos como a circuncisão feminina (clitorectomia e infibulação), que ainda eram amplamente praticada no nordeste da África. A Organização Mundial da Saúde (OMS) agiu muito cautelosamente nesse assunto, apesar de considerável mutilação atingir um grande número de mulheres. Para as autoridades era importante evitar a ruptura das tradições. Alguns regimes colonialistas baniram a prática oficialmente no final de seu mandato – como a Inglaterra no Sudão e no Quênia em 1946. Alguns dos líderes nacionalistas mais radicais, por exemplo no Egito e na Etiópia, fizeram o mesmo após a independência. Em 1958, o Conselho Social e Econômico das Nações Unidas recomendou que a OMS agisse, mas seu pedido foi rejeitado com o argumento de que "a cirurgia ritual em questão originava-se de um contexto social e cultural". As próprias mulheres africanas pressionaram as Nações Unidas; em 1979, um seminário advertiu que as práticas tradicionais prejudicavam a saúde das mulheres. Então, em 1982, a OMS se mobilizou, recomendando que

> Os governos deveriam adotar políticas nacionais claras para abolir a circuncisão feminina e para intensificar programas educacionais para informar o público sobre a nocividade dessa prática. Em particular, as organizações femininas em níveis locais devem ser estimuladas a se envolverem, uma vez que sem que as mulheres se conscientizem e se comprometam, não haverá mudanças.

Grupos específicos que se opunham a essa prática, em geral liderados por mulheres, surgiram em lugares como o Senegal.

O alcance dos impactos dos valores internacionais na África foi considerável. Claro que houve inúmeros empecilhos. Muitas mulheres, para não mencionar os homens, ainda não concordam com a subversão das práticas tradicionais. A circuncisão obteve uma vitória em Mali quando mulheres que tinham imigrado para a França, e foram impedidas, pela legislação francesa, de adotarem essa prática, voltaram para casa para que suas filhas fossem operadas. As mudanças na lei nem sempre alcançam a vida prática. As mulheres voltaram-se para o controle da natalidade, mas com frequência só depois de ter dado à luz quatro ou cinco crianças devido ao (compreensível) desejo de garantir, em meio à propagação de tantas doenças, que algumas crianças sobrevivam – e o resultado –, é que a população continua aumentando rapidamente. A Organização da Unidade Africana tem fundos limitados para fiscalizar as atividades. As nações se mostraram com frequência muito mais entusiasmadas em aprovar princípios retumbantes do que traduzi-los em leis protetoras específicas. Além do mais, a Carta Africana é controversa: ao mesmo tempo em que endossa a igualdade perante a lei, permite a Estados levar em consideração as virtudes e os valores de sua tradição histórica, defendendo a família como a "unidade natural e a base da sociedade" e "a guardiã da moral e dos valores tradicionais reconhecidos pela comunidade". Em 1999, uma corte do Zimbábue revogou uma decisão de herança de propriedade em favor de uma mulher, argumentando que, de acordo com a "tradição africana", só homens podiam ter posses.

Conclusão

A China e a África oferecem dois casos importantes em que novos tipos de contatos internacionais se combinaram com pressões internas para produzir mudanças significativas. O caso chinês representa uma história mais completa, porque os novos contatos têm agido por todo um século e porque se entrelaçaram com um processo revolucionário fundamental. Mesmo assim, no entanto, em particular na zona rural, há sinais de traços remanescentes do patriarcado tradicional. Os exemplos africanos são mais experimentais, porque as pressões feministas internacionais são mais novas e interagem de forma complexa com os princípios nacionalistas. Muito mais do que na China, e além disso, os novos valores lutam com deteriorações econômicas, e as oportunidades de trabalho produtivo para as mulheres são com frequência restringidas. Contudo, ocorreram grandes mudanças em ambos os casos, e talvez a mais importante seja a conscientização das mulheres, à medida que hábitos profundamente arraigados foram justapostos com uma variedade de sinalizações advindas de movimentos mais internacionais.

Para saber mais

Janice Auth (ed.), *To Beijing and Beyond, Pittsburgh and the United Nations Fourth World Conference on Women* (Pittsburgh: University of Pittsburgh Press, 1998). Sobre a China: Elisabeth Croll, *Feminism and Socialism in China* (London e Boston: Routledge e Kegan Paul, 1978); Christina Gilmartin, *Engendering the Chinese Revolution*: Radical Women, Communist Politics, and Mass Movements in the 1920s (Berkeley: University of California Press, 1995); Ono Kazuko, *Chinese Women in a Century of Revolution, 1850-1950* (Stanford: Stanford University Press, 1989); Arif Dirlike e Maurice Meisner (eds.), *Marxism and the Chinese Experience*: Issues in Contemporary Chinese Socialism (Armonk, NY: M. E.Sharpe,

1989); Shirin Rai, Hilary Pilkington e Annie Phizacklea (eds.), *Women in the Face of Change*: the Soviet Union, Eastern Europe, and China (London e New York: Routledge, 1992). Sobre a África: Rebecca Cook (ed.), *Human Rights of Women, National and International Perspectives* (Philadelphia: University of Pennsylvania Press, 1994); Catherine Coquery-Vidrovitch, *African Women*, A Modern History (Bounder, Colo.: Westview Press, 1997); Cora Presley, *Kikuyu Women, the Mau Mau Rebellion, and Social Change in Kenya* (Boulder Colo.: Westview Press, 1992); Bolanle Awe et al. (eds.), *Women, Family, State and Economy in Africa* (Chicago: University of Chicago Press, 1991); Sue Charlton, *Women in Third World Development* (Boulder, Colo.: Westview Press, 1984).

Cultura de consumo internacional: a questão do impacto

Uma das novas influências culturais importantes do século xx, que cresce a cada década, envolve a propagação da cultura de consumo. Os produtos disseminam-se literalmente por todo o globo. Filmes e espetáculos televisivos são importados dos maiores centros – dos Estados Unidos principalmente, mas também do Japão e de outros poucos gigantes industriais. Os turistas espalham-se a partir dos mesmos centros industriais, buscando sol e locais exóticos, e fornecem modelos vivos de sofisticação moderna. Muitos desses acontecimentos têm implicações de gênero. E no final, os filmes e os turistas acabam proporcionando contrastes dramáticos de estilo e aparência para as tradições regionais.

Eis aqui um novo tipo de contato cultural, que difere de influências já conhecidas de religião ou mesmo ideologias seculares como o marxismo. E como o fenômeno é novo e os resultados difusos, ainda não há um estudo profundo do impacto da cultura de consumo internacional. O que já se sabe sugere possibilidades bem contraditórias. Em alguns casos, a exposição ao consumismo internacional gerou rápidas e dramáticas mudanças em comportamentos de gênero. Em outros casos, a mesma exposição não teve quase nenhum impacto. Padrões mais convencionais de contato tiveram, com frequência, resultados diversos; assim, de alguma forma esse leque de reações é apenas um caso extremo, embora surpreendente, de um resultado comum. Eis um assunto ainda não resolvido.

Há questões nas próprias sociedades geradoras. É óbvio que as regiões mais ricas e tecnologicamente mais sofisticadas estejam no centro da cultura de consumo internacional. Produzem os filmes mais exportados. Fornecem turistas ávidos por prazer. No entanto, nem sempre fica claro qual o impacto de estilos de consumo internacionais, mesmo nas sociedades que os produzem. Milhões de pessoas assistem aos mesmos programas de televisão em países como Estados Unidos ou Alemanha, mas nem todos os assimilam da mesma forma. Alguns assistem como simples escapismo, não aceitando que o programa tenha ligações com a vida real; outros correm para imitar o último corte de cabelo de Hollywood, mas sem interesse em imitar hábitos sexuais disponíveis no mesmo filme ou, pelo menos, sem uma esperança realista de fazer isso – estudos recentes demonstram conclusivamente que o comportamento sexual dos norte-americanos, na média, é muito mais conservador do que se poderia imaginar assistindo a programas de televisão como *Friends* ou *Melrose Place*, e alguns julgam que o imaginário retratado nos filmes deveria pautar suas vidas. Por fim, não há evidências de que os filmes e programas realmente desafiem os padrões básicos de gênero de forma intensa. Na verdade, estilos específicos e imagens corporais diferem da média da vida real, mas os filmes, em geral, não promovem revoluções nas relações de gênero. Ao contrário, pode-se afirmar que apenas exageram as implicações de padrões bastante convencionais. Assim, a cultura ocidental há muito vem insistindo que um dos papéis das mulheres é ser atraente: os filmes apenas realçam isso. A cultura há muito reforça o comportamento agressivo dos homens: os filmes apenas dão à agressão uma coleção de armas fora do comum e efeitos especiais. Os desvios dos padrões de gênero que já existem, em outras palavras, são bastante superficiais.

Muitas dessas questões aplicam-se também ao impacto da cultura de consumo internacional em sociedades algumas vezes descritas como mais "tradicionais". Não é de surpreender que a variedade dos impactos seja tão grande quanto é nos lugares que irradiam a influência, desde a ausência de aplicação na vida real até uma ávida busca de imitação. Isso não significa que as influências do consumismo internacional não preocupem os tradicionalistas. Examinando o Oriente Médio, vimos como os líderes islâmicos criticaram o estilo de vestuário do Ocidente e os filmes de Hollywood por seu potencial de rompimento. Líderes marxistas, também, com frequência se opuseram ao consumismo por afastarem homens e mulheres de seu propósito comum de construir uma sociedade socialista. Nos anos 1970, o primeiro-ministro russo Nikita Khrushchev, num cenário de Hollywood, ladeado por um grupo de moças com pouca roupa, reclamou com veemência da ênfase dada por Hollywood à sexualidade. Essas reações são, de fato, parte de um retrato complexo, quando modas internacionais provocam esforços explícitos para reafirmar valores tradicionais ou alternativos de gênero.

Há, é claro, muitas formas de consumo internacional. O *blue jeans* primeiro apareceu nos Estados Unidos como emblema de masculinidade, passando a fazer parte do guarda-roupa da vanguarda masculina de Moscou a Tóquio. Depois deixou de ser símbolo especificamente masculino, quando as mulheres começaram a usá-lo. À medida que a moda ocidental foi ganhando terreno mundo afora, a imagem de gênero também mudou. Empresas do Ocidente identificavam com frequência cigarro com atividade masculina sofisticada, associada a trabalho árduo ou proeza sexual. Da mesma forma, sociedades em que o cigarro estava muito presente, como em várias partes da Ásia Oriental, exibiam grandes diferenças de gênero no comportamento ligado a cigarro. Se isso teve um efeito fundamental em definir os relacionamentos homem-mulher é outra questão, e faz parte de questões mais amplas decorrentes das tendências consumistas. Este capítulo se concentra em duas áreas de contato novo: turismo e cinema/televisão.

Turismo

Os fatos são impressionantes. A partir do século XIX, mas com especial intensidade devido à recuperação da indústria após a Segunda Guerra Mundial, dezenas de milhões de turistas invadiram *resorts* e hotéis por todo o mundo. Imensos complexos foram construídos em lugares como Caribe e ilhas do Pacífico para receber americanos, europeus e japoneses em busca de divertimento. Dezenas de milhares de trabalhadores, saídos das áreas rurais, passaram a servir os exóticos estrangeiros. O que aprendiam eles, se é que aprendiam alguma coisa?

Algumas consequências foram diretas. Por exemplo, um grande número de mulheres em áreas turísticas se envolveu no comércio sexual. A partir de 1970, viajantes masculinos constituíam 70% dos visitantes internacionais da Tailândia, e muitos deles estavam – e continuam estando – apenas interessados em turismo sexual. Esse padrão começou no retorno dos soldados convocados para o Vietnã e se estendeu por excursões organizadas do Japão e da Coreia. Grande número de tailandesas foram envolvidas nesse comércio, trazendo como consequência novas doenças e novos hábitos com relação à bebida. Mesmo onde sexo era menos explícito, a exposição ao turismo podia mudar os padrões de recreação das mulheres. Mulheres gregas oriundas da área rural e envolvidas pelo comércio turístico nas ilhas Aegean passaram a beber com mais liberdade do que as irmãs que ficaram em casa, e adotaram um leque maior de interesses de lazer. Também incorporaram estilos mais urbanos de se vestir e se cuidar (por exemplo, depilar as pernas e as axilas, uma moda introduzida em partes do Ocidente no início do século xx).

Inovações semelhantes também se aplicam ao outro sexo. Na Jamaica, alguns homens se especializam no entretenimento de mulheres, que visitam o país em turismo romântico, organizado nos Estados Unidos ou Europa. Esses homens adotam formas de se vestir e cortes de cabelo diferentes – em parte ocidentais, em parte típicos do local, como o "Rasta" (rastafári), mechas e desenhos vermelho-verde-dourado que presumivelmente remetem à herança africana e uma ligação com a música *reggae*. Ter caso com mulheres brancas significa "tornar-se estrangeiro", e os homens que fazem isso se distanciam da sociedade jamaicana.

O turismo pode alterar os relacionamentos de gênero, proporcionando novas oportunidades de ganhos para as mulheres. Em Bali, muitas mulheres dedicam-se ao artesanato para o turismo, aumentando sua condição econômica. Tanto em Bali como em outras sociedades, mulheres dirigem pequenos hotéis e pousadas, aumentando seus rendimentos. Nas Filipinas, certo número de mulheres opta por ficar solteira por causa das oportunidades de trabalho nas áreas de *resort*. Algumas dessas oportunidades estão ligadas ao comércio sexual (em atividades organizadas por exilados americanos, ingleses ou australianos) e outras envolvem trabalhos como camareira, cantora ou recepcionista.

No entanto, de forma geral, o turismo não parece ter alterado muito os padrões locais de gênero, apesar de divulgar novos modelos de interação homem-mulher e de proporcionar considerável impacto econômico. Mesmo para aquelas pessoas que mantêm contato diário com turistas, os estrangeiros em geral são exóticos e não modelos a serem seguidos. Preservar padrões de gênero mais tradicionais pode funcionar como antídoto ao *status* de subordinação que homens e mulheres locais têm de aceitar no trato com os estrangeiros. Os próprios turistas com frequência buscam isolamento. Procuram *resorts* que os afastem de excessivos envolvimentos com as condições locais. A cadeia belga de *resorts* Clube Med, fundada em 1950, especializa-se em criar estabelecimentos de estilo europeu, servidos por locais, mas com pouco intercâmbio diário com as cidades e vilas vizinhas; mesmo as refeições são europeias, com exceção do jantar semanal de comida típica. Uma abordagem desse tipo evidentemente minimiza o contato cultural efetivo.

Em suma, o turismo, comumente, em vez de corromper, reforça, na questão econômica, os papéis de gênero locais. As mulheres são vistas como pessoas para servir, para produzir artesanato típico e fornecer sexo aos homens. Não há qualquer revolução na divisão sexual do trabalho ou no imaginário. O trabalho na indústria do turismo também não altera as tarefas domésticas. As camareiras dos hotéis, ao voltarem para casa, realizam a maior parte dos trabalhos domésticos (junto com as filhas ou irmãs). Os padrões usuais da subordinação feminina, em sociedades do Bali ao Panamá até Filipinas não têm sofrido mudanças fundamentais com a irrupção do turismo.

Cinema e espetáculos

Filmes e seriados de televisão amplamente exportados, e mais recentemente os *videogames*, alcançam um número muito maior de pessoas do que o turismo. Embora a área rural tenha exposição limitada a eles, e alguns governos restrinjam as importações, o acesso aos produtos ocidentais e japoneses se espalhou exponencialmente durante o século XX. Hollywood tornou-se a capital internacional do cinema nos anos 1920, estabelecendo sucursais de distribuição não só na Europa como também no Egito, África do Sul, América Latina e Japão. Depois da Segunda Guerra Mundial, o cinema e os programas de televisão tornaram-se o segundo item de exportação dos Estados Unidos. Centenas de milhões de pessoas puderam assistir a seriados televisivos populares como *Baywatch*. Também foi através da televisão que o esporte profissional, em grande parte também originado no Ocidente, ganhou massivas audiências. Mais de um bilhão de pessoas assistem à final do Campeonato Mundial de Futebol, a maior audiência jamais vista.

A exposição aos enlatados pode ter enormes efeitos. Nas Ilhas Fiji, no Pacífico, a televisão surgiu em 1995. Os programas locais eram limitados pelo custo da produção. Como resultado, o único canal de TV apresentava de forma massiva programas de grande audiência americanos, britânicos e australianos, entre eles *Melrose Place, ER* e *Xena, a princesa guerreira*. Jovens mulheres, expostas regularmente ao imaginário ocidental, punham em xeque o padrão estético de suas sociedades, que valorizava corpos mais roliços, e optavam pelo modelo divulgado pelas estrelas ocidentais. Assim, numa cultura que tradicionalmente promovia a boa mesa e via a perda de peso com preocupação, um grande número de mulheres começou a lançar mão de medidas drásticas para ficar magra. Em três anos, houve um aumento de 500% nas ocorrências de bulimia, com garotas no final da adolescência se impondo o vômito para perder peso.

O contato com o esporte internacional também teve certo impacto, embora os resultados gerais sejam difíceis de medir. Constatou-se, por exemplo, aumento da participação das mulheres nos esportes, em particular depois da Segunda Guerra Mundial, como resultado da imensa divulgação das competições nos Jogos Olímpicos. No Ocidente houve aumento do interesse feminino pelo atletismo, ao lado de uma nova onda de feminismo que emergiu nos anos 1970. Os países comunistas promoveram com entusiasmo os esportes femininos como parte do empenho atlético nacional. Esse esforço acabou inspirando mulheres de várias partes do mundo. Surgiu, por exemplo, um número grande de corredoras bem-sucedidas no norte da África, apesar da oposição dos fundamentalistas muçulmanos a esse tipo de atividade pública.

De forma geral, as atuais avaliações sugerem que o impacto da crescente exposição à mídia internacional nas relações de gênero foi surpreendentemente modesto. Foram poucas as oportunidades abertas pela conscientização de modelos do exterior – como no atletismo. Novos modismos espalharam-se mais – incluindo questões de aparência –, mas sem uniformidade nos resultados, e algumas pessoas continuaram diferenciando o que viam daquilo que buscavam para si. O fundamental sofreu pouca alteração.

Um estudo de 1994 sobre a mídia em Uganda, na África Oriental, mostra um padrão comum. Os serviços de televisão e rádio pertencem ao governo. Combinam noticiários nacionais com muitos programas importados, principalmente na televisão. Assim, sob o patrocínio do governo, foi criada uma espécie de "Secretaria da Mulher", como parte da programação televisiva; o governo de Uganda tornara-se consciente da necessidade de fazer mais pelas mulheres, em parte em decorrência da Década da Mulher promulgada pelas Nações Unidas. No entanto, a Secretaria não possui fundos próprios e ocupa apenas 2% do tempo da rede. Além do mais, as representações das mulheres na mídia pouco refletem as mudanças que atualmente ocorrem na sociedade ugandense. As mulheres são raramente retratadas trabalhando fora de casa, e as assertivas são descritas como insubordinadas e arrogantes. A maior parte dos filmes e programas de televisão importados respaldam essa visão. Nesses programas e filmes de televisão, as mulheres são mostradas como objeto sexual e os homens, como predadores sexuais naturais e legitimados. As mulheres que se sobressaem geralmente se utilizam de atrativos sexuais, e não de qualquer outra capacidade. Segundo relato de uma unidade das Nações Unidas sobre espetáculos importados e produzidos localmente, as mulheres são geralmente retratadas como dependentes (esposas, mães e objetos sexuais) e "raramente mostradas como racionais, ativas ou membros determinados da sociedade".

São muitos os fatores envolvidos no surpreendentemente superficial impacto da exposição à mídia nas chamadas sociedades tradicionais. Em primeiro lugar, as pessoas em geral distinguem entre entretenimento e vida real. Em alguns casos, os diferentes comportamentos apresentados ao espectador podem tornar mais aceitáveis as restrições corriqueiras, em vez de levantar questões sobre elas. Muitas culturas criaram histórias de heroínas, sem promover a assertividade feminina em situações do cotidiano. As mulheres podem se divertir com histórias que as ajudam a aceitar os confinamentos de sua vida diária. A nova mídia parece muito diferente, por sua qualidade internacional e sofisticação tecnológica, mas pode apenas reproduzir situações familiares. Diante de um programa estrangeiro, com atores e situações que são evidentemente diferentes das de seu cotidiano, a capacidade das pessoas de separar o que gosta de ver de como quer se comportar pode aumentar mais.

Em suma, a própria mídia internacional dificilmente funcionará como baluarte de inovação fundamental na questão de gênero. É revelador que algumas das mudanças mais dramáticas que a mídia promove, como as mudanças nos hábitos alimentares das jovens, envolvam não novas afirmações de poder, mas uma redefinição do que é preciso para se tornar bonita e atraente sexualmente. É fácil concluir, dos programas mais assistidos no mundo, que o patriarcado continuará reinando: os homens decidem as coisas, as mulheres se empenham em agradá-los. Esse efeito é realçado pela seletividade dos importados. Espetáculos americanos e europeus que mostram as mulheres em situações nova-iorquinas e que dramatizam mulheres como decididas não são, em geral, os que recebem divulgação internacional mais ampla. Não é de se surpreender que seja o estilo, mais do que a substância, que esteja sujeito a alterações.

Conclusão

O avanço do consumismo internacional é um fenômeno novo e seus resultados até agora são, no melhor dos casos, experimentais. Isso pode mudar. Uma das lições de um estudo do contato cultural é que os primeiros resultados podem ser enganosos. Com frequência, leva muito tempo para que os impactos mais profundos da exposição a alternativas penetre numa área tão pessoal como a de gênero. As camareiras dos hotéis podem estar aprendendo novas maneiras de tratar meninas, ou como as esposas podem se dirigir aos maridos, que serão imitadas mais tarde, em gerações subsequentes (para melhor ou para pior). Tentativas de imitar vestuário ou aparência ocidental, que afetam particularmente os jovens, podem obscurecer os esforços para introduzir mudanças fundamentais na fase adulta subsequente. Também podem, é claro, desviar a atenção desses esforços, e as mulheres ficarem mais preocupadas com a elegância e as roupas do que com outros assuntos. É difícil saber, nesse momento, o que acontecerá. O consumismo internacional é um fator novo nas relações de gênero. Pode, no final, conduzir a mudanças importantes, e mesmo uma maior homogeneidade em torno de modelos comuns. Os resultados precisam ser monitorados, com outros fatores que configuram os relacionamentos entre homens e mulheres.

Para saber mais

Sobre o impacto da mídia, a revista *Media, Culture and Society* é uma fonte excelente; começou a ser publicada nos anos 1970. Sobre turismo: M. Thea Sinclair (ed.), *Gender, Work and Tourism* (London: Routledge, 1997; também a revista *Annals of Tourism Research*, que igualmente apareceu nos anos 1970. Para uma visão histórica mais geral: Theodore von Laue, *The World Revolution of Westernization* (Oxford e New York: Oxford University Press, 1987).

Conclusão

Padrões e tendências

Um olhar geral sobre os casos principais de intercâmbio internacional que afetaram os relacionamentos homem-mulher convida a três avaliações. Todas respondem a esta questão: o que acontece quando alguém se move das boas histórias individuais para a investigação de padrões mais gerais? A primeira avaliação, e pode ser breve, envolve o leque de contatos propriamente dito. A segunda, busca generalizações nos resultados do contato sobre a questão de gênero e a verificação da emergência de algum eventual padrão. E a terceira, olhando sequencialmente os casos históricos, procura descobrir alguma tendência ao longo do tempo.

Tipologias

Usar os efeitos sobre homens e mulheres como um recorte privilegiado para examinar a natureza dos intercâmbios culturais conduz a grandes revelações das características dos próprios intercâmbios. Estudiosos da história mundial enfatizam o contato como um apoio de seu ambicioso tema, uma forma de relacionar as sociedades individuais a um processo mais amplo, por vezes global. A dimensão de gênero ilustra como os contatos podem ser variados: podem ser desde um intercâmbio casual e limitado até algo mais complexo como a introdução de uma nova religião num sistema cultural estabelecido. Podem se dar entre sociedades relativamente iguais, mas também por meio de uma virtual coerção cultural, como quando a Europa Ocidental se impôs aos nativos americanos, com alternativas entre esses dois extremos. Além de variado, o fator de gênero é consistentemente complexo; mesmo a imposição cultural mais evidente deixa de gerar os resultados esperados ou desejados.

Os contatos também determinam conexões inesperadas. A expansão do islamismo incluiu uma interação com outras práticas do Oriente Médio como o uso do véu; o cristianismo, com frequência, viu-se ligado a definições ocidentais pouco usuais da vida familiar e doméstica; o consumismo internacional combina elegância e estilo com mensagens sobre o compromisso específico da mulher com a beleza, uma mistura de aparente liberdade e novas imposições. Os pacotes de interações estão desordenados.

Impactos

Que papel desempenhou o intercâmbio cultural em confirmar ou mudar os ideais e comportamentos dos homens e mulheres? Aqui, o exame dos tipos de contatos na história mundial que afetaram as relações de gênero sugere diversos aspectos genéricos. O primeiro é simplesmente cautela: cada caso de contato é diferente, com consequências muitas vezes complexas e difíceis de prever. Não existem "leis históricas" nesta área. Assim, o contato pode promover melhores condições para as mulheres em relação aos homens, ou exatamente o contrário – ou ainda, com mais frequência, uma combinação dos dois. A variação depende da complexidade das influências externas, mas também dos costumes da sociedade receptora, razão pela qual dois casos nunca são exatamente iguais.

A variação também se expressa nos padrões de *timing*. Alguns contatos afetaram com rapidez os comportamentos de homens e mulheres; foi o caso do impacto do budismo na China, em que mulheres puderam usar o budismo como escape, sem ameaçar os relacionamentos fundamentais de gênero. Por certo, os contatos que envolvem imposição, como a incursão europeia nas Américas, têm um efeito rápido, mas alguns contatos apenas dão certo a longo prazo, como o impacto do islamismo em regiões da Índia. Não há constâncias garantidas. Será que alguns dos novos contatos estabelecidos no mundo do século xx também sofrerão variação no período que leva para determinar resultados básicos?

As crenças e instituições que cercam as interações homem-mulher são extremamente importantes em qualquer sociedade. Com frequência, parecem ser parte da identidade da sociedade, e da identidade dos indivíduos no seu interior. Constantemente, de fato, parecem Verdades Absolutas – baseadas na natureza humana ou no comando divino – e fechadas a alternativas. Essa é a razão pela qual a troca cultural pode ter pouco efeito, em particular quando duas sociedades em contato são pouco parecidas, de forma que o empréstimo mútuo pode ser bem seletivo. Assim, a visão que o Oriente Médio tinha da mulher não foi amplamente importada pela África subsaariana, mesmo quando a religião, o islamismo, foi adotada; da mesma forma, as trocas iniciais entre a Índia e a Grécia, depois dos contatos de Alexandre, tiveram pouco resultado nos padrões de gênero. Quando as trocas envolveram maiores desigualdades, com uma sociedade poderosa impondo-se à outra, o empenho em alterar os papéis masculino e feminino pode, no entanto, ter sofrido forte resistência, mesmo quando outras ofertas culturais foram aceitas. Isso, é claro, é outra razão de arranjos de gênero continuarem a se diferenciar, mesmo quando os contatos internacionais se estreitam.

Outros arranjos sociais de gênero são difíceis de entender. A história dos contatos culturais está cheia de exemplos em que estrangeiros bem-intencionados simplesmente não conseguem compreender o verdadeiro significado dos papéis de homens e mulheres quando diferem dos de sua terra natal. Eis aqui outra razão pela qual o contato cultural produz menos mudança do que alguns pretendem (ou produz resultados inesperados).

Os contatos são, com frequência, multifacetados, o que complica qualquer impacto e pode anular ou redirecionar os esforços reformadores. O cristianismo missionário em geral se combinou com mudanças econômicas induzidas pelo comércio colonial. Ambas as forças podiam encorajar a domesticidade das mulheres, mas os esforços educativos cristãos e o deslocamento econômico não se engrenaram tão facilmente. O feminismo internacional no século xx pressionou por novos direitos, mas o aumento nos diferenciais de emprego entre homens e mulheres em algumas sociedades exigiu, por vezes, uma atitude mais defensiva. O impacto do consumismo também se opôs ao do feminismo, outro entrelaçamento do século xx de importância literalmente global.

No entanto, em muitos casos, o contato produziu mudanças de fato. As pressões de uma cultura poderosa combinaram-se com interesses de alguns grupos na sociedade mais frágil. O impulso comum de sincretismo teve resultados complexos: algumas sociedades tenderam a adotar alguns aspectos da outra sociedade e combiná-los com elementos da terra natal, criando um sistema que diferiu tanto da tradição, quanto do modelo estrangeiro. (O novo sistema, por sua vez, foi eventualmente desaprovado tanto pelos conservadores locais como pelos observadores estrangeiros.) Por outro lado, houve também uma complexidade decorrente da tendência de grupos-chave – homens em particular, sexo que usufrui de *status* mais alto – de usar gênero para se compensar por problemas em outros aspectos advindos do intercâmbio cultural. Assim, quando os homens sentem sua situação econômica ameaçada por novas relações comerciais, ou seu poder político subvertido por controle externo, por vezes recorrem a mudanças nas relações de gênero para ganhar alguma nova vantagem. Esta é outra razão pela qual ideias importadas têm consequências inesperadas; e os ganhos das mulheres, advindos de novas concepções, podem ser revertidos pela deterioração em outros aspectos.

Usar exemplos históricos, em suma, ajuda-nos a buscar modelos de sincretismo ou esforços de poder compensatório, quando um novo caso de contato cultural se apresenta. Isso é mais do que um exercício acadêmico. As sociedades de hoje e no futuro continuarão a desenvolver novos padrões de interação que podem colocar em xeque os arranjos de gênero estabelecidos. A Guerra do Golfo, em 1992, por exemplo, levou grande número de mulheres militares americanas para a Arábia Saudita, um aliado crucial dos americanos no conflito. Os sauditas enfrentaram evidentes dilemas sobre como agradar o poderoso amigo, enquanto minimizavam os impactos dos costumes de gênero americanos sobre suas mulheres; e os americanos também tiveram de evitar ofensas, respeitando, por exemplo, os códigos de vestuário locais ou restringindo atividades públicas de suas funcionárias. Precisamente porque as ideias e práticas a respeito de homens e mulheres continuam a diferir muito, mesmo com o aumento dos contatos internacionais, a questão continua. A história dos gêneros-em-contato não permite prognósticos precisos, mas sugere algumas questões e possibilidades analíticas comuns.

Mudanças ao longo do tempo

Terá havido tendências na história do gênero-em-contato ao longo da história mundial? Vimos que algumas das estruturas importantes que ajudaram a configurar os resultados dos intercâmbios mudaram. O aumento ou expansão das grandes religiões mundiais constituiu um novo e importante componente nos contatos internacionais do terceiro século e.c. em diante. Mais recentemente, enquanto as religiões continuaram a afetar os relacionamentos entre os homens e mulheres, sistemas de valores novos e mais seculares, como o consumismo e o feminismo, vieram desempenhar um papel maior nos intercâmbios culturais.

O intervalo entre 1500 e 1900 distingue-se do que veio antes e depois. Foi o período em que os contatos culturais sustentaram um rigor maior nas relações de gênero, apesar dos ataques a símbolos específicos de desigualdade como o *sati*. Os padrões europeus, quando afirmados em outras sociedades, apresentaram algumas limitações embutidas (por exemplo, ideias sobre quais os trabalhos adequados às mulheres ou que direitos de propriedade elas mereciam ter, ou o que significava respeitabilidade sexual), e a insistência dos europeus na superioridade de seus próprios valores com frequência reduziu a flexibilidade também. Comparados com influências internacionais anteriores, os europeus de então ofereceram alguns componentes distintos. Também houve reações em outras sociedades, quando os homens procuraram exercer nova autoridade sobre as mulheres para se compensar de inseguranças e limitações vivenciadas à medida que o poder europeu se ampliava.

Em contraste, os resultados do intercâmbio anterior a esse período foram com frequência variados, raramente subvertendo padrões anteriores, mas se movendo para diferentes direções em potencial. Assim, o impacto do budismo na China durante um tempo criou novas alternativas, enquanto a influência chinesa sobre o Japão ilustrou outro caso de uma sociedade poderosa impondo algumas de suas rigidezes de gênero por meio do contato.

E sobre o século xx? A imposição dos valores ocidentais permaneceu poderosa, mas estes não eram mais os de antigamente, em particular à medida que incluíram definições mais vastas dos direitos das mulheres e um compromisso oficial para com a educação das mulheres. Além do mais, o declínio do colonialismo aumentou o poder de outras sociedades de apontar as limitações do cenário "ocidental" – e limitações mesmo na capacidade do feminismo ocidental em definir o que era bom para as mulheres em outros lugares. O contato internacional, incluindo o papel das organizações internacionais voltadas para questões de gênero, viu-se mais facilmente associado no século xx com reforma do que com reforço do patriarcado, embora a avaliação ainda seja complicada. Com certeza, o compasso mais acelerado dos intercâmbios internacionais tornou os arranjos alternativos de gênero mais visíveis do que nunca, pressionando as sociedades a dissimular, resistir ou se adaptar a novas formas. Essa é uma pressão por mudança que evidentemente se estende para o século xxi que está em seus primórdios.

O AUTOR

Peter N. Stearns é diretor e professor de História da George Mason University, autor de *A infância* (publicado no Brasil pela Contexto), *Consumerism in World History* (2001) e *Western Civilization in World History* (2003). Publicou também *The Global Experience* (2005) e *World History in Brief* (2004).

O AUTOR

Peter N. Stearns é diretor e professor de História da George Mason University, autor de 34 *bestsellers* (publicado no Brasil pela Contexto), *Consumerism in World History* (2001) e *Western Civilization in World History* (2003), *Publicou também: The Global Experience* (2005) e *World History in Brief* (2004).

Agradecimentos

Agradeço a Tom Sweterlitsch, por seu excelente trabalho como pesquisador assistente deste livro, e a Joanne Ursenbach, pela ajuda com o texto. Agradeço também aos muitos alunos de história geral nas universidades de Carnegie Mellon e George Mason, pelas novas ideias que forneceram para o ensino deste tema.

Cadastre-se no site da Contexto
e fique por dentro dos nossos lançamentos e eventos.
www.editoracontexto.com.br

Formação de Professores | Educação
História | Ciências Humanas
Língua Portuguesa | Linguística
Geografia
Comunicação
Turismo
Economia
Geral

Faça parte de nossa rede.
www.editoracontexto.com.br/redes

Promovendo a Circulação do Saber